本书获得重庆工商大学马克思主义学院马克思主义理论经费资助

马克思金融理论视阈下
第三方电子支付平台的法律规制研究

唐 旭○著

西南财经大学出版社
Southwestern University of Finance & Economics Press
中国·成都

图书在版编目(CIP)数据

马克思金融理论视阈下第三方电子支付平台的法律规制研究/唐旭著.—成都:西南财经大学出版社,2022.12
ISBN 978-7-5504-5613-6

Ⅰ.①马… Ⅱ.①唐… Ⅲ.①第三方支付—电子支付—金融法—研究—中国 Ⅳ.①D922.280.4

中国版本图书馆 CIP 数据核字(2022)第 211002 号

马克思金融理论视阈下第三方电子支付平台的法律规制研究
MAKESI JINRONG LILUN SHIYU XIA DISAN FANG DIANZI ZHIFU PINGTAI DE FALÜ GUIZHI YANJIU
唐 旭 著

责任编辑:李特军
责任校对:李建蓉
封面设计:何东琳设计工作室
责任印制:朱曼丽

出版发行	西南财经大学出版社(四川省成都市光华村街 55 号)
网 址	http://cbs.swufe.edu.cn
电子邮件	bookcj@ swufe.edu.cn
邮政编码	610074
电 话	028-87353785
照 排	四川胜翔数码印务设计有限公司
印 刷	四川五洲彩印有限责任公司
成品尺寸	170mm×240mm
印 张	14
字 数	336 千字
版 次	2022 年 12 月第 1 版
印 次	2022 年 12 月第 1 次印刷
书 号	ISBN 978-7-5504-5613-6
定 价	88.00 元

前言

　　基于互联网信息技术的快速发展，互联网信息技术与资金划拨业务的契合程度逐渐加深，由此在我国出现了电子支付、网络支付的概念。随着淘宝网、微信等网络购物及社交媒体平台的崛起，作为这些平台的"衍生物"——第三方电子支付逐渐"撬动"了传统电子支付模式的主导地位，至此我国迎来了第三方电子支付时代。但任何事物的发展都具有两面性，第三方电子支付领域的风险逐渐暴露，致使大量支付用户受到损失。由于第三方电子支付平台是第三方电子支付领域的关键"节点"，对第三方电子支付平台进行法律规制就等同于高效地规制了第三方电子支付领域，因而本书将第三方电子支付平台作为研究对象。

　　作为一种新型的支付媒介，第三方电子支付平台难以被我国现行的公法规制体系全面覆盖，而私法规制体系又无法彻底完成对第三方支付平台调整与规范的任务。在此背景下，本书以第三方电子支付平台法律规制规范的供给与市场对第三方电子支付平台法律规制规范的需求之间存在严重供需矛盾作为思考起点，通过理论研究、规范论证以及实证分析，回答了七个问题。第一，何为第三方电子支付平台？第二，第三方电子支付平台法律规制的基础理论是什么？第三，第三方电子支付平台准入制度如何构建？第四，第三方电子支付平台信息披露的范围以及限度如何界定？第五，第三方电子支付平台运营过程中发生支付差错如何处理？第六，第三方电子支付平台运营过程中形成的备付金如何管控？第七，第三方电子支付平台退出制度如何架构？按照前述思路，本书各章内容简述如下：

第一章对第三方电子支付平台进行深度解构，为后文规制理论的架构以及基础性制度的设计奠定基础。本部分首先对第三方电子支付平台的形成进行阐释，指出商业交易机制的演变、多边市场的产生、平台战略条件的成熟是第三方电子支付平台得以形成的重要因素。其次，在充分认知第三方电子支付平台形成机理的基础上，对第三方电子支付平台的定义和特征展开分析，认为第三方电子支付平台宜定义为以电子技术为载体，完成用户之间资金转移的支付机构，其具有"规则制定者""行为性质判断者"以及"规则执行者"等"个性"特征。最后，对第三方电子支付平台的性质和平台账户展开研究，指出第三方电子支付平台的性质应界定为"准金融机构"。第三方电子支付平台账户服务的法律关系既体现出支付平台的相对独立性，又体现出支付平台与各方主体的合同性。

第二章论述我国第三方电子支付平台法律规制的宏观构造，即在马克思金融理论视域下提出法律规制的理论指引。本部分首先认为，在规制理念上，对第三方电子支付平台的规制应当秉承金融安全与金融效率动态平衡、行政监管与行业自治均衡两种理念。其次，在这两种理念的指引下，第三方电子支付平台规制模式主要演化为机构监管与功能监管并举、规制主体协同共治模式。再次，在规制框架上，第三方电子支付平台的规制框架应当形成以原则导向为主、规则导向为辅的主辅相成的规制进路。最后，在规制方法上，对第三方电子支付平台的规制应当形成适度硬法规制与充分软法治理的混合法规制样态，同时明确第三方电子支付平台准入制度、信息披露制度、支付差错处理制度、备付金管理制度以及退出制度作为硬法与软法规制规范的基础性制度。

第三章对我国第三方电子支付平台准入制度进行研究。本部分首先认为将第三方电子支付平台进入市场的动态流程作为第三方电子支付平台准入制度内涵的解读依据具有科学性与合理性。第三方电子支付平台准入制度的形成以行政机关市场调控理论、行政机关权力限制理论以及反垄断理论作为支撑。其次，通过对第三方电子支付平台准入制度的现状检视发现，我国第三方电子支付平台准入制度存在法律规范相对滞后且不成体系、许可制视阈下的准入条件过于严格以及准入规范具体构成要素的描述过于模糊等问题。最后，针对以上问题指出解决路径，即宏观层面，确立"宽进严管"原则；微观层面，对许可制视阈下准入制度的积极条件进行缓和设计，同时对消极条件做出更为细致的规定，并且针对特定的支付领域在一定条件下实行豁免制度。

第四章对第三方电子支付平台信息披露制度进行研究。本部分首先认为在互联网金融服务的虚拟性以及诚实信用原则视域下的告知义务、消费者的知情权、支付用户个人信息的可利用性等要素推动下，建立并完善第三方电子支付平台信息披露制度具有重大的理论与现实意义。第三方电子支付平台信息披露制度的理想预设应当包含支付平台自身情况之披露、支付平台与支付用户形成的法律关系之披露，以及支付平台对支付用户个人信息之披露三方面内容。其次，通过对第三方电子支付平台信息披露制度的现状检视发现，目前我国第三方电子支付平台信息披露制度并不完整，在实时披露规则、条款修正时的披露规则、支付平台对用户个人信息披露的规则以及支付平台信息披露民事责任等方面存有不足。最后，针对现有困境指出解决路径在于：宏观层面，确立充分信息披露原则和坚守"最小化"信息搜集原则；微观层面，建立完善的实时披露规则、细化协议条款修正时的披露规则、保障支付用户个人信息权、明确信息披露的民事责任。

第五章对第三方电子支付平台支付差错处理制度展开研究。本部分首先指出第三方电子支付平台支付差错产生的原因主要集中于支付平台行为、支付用户行为、第三人行为以及不可抗力。但是通过仔细梳理这四种原因，以支付用户真实意思表示为逻辑理路，我们可以将支付差错从法律层面界定为两种类型，即支付用户授权下的支付瑕疵以及非授权支付。其次，通过对第三方电子支付平台支付差错处理制度的现状检视发现，我国第三方电子支付平台支付差错处理制度存有支付差错的内涵与外延没有明确界分、采用过错作为责任认定的核心标准的不合理，以及程序性规范的缺失等不足。最后，依据问题提出相应的解决路径，即宏观层面，确立据实、准确、及时的支付差错处理原则；微观层面，明确支付差错的内涵与外延、建立支付差错处理程序，以及健全支付差错处理中的责任配置。

　　第六章对第三方电子支付平台备付金管理制度进行研究。本部分首先认为第三方电子支付平台备付金的形成与第三方电子支付平台的运营模式是无法分开的。其次，指出备付金的性质定位为电子货币更为妥当。再次，通过对第三方电子支付平台备付金管理制度的现状进行考察，发现我国第三方电子支付平台备付金管理制度存在对备付金流动性的规制过于严厉及僵硬、备付金安全保障制度欠缺等问题。最后，针对已存在的问题，宏观的解决路径在于确立资源适度利用原则；微观的解决路径在于允许将一定比例的支付用户备付金分散投入低风险、高流动性的资金增值领域并将备付金的孳息以及投资收益作为支付用户专项保护资金，同时在以第三方电子支付平台名义开设的备付金集合账户中细化支付用户的二级账户，使得每一笔备付金可以被追溯到真正的支付用户所有人，并对每一个二级账户提供最高额为50万元的存款延伸保险。

　　第七章对第三方电子支付平台退出制度进行研究。本部分首先对第三方电子支付平台退出制度的类型及类型性质做出界定。依照支付平台退出市场的原因，平台退出制度可以划分为行政命令退出型、司法裁决退出型、兼并重组退出型、章定退出型四种类型。从类型性质界定的维度，行政命令退出型、司法裁决退出型以及章定退出型属于清算主义，兼并重组退出型则属于再建主义。其次，通过对第三方电子支付平台退出制度的现状检视发现，我国第三方电子支付平台退出制度存有行政干预色彩浓厚、退出制度的事前行政审批并无明确的标准、未对支付用户设计特殊的权益保障举措、法律责任没有做好合理衔接四方面问题。最后，指出改良路径可能在于设置以事中、事后退出行为规制为主的原则，并在该原则的指引下建立风险预警机制、设立备付金隔离机制、制定支付用户个人信息处理规则以及完善支付平台退出市场的法律责任体系。

唐旭

2022 年 12 月

目录 M_{ULU}

一、问题的缘起

随着互联网技术的深入发展，我们迎来了一个崭新的纪元——互联网时代。越来越多的公司凭借互联网技术的"东风"广泛开展支付业务，进而形成了第三方电子支付市场。第三方电子支付市场与传统电子支付市场最显著的差异在于，第三方电子支付市场并不以银行作为支付的核心媒介，而是将网络平台公司作为支付核心，这一转变体现了"去银行中心化"的特征，充分活跃了支付市场，有效推动了支付效率的提升。2021 第一季度，中国第三方移动支付交易规模增长至 74.0 万亿①。不过人们在享受新型电子支付市场的"红利"时，这个领域的固有问题逐渐暴露，新的风险隐患相继产生。例如第三方电子支付市场准入与退出制度的不完善导致个别支付平台的"事实垄断"，支付用户在没有激烈竞争的支付市场中无法获得支付平台提供的优质资金划拨服务。又例如第三方电子支付平台将支付用户个人信息"无边界"地随意搜集与使用造成支付用户个人信息泄露十分严重。还有目前中国人民银行要求无息集中存管备付金的规制措施虽对防止第三方电子支付平台挪用支付用户备用金有正向作用，但对第三方电子支付平台以及第三方电子支付领域的长远发展不利。因此仅仅依靠目前部门规章或者政策性文件的力量难以解决这些问题，一方面囿于目前规制第三方电子支付平台的法律文本规制理念落后、规制范围过于宽泛不清晰、规制手段供给不足、规制过于严厉，难以对第三方电子支付平台的现有问题做出理性应对并形成有效指引。另一方面，即使第三方电子支付平台运营过程中不断涌现的"具体问题具体分析型"政策性规制文件能够对支付平台个别比较突出的问题起到"缓解"的作用，但这些政策性文件所规制或解决的问题仍过于具体与局部，并没有针对第三方电子支付平台运营所出现的新问题提出妥善、长远的解决方案，甚至政策性文件与政策性文件的功能之间出现相互抑制的现象。因此对第三方电子支付平台进行深入剖析，架构新的规制理论，对目前第三方电子支付平台运行的各个环节所存在的问题提出新的规制方案便是本书的研究重点。

---

① 参见艾瑞咨询，"中国第三方支付市场数据发布的报告"，http://report.iresearch.cn/report_pdf.aspx?Id=3811，2022 年 9 月 24 日访问。

二、研究的意义

第三方电子支付领域对我国经济与法治建设的重要性不言而喻，于是对第三方电子支付平台展开体系性规制研究的重要意义体现在以下几个方面：

其一，从宏观经济布局的角度，对第三方电子支付平台进行科学合理的规制有利于推动第三方电子支付领域的良性发展。运用法律关系的分析方法对第三方电子支付进行剖析可以发现，第三方电子支付平台与支付用户、行政机关、行业自治组织等相关主体形成了"合同集束"，但在该"合同集束"中，最主要且最重要的是第三方电子支付平台。第三方电子支付平台是第三方电子支付领域中所有法律关系的核心节点。因此有效规制第三方电子支付平台就能实现高效规制第三方电子支付领域的目标，进而助力我国社会主义经济的蓬勃发展和社会主义法律制度的不断完善。

其二，从第三方电子支付平台规制理论补给的角度，架构完善的第三方电子支付平台法律规制理论有助于设计出高质量的基础性制度。应当说，任何制度的设计都应当有良好的理论进行支撑，因为良好的理论指引为具体制度建构提供了合理性、合法性的证成。对于第三方电子支付平台而言，传统的规制理论已然不合时宜，其需要以马克思金融理论为基石，依据支付平台的独有性征以及发展规律重新设计新型规制理论。例如传统第三方电子支付平台规制理论多是强调对第三方电子支付领域的静态规制，而本书建构的第三方电子支付平台规制理论则主要强调动态规管。规制理论的转向一方面能确保设计出的基础性制度具备推动第三方电子支付平台平稳运行的功能；另一方面该新型规制理论视阈下的基础性制度也为第三方电子支付平台的发展留有足够的延展空间。

其三，从第三方电子支付平台规制规范的实践运行角度，科学缜密的第三方电子支付平台法律规制规范便于解决大量实践中出现的问题。目前新闻媒体公开报道第三方电子支付平台洗钱、挪用备付金、利用支付手段进行赌博等违法犯罪事例屡有发生，然而违法犯罪行为的发生仅仅是第三方电子支付平台非正常运营之结果，遏制此类违法犯罪行为的深层次措施在于，细致分析现有基础性规制制度的本源性缺陷并提出应对之策，同时针对第三方电子支付平台实际运营过程中已经发生的非正常运营行为制定出"动态"矫正措施，这也是本书所探讨的重要内容之一。

其四，从第三方电子支付平台规制规范之间的协调性角度，对第三方电子支付平台进行体系性研究，为支付平台的法律规制提供了协调的应然预设范本。目前对第三方电子支付平台法律规制的研究主要是针对支付平台运营各个环节的局部研究，少有进行体系性研究的成果，这极容易造成学界针对第三方电子支付平台某部分进行深入研究（发现该部分的问题并提出相应的解决方案），表面上其规制逻辑以及制度建议看似完美无缺，实则并不利于第三方电子支付平台其他运营环节的设计与开展，甚至对其他运营环节起到"反向作用"。本书以第三方电子支付平台"从生到死"的演变循环作为规制论证的着眼点，尽量保证本书提出的规制理论能够全方位指引支付平台各个具体运营环节所存问题之纠偏，同时试图对支付平台各个具体运营环节纠偏规范的设计能够达到制度与制度之间相互和谐的程度，进而提升整体的规制效度，最大程度实现第三方电子支付平台法律规制的逻辑化、体系化与协同性。

三、研究综述

目前国内外有很多学者对第三方电子支付这一新型支付模式进行了研究。通过对已有研究成果的梳理，笔者认为目前国内外学者的研究主要围绕以下几个方面：

（一）第三方电子支付平台的性质和内涵

最初对平台的定义局限在生产和施工过程中进行某种操作的工作台，而后随着互联网技术的深入发展，实体工作平台依靠互联网技术擢升为虚拟的网络平台。对于网络平台而言，王勇、戎珂（2018）指出网络平台的形成与发展遵循一定的事物发展的客观演变规律。周雪峰、李平（2018）通过沟通媒介理论更是认为网络平台的出现是信息沟通的一次变革。虚拟网络平台在结合各个具体的经济领域扩张需求后逐渐演化为股权融资平台、电商平台、物流平台、第三方电子支付平台等类型各异的网络商业平台。此时第三方电子支付平台相较于网络平台的内涵与性质又出现了较大的区别与差异，甚至对于第三方电子支付平台性质的界定都出现了广义与狭义的区别。李丽莎（2014）与马永保（2014）认为第三方电子支付平台的内涵应当采用狭义的界定，即第三方电子支付与网络支付的内涵一致，但刘然（2017）认为第三方电子支付不应当采取狭义的网络支付予以定义。

（二）第三方电子支付平台的宏观规制指引

对于第三方电子支付平台的规制采用何种理论进行引领一直以来众说纷纭，学界主要通过金融领域的规制理念、规制模式、规制框架、规制方法进行探讨。对于规制理念，王中生（2011）通过对我国金融规制的变迁进行梳理，指出我国金融规制主要从计划经济阶段逐渐过渡到分业规制与完善规制的阶段。冯科（2015）进一步认为对金融的规制应当平衡金融安全与金融效率之间的关系，二者不可偏废。对于规制模式而言，学界大多强调采用功能监管的模式。黄韬（2011）与王春丽、王森坚（2013）认为对于金融领域的规制模式应当采用功能监管的方式，他们认为分业经营、分业监管会导致"政出多门"的困境，解决路径在于运用功能监管的方式对具体业务进行"穿透"，进一步明晰其规制主体。而包红丽、封思贤（2015）在此基础上则指出，机构监管与功能监管应当扮演不同的角色，进行不同的分工，机构监管是传统意义上对被监管领域的全面监管，而功能监管履行的是重点监管的内容。对于规制框架，大多数学者强调以原则导向。采用原则导向的理论基础是激励相容理论。刘维林（2009）认为激励相容理论是指，根据新制度经济学，为施行某一制度所付出的交易成本决定了该制度是否有效率，而交易成本的高低则取决于这种制度是否"激励相容"，即这种制度能否使其制度目标与制度内个体追求利益最大化的行为达到一致性。刘媛（2010）直接指出现阶段应当建立起完善的原则导向为主的规制框架，使行政规制、市场约束与自律规制实现良好的协同。对于规制方法，陈勇俊、张璇（2018）认为对互联网支付进行监管必须建立明确、统一的监管标准，完善相关法律法规，可以在原有位阶较高的法律中增加互联网支付内容，也可以针对互联网支付专门立法。唐旭（2019）则认为对第三方电子支付平台的立法构建也应当充分考虑软法的作用。

（三）第三方电子支付平台实际运营制度的构建

对于第三方电子支付平台实际运营制度的构建主要分为：准入制度、信息披露制度、支付差错处理制度、备付金管理制度以及退出制度等领域，学界对这些领域分别展开了广泛而有深度的探讨。

第一，对于第三方电子支付平台准入制度的构建。宫玉寒（2017）主要试图通过完善准入法规、优化准入条件等方式对第三方电子支付平台准入制度进行设计。但陈一稀、李纳（2014）则认为对第三方电子支付准入制度的构建应当采用具化具体指标的设计，如增加网络接入权、行业间接带动效应等评价指标，结合企业的风险控制能力、人员的专业素养等软约束指标，对第三方支付进行合理的评定。

第二，对于第三方电子支付平台信息披露制度。陈志和贺亚华（2013）主要从支付用户享有消费者知情权的角度解释了支付平台建立信息披露制度的重要性。黄震、王兴强（2014）以及任超（2015）、何方（2017）等人则主要根据第三方电子支付平台披露的实践现状提出具体的应对之策，如加强对第三方电子支付平台格式合同的规制以及对披露时间、披露内容、披露方式、披露责任进行完善。当然信息披露不仅仅是支付平台将支付服务过程中生成的信息披露给支付用户，还包括支付平台将支付用户个人信息搜集后披露给第三方机构用以信息挖掘，此时极大可能会出现支付用户个人信息权益受到侵害的情形。李响（2015）认为应当强化对支付平台内部人员的培训，防止支付平台内部人员对支付用户的个人信息进行泄露。而唐琼琼（2015）则认为应当单独制定个人信息保护的综合立法，不过可以先通过修订《非金融机构支付服务管理办法实施细则》的方式加以过渡。

第三，对于第三方电子支付平台支付差错处理制度的研究。马新彦、戴嘉宜（2014）认为对第三方电子支付平台支付差错处理的研究首先需要明确第三方电子支付发生支付差错后的责任归属，具体可以划分为经授权划拨的责任归属、非授权划拨的责任归属、不可抗力的责任归属。蔡宜松（2018）以及郭琼艳（2017）对第三方电子支付中非授权支付产生的原因进行了细致分析。Robert D. Cooter &Edward L. Rubin（1987）认为针对未授权支付的处理，在理论上，支付用户和支付机构通常会通过签署合同的方式来分配相关的风险和责任，但在网络在线支付环境下，理性的消费者不会花费时间和精力去和金融机构订约商讨如何处理非授权支付之情形，但理性的金融机构却会这样做。Ronald J. Mann（2003）认为考虑到金融机构有更强大的实力和足够的动力去提起诉讼，因此，国外的制度设计是，当争议发生时，支付机构把钱还给消费者，首先维护消费者之利益。

第四，对于第三方电子支付平台备付金管理制度而言。其主要围绕备付金的性质以及如何高效治理备付金等问题展开研究。对于备付金性质而言，徐超（2013）认为第三方电子支付平台备付金的本质是货币，但不是法定货币。而雷曜（2013）、杨涛（2016）、刘达（2017）则认为第三方电子支付平台备付金属于电子货币。不过对第三方电子支付平台备付金的规制重点更多体现在如何对其形成高效治理方面。闫海、刘闯（2013）认为目前备付金管理主要存在流动性不足的问题。对此，张彬（2014）、张龄方（2017）认为应当建立风险准备金制度并允许备付金一定程度的流动。当然也有学者并不将支付平台备付金的流动性作为主要着眼点，而是认为备付金的安全更为重要。例如苏盼（2017）认为应当将存款延伸保险制度运用到备付金管理当中。

第五，对于第三方电子支付平台的退出制度而言，第三方电子支付平台作为商事主体，理应符合商事主体"从生到死"的发展规律。不过对于第三方电子支付平台如何退出市场，学界有着不同观点。张婧（2018）认为第三方电子支付平台在退出市场时应该引入退出基金项目，以确保支付平台退出市场后有充分能力履行后社会义务。卢瑞雯（2016）和杜亚涛、董佳佳（2017）针对第三方电子支付平台退出市场时对支付用户的个人信息、备付金资金的处理提出了相应的建议。

除去学术论文，在著作方面，国外的代表性著作主要有美国的伊恩·C.巴隆的《电子商务与互联网法》（中国方正出版社 2005 版）、简·考夫曼·温、本杰明·莱特的《电子商务法》（北京邮电大学出版社 2002 版）等。国内除了一些网上结算、电子支付、电子商务的教材外，主要的学术专著包括：李莉莎著《第三方电子支付法律问题研究》（法律出版社 2014 年版）、马梅等著《支付革命：互联网时代的第三方支付》（中信出版社 2014 版）、刘然著《互联网金融监管法律制度研究》（中国检察出版社 2017 版）、陈波著《第三方支付民商事法律制度研究》（法律出版社 2018 版）、钟志勇著《电子支付服务监管法律问题研究》（中国政法大学出版社 2018 年版）、王勇、戎珂著《平台治理：在线市场的设计、运营与监管》（中信出版社 2018 版）、周学峰、李平主编《网络平台治理与法律责任》（中国法制出版社 2018 版）等。此外，官方行政规制机构、行业自治协会和第三方独立的商业性机构会定期发布第三方电子支付领域的信息报告和研究报告，这些报告也是第三方支付研究中特别值得注意的成果。如易观国际和艾瑞都会定期发布第三方支付行业年度或者季度发展报告，包含第三方支付行业发展的各项数据，并有发展预测和政策建议。这些研究报告相对于传统的学术成果时效性更强，也更有针对性和实践性，所以具有很高的参考价值。以上这些研究成果主要集中在经济学、金融学和法学等领域。

综上所述，目前国内外学者对第三方电子支付平台的性质、内涵、运行原理和规制措施展开了大量的研究，形成了较为丰富的研究成果。但上述研究成果缺乏整体性，不够体系化，这可能会导致每个部分所提的制度建议只能"治局部"却无法实现"整体和谐"，不利于整体规制效度的提升，甚至对整体规制效度有损害。国外对于支付平台的研究主要围绕电子支付平台而非第三方电子支付平台进行展开，而且对电子支付平台的研究更多从实证角度展开，通过实际案例和数据的运用，采用数量分析的方法进行论证和讨论。而国内学界的研究更多采用逻辑推理，其论证较为薄弱，同时行政规制的法律文本也相对分散。总而言之，对于第三方电子支付平台的法律规制缺乏从宏观到微观的系统性、统合性研究。

四、研究方法

（一）规范分析方法

本书以第三方电子支付平台公布的法律协议文本、运作流程以及相关立法规范作为研究素材，以马克思金融理论作为基石，以金融安全与金融效率动态平衡、行政监管与行业自治均衡的规制理念以及机构监管与功能监管并举、规制主体协同共治的规制模式等宏观规制理论作为出发点，对目前我国第三方电子支付平台各运行环节进行深入的规范分析，以此找到符合我国国情的第三方电子支付平台法律规制方案，进而促进我国第三方电子支付领域健康有序的发展。

（二）法社会学分析方法

第三方电子支付平台的实际运作过程直接关涉支付用户资金和支付用户个人信息的安全，影响每一个参与支付法律关系个体的切身利益。因此我们在进行第三方电子支付平台法律规制研究之时，必须考虑中国的特殊国情，考量设计相关法律规制方案的社会影响和效果，尤其需要思索制定该法律规制方案对支付用户群体的作用。本书在对第三方电子支付平台法律规制进行研究之时，在一定程度上运用了法社会学的分析方法，深度分析法律规制方案可能带来的社会影响，以期建立既符合当前中国第三方电子支付领域的客观现状，又能充分契合第三方电子支付领域发展规律的法律规制理论与规制制度。

（三）跨学科的分析方法

对第三方电子支付平台进行法律规制，不仅仅是为了维护金融安全，同时也是为了满足"充分发挥市场作用"的迫切需求。传统的法学研究立足于本学科的思维方式、研究范式，其研究结论与建议可能存在片面性。因此对第三方电子支付平台法律规制的研究应当克服传统研究范式存在的不足，采用经济学、管理学等交叉学科的分析方法，以实现第三方电子支付平台法律规制的最优效果。本书对第三方电子支付平台法律规制的研究，综合运用了马克思主义、法学、经济学、管理学等多学科理论与分析方法，进而全方位、深入地对第三方电子支付平台展开探讨，最后得出充分、合理且有说服力的结论与建议。

五、研究范围、思路与创新

（一）研究范围

在我国，第三方电子支付领域属于新兴领域，对其规制大致遵循了"野蛮生长—相对合理规制"的演变逻辑，在此过程中第三方电子支付平台的金融属性也日益增强。纯粹的支付模式+部分金融属性业务使得人们难以琢磨第三方电子支付平台实际运作行为的性质与行为的效力，这导致规制第三方电子支付平台存在一定的困难。本书将第三方电子支付平台的运作流程、第三方电子支付平台公布的法律协议文件、第三方电子支付平台现有的立法规制规范以及学术界和实务界关于第三方电子支付平台的规制视点等内容作为研究的原始素材，试图通过对这些具有重大意义的材料的检视与筛选，构建出具有典型意义和示范意义的第三方电子支付平台。

（二）研究思路

本书依照理论到实践的逻辑顺序，首先对第三方电子支付平台进行解构，对第三方电子支付平台的形成原因、定义、性质以及支付平台账户的法律关系展开研究，奠定了认识论的基础。其次，在第三方电子支付平台清晰认知的基础上构筑了第三方电子支付平台的法律规制理论，即提出了规制理念、规制模式、规制框架；明确了规制理念、规制模式、规制框架融会贯通于实践的方法——硬法与软法相混合的规制样态；选取了准入制度、信息披露制度、支付差错处理制度、备付金管理制度、退出制度五项基础性制度作为硬法与软法的组成内容。最后，对第三方电子支付平台准入制度、信息披露制度、支付差错处理制度、备付金管理制度以及退出制度等基础性制度进行检视，发现实践中存在的问题并提出相应的解决方案。

（三）研究创新

上文已经述及，学界与实务界对第三方电子支付平台的法律规制研究缺乏系统性与整体性。据此，本书的创新之处可以概括总结为以下几点：

1. 研究视角或有创新

传统对第三方电子支付平台的法律规制研究主要是以第三方电子支付平台运行的某一基础性制度作为研究视角展开研究，而本书则以支付平台的运作流程、支付平台的服务协议、支付平台的立法规制规范、学界与实务界关于支付平台的规制视点作为研究素材，从第三方电子支付平台运行整体性的视角，系统地探讨了什么是第三方电子支付平台？第三方电子支付平台的规制理论是什么？第三方电子支付平台的各个基础性制度在实践中出现了何种问题？如何纠偏？相较于传统研究而言，本书对第三方电子支付平台的法律规制研究更加全面、系统。

2. 研究方法或有创新

本书对第三方电子支付平台的法律规制研究不仅借鉴了权威的理论以及域外成熟的规制规范，而且还将权威理论、域外规范与第三方电子支付平台的运行实践相结合并进行细致分析，这使得本书提出的第三方电子支付平台法律规制建议更深入并且更具有生命力。

3. 研究观点或有所创新

在第三方电子支付平台法律规制理论上，本书以马克思金融理论为基石，引入了金融安全与金融效率动态平衡理念以及行政监管与行业自治均衡理念，认为未来第三方电子支付平台的规制理念并不是一成不变的，而是需要根据第三方电子支付平台的演变发展而进行相应的更迭，规制主体应当被设计为行政机关、行业自治组织（包括第三方电子支付平台）两层次架构。基于此，第三方电子支付平台的规制模式和规制框架也应当依据规制理念做出相应调适。例如从规制模式上要求机构监管与功能监管并举、规制主体协同共治，又如在规制框架上要求规制规范形成以"原则性规范为主、规则性规范为辅"的主辅相成的规制进路。同时本书提出将规制理念、规制模式、规制框架融会贯通于实践的方法是设计出适度硬法规制与充分软法治理的混合法样态，并明确准入制度、信息披露制度、支付差错处理制度、备付金管理制度以及退出制度作为硬法与软法规范的基础性制度。此外，本书还对这些基础性制度进行实践考察，发现其问题并提出符合实践、利于第三方电子支付领域健康发展的修正建议。

对第三方电子支付平台的法律规制本身是集理论与实务一体的，是一项大型综合性系统性工程。笔者虽然已经尽全力去搜集、分析资料，甚至亲自接受并使用第三方电子支付平台提供的支付服务，但是限于自身客观条件无法实时跟进第三方电子支付平台的业务创新，而且在本书写作过程中，正值我国第三方电子支付平台发展的勃发期，规制主体对支付平台各个方面的规制举措层出不穷，笔者虽然密切关注其动向，但仍无法将第三方电子支付平台各个方面的相关规制以及创新业务尽显在本研究当中，只能针对第三方电子支付平台最重要的部分进行阐释，以求得对第三方电子支付平台法律规制的相对圆满，再加上笔者学识有限和经验不足，因而本研究还需要继续完善。

第一章
第三方电子支付平台的解构

　　事物的本质是事物成为其自身的根本规定或者占据绝对主导地位的质，是事物存在和发展的内在根据①。第三方电子支付平台进行解构既是了解支付平台本质的过程，也是对支付平台实现高效法律规制的重要前提。第三方电子支付平台可以具体解构为第三方电子支付平台的形成动因、第三方电子支付平台的定义和特征、第三方电子支付平台的性质定位以及第三方电子支付平台内部所设账户形成的法律关系四个方面。

---

①　杨世宏，任厚升.“本质”新探［J］.湖北大学学报（哲学社会科学版），2008（3）：52.

第一节　第三方电子支付平台形成的动因

第三方电子支付平台作为网络平台的一种重要的表现形式，其形成动因应当与其他类型的网络平台既存在特殊之处，也存在共同之处。细致探讨第三方电子支付平台的形成与演变进程，将有助于我们从深层次把控第三方电子支付平台法律规制的节点与规制脉络，进而提高法律规制的效率。总体而言，第三方电子支付平台的形成动因可以从交易机制的演变、交易市场的分化以及平台战略的成熟三个方面进行阐释。

一、商业交易机制的演变

商业交易模式大致历经直接交易→间接交易→平台交易的过程[①]。直接交易的最早阶段一般被认为是以物易物阶段，《易经·系辞下》中记载，"日中为市，致天下之民，聚天下之货"。人们通过约定俗成的时间和地点，聚合交易双方的信息，以此增加"对方拥有的产品是我需要的，而我拥有的是对方所需要的"的概率。在以物易物的阶段，商品与商品信息同时流转，商品流与信息流二者合一，但该阶段会出现交易双方的商品需求难以匹配以及交易双方对商品信息难以理解与沟通的问题。例如在以物易物阶段，交易的达成必须基于交易双方同时、同地、正好拥有彼此需要的商品为前提，但交易双方需求完全耦合的可能性较低，极易造成无法交易的情况或者买者基于自己的知识结构无法充分地理解与识别卖者提供的商品信息，进而难以达成交易。而后货币出现，形成货币流，这在一定程度上缓解了商品需求的匹配问题，人们可以先将自己制造的商品以及提供的服务转换为货币，而后通过货币这种交换媒介换取自己所需求的商品，但额外增加了货币接收方对货币信息的认知要求。例如货币接收方需具备对该货币的"真假"以及"足重足值"的认知能力。总体上讲，直接交易阶段仍属于"三流合一"的阶段（商品流、信息流、货币流仍集中于买卖双方），交易频次的高低与交易的成功率受商品

[①]　王勇，戎珂. 平台治理：在线市场的设计、运营与监管 [M]. 北京：中信出版社，2018：17.

流、信息流、货币流运行效率的影响较大。

在间接交易模式中，为了克服直接交易存在的问题，提升交易效率，在传统的双方交易模式当中出现了第三方中介机构（包括资金中介、商品中介、信息中介），打破了原有"三流合一"集中于买卖双方的交易模式，从而使商品流、货币流与信息流分离，解决了交易中"隔行如隔山"的问题。例如信息中介能够帮助买方了解商品的制造商、商品的来源、商品的质量以及卖方自身的实力、信用等，从而减少卖方利用自己的信息优势损害买方的合法权益的现象。又如商品中介会将市场中的商品集中收购起来然后持续向市场供应，以此剔除直接交易中因为时间、距离以及需求匹配等影响交易达成的不利因素。还如资金中介着力于吸收存款、发放贷款以及办理结算，这实质上降低了交易者对货币的认知成本，进一步提升了交易效率。基于此，第三方中介机构的出现对社会经济的发展起到了重要作用，但也因为中介机构所具备的强大功能，为其操纵市场、垄断、进行不合理的客户选择提供了可能。例如中介机构采用"囤积居奇"的策略牟取暴利，利用自身对商品流、信息流以及资金流的优势欺诈客户，以及凭借自身庞大的市场势力选择能带来丰厚利润的大客户而怠慢小客户等。随着中介机构的实力越发强大，其衍生出的问题也变得日益严重，通过制度革新破除阻碍交易的不利因素成为此时期社会潜在的需求。

随着互联网技术的发展，线下的交易平台演变成无形空间的线上交易平台，网络平台交易模式逐渐成型。线上交易平台将买卖双方的基本身份信息、商品或服务的基本信息、协议的签订与执行等交易要素全部在网上平台实时对接，甚至为了加快交易的速度，额外形成货物运输系统（物流）与货币支付系统（支付流）。此时，商品流、货币流、信息流、物流、支付流在线上平台再次实现了统一。互联网平台交易模式逐渐弱化了中介机构对商品、货币等要素的识别功能，互联网时代的买卖双方亦能够通过互联网技术以及大数据技术完成交易各要素信息的识别。例如在淘宝网"买家评价"专栏中，潜在的购买者便能通过众多的购买评价获取该商品最真实的信息，以此帮助潜在买方获得"物美价廉""货真价实"的商品。可以说此阶段抑制了中介机构带来的不良后果，这使交易量和交易效率大幅度提升。

由此可见，线上平台已经处于交易模式的核心地位。但这"五流"并不是由一家线上平台控制，而是"平台群"协同作用的结果。例如，电子商务平台控制着商品流与信息流，电子支付平台控制着支付流，物流平台控制着物流，银行控制着货币流。基于此种角度，可以得出的初步结论是，有效规制线上平台（互联网平台）是有效规制互联网金融领域的核心，有效规制第三方电子支付平台是有效规制第三方电子支付领域的核心。

二、商业交易市场的分化

如果说商业交易机制的演变展示了第三方电子支付平台得以形成的框架，那么商业交易市场的分化则是第三方电子支付平台得以形成的重要内在机理。这一论点可以在单边市场迈向多边市场的过程中得到佐证。

所谓单边市场是指企业在该市场中面对的市场需求是同一类需求，需求方由同一类顾客群体组成[①]。以传统的出版社为例，传统的出版社将自己出版的图书卖给消费者，不管这个消费者是个人、图书馆还是企业，他们的需求都是一致的，都是需要出版社出版的书籍，而出版社通过将书卖给消费者获取利润，因此出版社面对的就是单边市场。再以更为复杂的商品销售商为例，销售商向商品生产商购买商品，再转手将该商品以高于买入价的价格卖给商品需求方，此时出现了卖方与买方之外的第三方，即中介方，但此时市场的需求仍旧是同一种需求，故而该三方关系面对的依然是单边市场。不过相较于出版社而言，中介方的出现赋予了中介企业新的功能，例如制定价格水平、提供流动性等。总体来说，传统企业通常是单边市场，在单边市场背景下的传统企业对第三方支付的需求较少，更多是卖方与买方的直接支付，即买方直接通过现金支付或者通过银行转账的形式将货币支付给卖方。

随后单边市场开始裂变，中介方演化为交易平台，其链接的对象以几何倍数逐级上升[②]，交易平台项下卖方与买方的需求也逐渐多样化，多边市场开始萌生。所谓多边市场是指，对企业来说，它不一定是商品、服务的供给方，还为供给方与需求方顺利达成交易提供商品、服务的主体，它不仅仅只为一种需求类型的客户提供商品或服务，还为两个及其以上需求类型的客户提供商品或服务。随着多边市场的不断发展，集聚于交易平台中需求各异的客户

---

① 王勇，邓涵中. 论企业的交易属性 [J]. 经济学家，2017（2）：68.
② 朱晓明，宋炳颖，等. 数字化时代的十大商业趋势 [M]. 上海：上海交通大学出版社，2014：67.

人数呈现爆炸式地增长，"规模效应"的特征愈发明显，交易平台内的交易笔数与交易数额也"直线式"上升，最终"量变引起质变"，推动了传统支付方式的变革。

最开始基于支付安全考虑，支付方式从现金支付逐渐过渡为本票、汇票与支票支付，采用此种支付方式的目的在于尽可能地消除携带大量现金所引发的安全风险。随着互联网技术的发展，效率原则逐渐进入人们的视野，实体交易平台转变为网络交易平台。本票、汇票以及支票虽然减少了携带大量现金所引发的安全风险，但是使用本票、汇票以及支票作为支付手段在应对数量极为庞大的中小额支付、货币实时到账需求以及简约的承兑程序等方面的问题则存有很大的局限性，此时商业银行利用互联网技术适时推出了电子支付（支付网关模式）。例如，淘宝网等电商平台最开始就是采用此种电子支付模式为支付用户提供支付服务。应当说，电子支付的出现再一次大幅度提升了交易的频次与效率，节约了交易的成本，基本实现了交易安全与交易效率的平衡。时至今日，互联网技术与金融实现了深度融合，交易的笔数与数额更是大幅上涨，第三方电子支付平台的出现一定程度上是对原有电子支付模式的替代。此种"替代"的发生是由于第三方电子支付平台通常作为电商平台、社交平台的辅助平台，具有较强的客户黏性，用户使用第三方电子支付平台实际上减轻了用户（消费者）的两种成本。第一种成本为心理成本，用户在使用电商平台或者社交平台时，同时使用由电商平台或社交平台开发的第三方电子支付平台实际上是遵循了用户的行为习惯，用户的使用行为未受到实质阻滞。换句话说，定位为"辅助"角色的第三方电子支付平台与网络交易平台、社交平台在软件性能上能够实现无缝对接，支付用户能够在网络交易平台或者社交平台上快速、安全地完成支付行为，符合用户心理习惯与心理定势。第二种成本是经济成本。银行电子支付相较于本票、汇票与支票已经成功实现了一次经济成本的限缩。第三方电子支付平台较于银行电子支付而言，其实际上减少了银行电子支付繁琐的手续，经济成本再一次获得限缩。例如当时若要启用银行电子支付则需要向银行办理相应的认证开通手续，而第三方电子支付平台在兴起之时并未做此等强制要求，同时第三方电子支付平台的支付服务也优于银行电子支付，如无需跳转过多的页面、等待时间较短、支付具备较高的安全性能等。基于此，第三方电子支付平台得以快速增长并且支付平台规模逐年扩大。

三、平台战略条件的成熟

如果说多边市场的出现是第三方电子支付平台得以形成的内在机理，那么平台战略条件的成熟则为该内在机理得以正常运行提供了不竭动力。实际上多边市场的出现以及第三方电子支付平台的形成要满足以下三个战略要件：

第一，存在两个或者两个以上不同类型的用户群体。正如上文所述，存在两个及其以上不同类型的用户群体是区分单边市场与多边市场的重要指标，同时目前第三方电子支付平台也符合该要件。以支付宝平台为例，支付宝平台作为淘宝网的衍生平台，其面对不止一种类型的客户，而是具有多样需求类型的卖家与买家。即使在支付宝平台的内部，也不仅仅向支付用户提供支付服务，还存在一些资本增值服务，如支付宝平台中的《余额宝销售及服务协议》就明确指明，余额宝的目的在于为支付宝账户实名用户提供账户余额增值及理财服务。进一步说，在目前的第三方电子支付平台中不仅仅存在只有支付需求的用户，还存在资本增值需求的支付用户以及获得个性化支付服务需求的支付用户，不同需求的用户不断地塑造出不同类型的用户群体。

第二，不同需求类型的用户存在正的交叉网络外部性。Armstrong 于 2006 年提出"交叉网络外部性"概念，认为它存在于平台两边用户（或多边用户）之间，是平台运营的本质前提和重要特质[1]。如果某一类用户群体的数量增加与另一类型用户群体的数量增加成正相关，则这两类群体就存在正的"交叉网络外部性"。如果某一类用户群体的数量增加与另一类型的用户群体数量增加呈负相关，则这两类群体就存在负的"交叉网络外部性"[2]。对于第三方电子支付平台而言，其主要存在付款方、支付平台以及收款方三方关系。使用支付平台的付款方人数增加势必使得收款方更愿意接受此种支付方式，此时使用该支付平台的收款方人数亦会增加。同理，若使用支付平台的收款方人数增加，则使用该支付平台的付款方人数也会增加。故此在以第三方电子支付平台作为中心媒介的前提下，付款方群体与收款方群体的数量呈现正

---

① ARMSTRONG. Competition in two-sided markets [J]. Rand Journal of Economics, 2006, 37 (3): 668-691.

② 张云秋，唐方成. 平台网络外部性的产生机理与诱导机制研究 [J]. 北京交通大学学报（社会科学版），2014 (4): 41.

相关，这表明第三方电子支付平台同样满足正的交叉网络外部性的特征。

第三，具备将外部性内部化的能力。当第三方电子支付平台尚不存在之时，即使存在不同需求类型的付款方群体与收款方群体或是付款方群体与收款方群体存在正的交叉网络外部性，受限于诸多成本的约束，第三方支付平台也无法诞生。正是第三方电子支付平台，为付款方群体与收款方群体之间的利益协调提供了保障，最大限度降低了付款方群体与收款方群体之间的成本，使得付款方群体与收款方群体的资金划拨往来遵循着"以最小成本获取最大收益"的理想路径。此时，第三方电子支付平台就实现了市场参与者之间外部性的内部化，所以第三方电子支付平台的诞生是必然且合理的。

应当说，两个以上不同类型的用户群体以及不同类型用户群体之间的正的交叉网络外部性是多边市场得以形成的重要原因，它们与第三方电子支付平台的内化功能一起促使第三方电子支付平台的最终形成。

第二节　第三方电子支付平台的定义与特征

第三方电子支付平台最终形成之后，我们的首要任务应当是廓清第三方电子支付平台的定义与特点：原因主要在以下两点：其一，对第三方电子支付平台有效规制之重要前提是明晰该支付平台的本质属性以及运营特性，否则对其制定的规制举措便会陷入没有逻辑以及规制举措不能实现"宽严相济"的窘境。其二，对第三方电子支付平台内涵的界定以及对支付平台特点的梳理，有利于归纳出第三方电子支付平台所存在的现实问题并提出相应的解决路径。

一、第三方电子支付平台的定义

第三方电子支付平台的词语构成实际上是"第三方电子支付+平台"，这可以进一步概括为"行为+媒介"的形式。若想清晰地界定第三方电子支付平台的内涵，对"行为"（第三方电子支付）含义的澄清则是首要前提。

关于第三方电子支付的定义，有学者认为对第三方电子支付的定义应当采用狭义的方式予以界定，即仅指利用网络支付方式的第三方电子支付①②。也有学者认为即使现阶段"互联网支付"相较其他几种类型的支付方式发展速度更快，但是整个支付行业的发展具有相当的不确定性，无法排除其他支付方式在未来占据第三方支付主导地位的可能性，或者随着信息技术的不断更替进而衍生出更多新的支付方式，因此不能简单以"互联网支付"替代或者等同于"第三方支付"③。通过梳理学界关于第三方支付、网络支付以及第三方电子支付的观点发现，目前仍未准确提炼出第三方电子支付的准确含义。笔者认为对第三方电子支付的内涵做出明确界定的正确路径在于厘清第三方支付、网络第三方支付、互联网第三方支付以及第三方电子支付之间的关系，只有通过此种方式才能理解第三方电子支付的真正内涵并得出相对确切的定义。

（一）第三方支付与网络第三方支付

2020年中国人民银行颁布的《非金融机构支付服务管理办法》第二条，将第三方支付界定为非金融机构提供的支付服务，该支付服务具体包含了网络支付、预付卡的发行与受理、银行卡收单以及中国人民银行确定的其他支付服务。其中网络支付包括了货币汇兑、互联网支付、移动电话支付、固定电话支付、数字电视支付等。可见，我国行政规制机关将第三方支付具体划分为网络支付、预付卡支付以及银行卡支付三种类型。基于此，网络支付只是第三方支付中的一种支付类型，二者并不等同。进一步说，第三方支付中既包括了利用互联网、移动电话等媒介实施的支付，还包括利用银行金融机构的刷卡支付以及用户用法定货币提前购买商品或服务的预付价值的预付卡支付，第三方支付是这三类支付方式的上位概念。

（二）网络第三方支付与互联网第三方支付

2015年中国人民银行颁发的《非银行支付机构网络支付业务管理办法》第二条规定，网络支付业务是指收款人或付款人通过计算机、移动终端等电子设备，依托公共网络信息系统远程发起支付指令，且付款人电子设备不与收款人特定专属设备交互，由支付机构为收付款人提供货币资金转移服务的

① 李莉莎.第三方电子支付法律问题研究［M］.北京：法律出版社，2014：21.
② 马永保.第三方互联网支付经济法规制研究［D］.合肥：安徽大学，2014：15.
③ 刘然.互联网金融监管法律制度研究［M］.北京：中国检察出版社，2017：62.

活动。由此可以看出网络第三方支付与互联网第三方支付的实质区别在于，网络支付不仅仅是利用了因特网（计算机网络），还可以利用广播电视网或者电信网络等。而互联网第三方支付主要是利用因特网（计算机网络）进行资金转移。即前者除却利用计算机网络进行支付以外，还包括数字电视支付、手机移动支付等，故网络第三方支付所包含的业务范围远远大于互联网第三方支付能覆盖的业务范围。

（三）网络第三方支付与第三方电子支付

2005 年中国人民银行颁布的《电子支付指引（第一号）》第二条规定，电子支付是指单位、个人直接或授权他人通过电子终端发出支付指令，实现货币支付与资金转移的行为。其可分为网上支付、电话支付、移动支付、销售点终端交易、自动柜员机交易和其他电子支付。从电子支付的定义来看，现阶段网络第三方支付与第三方电子支付实质上并无不同，如支付发起端都包含了互联网端或手机端，支付执行端则主要都是依托网络信息系统执行用户的支付指令（平台根据支付用户的指令向网联平台发送执行指令或者支付用户直接通过平台向商业银行发出执行指令）。还需要指明的是，最初运营电子支付业务的机构主要是商业银行，现在的网络第三方电子支付运营主体是非银行机构，除此细微的差异外，网络第三方支付可以与第三方电子支付等同。

不过笔者认为从第三方电子支付与网络第三方支付所含业务范围的界定来看，采用第三方电子支付用语较于网络第三方支付更为精准、更为规范。最重要的原因在于"电子"一词较于"网络"而言，更能揭示该支付行为的本质。"网络"一词较为口语化，虽然便于人们的理解和接受，但在概念的界定上并不清晰，有碍于学界和实务界对该事物的深入研究。而"电子"是从物理学等科学理论的角度对其进行概括，相较于"网络"而言更加精确，有利于学界与实务界依照其科学运作规律展开研究和规制。此外，采用"电子"一词也便于将第三方电子支付与其他支付方式进行区分与归类。

综上，第三方支付、网络第三方支付、第三方电子支付与互联网第三方支付的关系应当是第三方支付 > 网络第三方支付、第三方电子支付 > 互联网第三方支付。基于此，第三方电子支付平台可以被定义（描述）为，以电子技术为载体完成用户之间资金转移的支付机构。

二、第三方电子支付平台的特征

第三方电子支付平台与网络平台一样具备多边性、外部性、长尾性与不对称性等共性特征①，笔者通过对财付通、支付宝、快钱、银联商务以及翼支付等五家第三方电子支付平台公布的支付用户服务协议等书面文件进行梳理，归纳出第三方电子支付平台的"三重身份"或者说第三方电子支付平台额外的三种"个性特征"。这三种特征是第三方电子支付平台在实践过程中形成的固有特征或者实践特征，对其剖析有助于我们对支付平台运营行为进行合理规制研究提供全新的视角。

第一，第三方电子支付平台是用户规则的"制定者"。不管付款方与收款方的基础法律关系为何，第三方电子支付平台都会与用户签订一系列的协议，如"服务协议""隐私政策""客户保障承诺书"等，这些协议属于第三方电子支付平台预先制定的格式合同或格式条款。第三方电子支付平台掌握着规则的制定权，规则的初次制定与再次制定皆由其主导，支付平台通过制定的规则自由分配与支付用户之间的权利义务责任，支付用户承担了规则被动接受者的角色，被动接受支付平台发布的规则以及各项规则蕴含的权利义务责任。从第三方电子支付平台制定的规则来看，约束支付平台自身的条款较少，支付平台的权利与权力范围较广，支付用户需要承担的义务及责任条款较多。

第二，第三方电子支付平台是用户行为性质的"判断者"。从第三方电子支付平台公布的"服务协议"中可以发现对用户行为性质存在诸多主观判断的词汇。例如，"快钱支付账户用户服务协议"中的"发现异常交易或有疑义""全民付服务协议"中的"有合理理由怀疑"。应当说，第三方电子支付平台具有较大的权力评判支付用户行为的性质，同时支付平台主观判断的结果直接影响支付平台对支付用户采取的处理方式，进而影响支付用户的权利（权益）。需要提及的是，支付平台对支付用户行为性质的判断主要是针对用户违法行为或者违规行为之判断，并不关涉支付用户正常商事行为合理性之认定。通过对支付平台公布的法律协议文本进行梳理可以发现，目前尚不存在对支付平台判断权进行约束的相关机制。

---

① 赵吟，唐旭. 论互联网非公开股权融资平台的行为规制 [J]. 证券法律评论，2018：141.

第三，第三方电子支付平台是规则的主要"执行者"。第三方电子支付平台有权对用户暂停或者停止部分、全部服务，也可以暂停、中止、中断某一笔具体的交易。例如《财付通服务协议》就规定财付通公司单方面判断认为用户有可疑交易或者违反本协议约定之情形，可以不经通知先行暂停、中断或终止向用户提供服务。《支付宝服务协议》也规定，若用户出现欺诈或销售伪劣商品、侵犯他人合法权益或其他严重违反任一阿里平台或蚂蚁网站规则的行为，其可以注销用户名下的会员号或账户。进一步说，执行权是判断权的具体结果，执行权的行使对支付用户利益产生深刻的影响。第三方电子支付平台的执行权直接限制或排除了支付用户的权利（利益），并且若支付平台不合理地行使执行权很可能致使支付用户遭受损失。从该项权利的本质而言，执行权是第三方电子支付平台管理义务之演变，于是执行权既是第三方电子支付平台的权力又是其义务。当然，支付平台执行权与判断权一样，在实践中缺乏相应的规制，这为支付平台侵害支付用户权益留下了巨大的"豁口"。

总之，第三方电子支付平台除却具备网络平台的普适性特征之外，实践中也呈现出契合支付平台本质特色的特征，不过笔者在对这些特征进行揭示的过程中发现支付平台规则制定权、用户行为判断权以及规则执行权既是其个性特征也是目前规制的盲区，至于如何治理这一盲区将会在第二章进行讨论。

第三节　第三方电子支付平台的法律性质

第三方电子支付是一种典型的重要的金融现象，应当受到法律的调整。依照这一思路，对第三方电子支付平台进行法律调整的首要任务是明确其法律属性。不过关于第三方电子支付平台的性质一直以来众说纷纭，学术界存在诸多学说，而实务界的认定也未直接揭示其本质。故而我们应当深入分析并衡量理论与实践中关涉第三方电子支付平台法律性质的不同观点，以此得出一个相对合理的定位。

一、国内对第三方电子支付平台性质的认定

从目前国内学界对第三方电子支付平台性质的研究来看，第三方电子支付平台的性质主要分为金融机构说、准金融机构说以及特殊非金融机构法人组织说三种观点。

金融机构说认为第三方支付与商业银行存有紧密的联系，第三方支付是支付清算服务系统的重要内容，其安全与效率影响着社会大众的持币信心以及对清算服务系统的信任度。同时，第三方支付所形成的电子货币对法定货币的流通量会造成一定的干扰，从而对我国货币政策实施的有效性产生影响，甚至还在很大程度上增大反洗钱等系统金融风险，涉及保险公司、基金公司等金融机构，因而第三方支付是金融服务业诞生之物，具有极强的金融属性[1]。还有学者直接指出互联网支付应当属于非银行金融机构[2]。总而言之，支持该学说的学者的核心观点在于第三方支付平台对国家宏观经济或者经济秩序能够造成较大的影响，第三方支付平台与金融领域、金融业务紧密相关，这是将支付平台纳入金融机构序列的重要原因。

准金融机构说则认为因为我国实行严格的金融管制，对金融机构的类别有着明确的规定，立法规范将第三方电子支付机构排除出金融机构的范围。但由于第三方电子支付服务具有明显的支付清算属性，而支付清算属性所带有的金融色彩使其与一般的服务性质相异，于是这些机构应属"准金融机构"，其业务活动具有"准金融性"，在民事活动中的角色和地位类似于金融机构[3]。准金融机构说实质是将第三方电子支付平台对经济的实际影响与现实立法规范对金融机构的相关规定相结合而得出的结论。

特殊非金融机构法人组织说认为第三方支付平台法律属性不应该被定性为金融机构，第三方支付平台从支付用户那里获取利息和收益仅仅是表征，而不具备金融信用活动实质功能，即吸收货币资金作为存款、发放货币资金作为贷款。第三方支付平台的法律地位应当定位为特殊非金融机构法人组织，应按照《中华人民共和国公司法》及相关法律规定对其进行调整与规制，其

---

① 容玲. 第三方支付产业规制研究 [J]. 上海金融, 2012 (11)：65.
② 刘然. 互联网金融监管法律制度研究 [M]. 北京：中国检察出版社, 2017：73-74.
③ 李莉莎. 第三方电子支付风险的法律分析 [J]. 暨南学报 (哲学社会科学版), 2012 (6)：52.

特殊之处在于该类法人组织的法律规范在规定其市场准入的基本条件、日常运营行为监管方面与普通公司法人组织存有不同①②。特殊非金融机构法人组织说的论证逻辑主要是将金融机构本质特征与第三方支付平台进行比对，认为第三方支付平台不符合金融机构的本质特征，因而并不应该定性为金融机构，但指出第三方支付平台与一般的公司企业内部构造存有不同之处，应当给予相对特殊的对待。

在监管实践中，中国人民银行等监管部门对第三方电子支付平台有非金融机构与非银行支付机构两种定位。前者主要依据《非金融机构支付服务管理办法》第二条，后者主要依据《非银行支付机构网络支付业务管理办法》第二条。应当说，在监管实践中规制机关为了最大限度降低第三方电子支付平台引发的支付风险以及规制难度，其更倾向将支付平台的业务限定在纯支付业务当中，不承认其金融属性，严厉禁止支付平台开展金融业务。

不论我国理论与学术界对第三方电子支付平台以何种基点论证其法律属性，我们仍可以看出他们共同关注的依然是第三方电子支付平台的金融属性问题。按照理论界与实务界对第三方电子支付平台金融属性问题的论争，其可以划分为四个层次问题。第一层次是第三方电子支付平台是否为银行金融机构？第二层次是第三方电子支付平台是否为金融机构？第三层次是第三方电子支付平台是否为准金融机构？第四层次是第三方电子支付平台是否为特殊非金融机构法人组织？

二、国外对电子支付平台性质的认定

全球各地对电子支付机构性质认定不一，笔者以美国、欧盟、新加坡对电子支付平台性质的立法作一个简单的梳理。

（一）美国对电子支付机构的定位

美国的立法并没有统一规定支付机构的性质。在联邦法律层面，FDIC 认为 PayPal 并不是银行机构也不是其他存款机构，并不需要取得银行业务特别许可证。但在各州法律层面，其直接将支付机构定位为货币服务商（Money

---

① 蔡秉坤. 我国网络交易中的电子支付法律关系分析与法制完善思考 [J]. 兰州学刊，2013 (3)：173.
② 陈波. 第三方支付民商事法律制度研究 [M]. 北京：法律出版社，2018：67.

Services Business)，所谓货币转移服务主要包括货币转移、支票兑换以及货币兑换等①。应当说，货币服务商是一种既不吸收存款也不发放贷款的非银行金融机构，它们主要为客户提供以下服务：①货币转移服务；②支票兑现服务；③外币兑换服务；④提供销售支付工具服务。例如提供汇票、储值卡等服务。因而在此种法律背景之下，美国的电子支付平台被定位为货币服务商，属于非银行金融机构。

（二）欧盟对电子支付平台的定位

最初，欧洲各国对于支付机构的规制规则差异较大，欧盟成立之后，差异化的支付机构规制规则严重阻碍了欧盟成员国之间人财物的流通。为了应对此种困境，欧盟于 2007 年颁布了《支付服务指令》（Directive 2007/64/EC），基本实现了欧盟成员国之间支付机构规则的统一。随着互联网技术的进一步深化，支付机构盛行以电子货币作为支付媒介为用户提供支付服务，2009 年欧盟为了契合该新型支付模式，依据《电子货币指令》（Directive 2000/46/EC）制定了新的《电子货币指令》（Directive 2009/110/EC）。至此，《支付服务指令》与《电子货币指令》共同成为调整支付市场的主要法律。随后基于支付市场的不断演变以及支付方式的不断创新发展，2015 年欧盟新《支付服务指令》（Directive 2015/2366/EC）对 2007 年的《支付服务指令》以及 2009 年的《电子货币指令》中的某些不合时宜的条款做出了修正。2015 年欧盟新《支付服务指令》将支付平台定义为支付服务提供者，该支付服务提供商分为六大类②：①信贷组织；②电子货币组织；③经过授权的邮政支付组织；④支付机构；⑤不以货币当局以及其他政府机构身份行事的欧洲中央银行和国家中央银行；⑥不行使公共当局权力的欧洲成员国以及地方当局。由此可以看出，欧盟对于电子支付平台的定位为支付服务提供者或电子货币发行商，不过2015 年的指令对支付服务商的性质并不是采用直接定义，而是从间接角度对电子支付平台的金融属性进行高度肯定与认同。例如，将以电子货币作为支付媒介的电子支付平台认定为电子货币发行机构，就是对电子支付平台金融属性的承认。

（三）新加坡对第三方电子支付平台的定位

新加坡十分重视支付体系的监管与完善，2006 年新加坡议会针对国内的

---

① Uniform Money Services Act, section 102.

② Directive 2015/2366/EC on payment services in the internal market, Title I.

支付市场制定了《支付体系监督法》（Payment Systems Oversight Act），从而建立了宏观的支付体系监管框架。2012 年，新加坡为了与国际支付市场监管规则接轨，又适时制定出《支付体系监督法案》［Payment Systems（Oversight）（Amendment）Bill］。随着区块链等新兴技术的发展，建立一个更有利于支付服务创新的监管框架成为当务之急，于是 2019 年新加坡议会合并现有法规推出《支付服务法案》（Payment Services Act 2019），并在该法案之中提出两条监管制度，一条为指定制度，另一条为牌照制度。不过新加坡对于支付机构（包含第三方电子支付平台）的性质仍然采用比较宏观的定义，即为任何提供支付服务的主体①。新加坡对电子支付平台的性质没有从金融属性的维度进行展开，而是从准入主体的范围、主体行为的限定进行界定。

从上述三个国家对电子支付平台的性质定位来看，笔者认为整体上它们还是从金融属性的维度对电子支付平台的性质进行分析与界定，区别在于它们对电子支付平台的金融属性界定存在直接界定与间接界定的区别。直接界定是通过立法规范对电子支付平台的性质予以直接表述，间接界定则是通过对电子支付平台开展金融业务的直接认可进而间接对支付平台的金融属性予以表达。当然需要明确的是，存在个别国家并没有从金融角度对电子支付平台的性质进行界定，而是从主体范围、行为限制等角度对电子支付平台的性质进行概括。

三、我国第三方电子支付平台性质的应然定位

将我国学界、实务界对第三方电子支付平台性质的观点与国外电子支付平台性质的立法规定予以比对分析，笔者认为第三方电子支付平台性质实现相对合理定位之路径首先在于明确评价支付平台性质的标尺，其次在"评价标尺"的基础上寻找支付平台性质的精确定位。

（一）第三方电子支付平台性质定位的标尺

国内对于第三方电子支付平台性质的探讨主要围绕金融属性展开，而美国、欧盟也主要从电子支付平台金融属性角度辨析支付平台的性质，当然也有国家对电子支付平台的性质并不做出直接或间接的规定，而是对支付平台

---

① Payment Services Act 2019, Part 1.

的准入及行为做出限制性规定，如新加坡。笔者认为以金融属性作为"坐标轴"对第三方电子支付平台的性质予以定位更为合理，原因主要有以下三点：

第一，本质属性与行为模式属于"里"与"表"的关系，即事物的本质属性决定了行为模式的样态。例如若将第三方电子支付平台认定为金融机构，那么支付平台被允许的业务运营的内容就应做出相应的调整，如可以从事证券、保险等金融业务；若将第三方电子支付平台认定为非金融机构，那么平台的行为模式则应当限定在纯粹的支付业务之中；若将第三方电子支付平台认定为准金融机构，那么支付平台业务只能在金融与非金融的过渡交叉领域予以开展。换句话说，以事物本质作为原点进行规范设计，有助于确保被设计出来的规制规范具有可行性与体系性。这是第三方电子支付平台以金融属性作为"坐标"最为重要的功用之一。

第二，采用金融属性作为"坐标轴"分析第三方电子支付平台的性质符合我国监管模式的演变趋势。长期以来，我国监管机关针对金融领域的监管主要采用"机构监管"模式，但随着金融产品的日益复杂化，金融监管领域存在穿透多层嵌套金融产品的需求，于是"功能监管"模式应运而生，"功能监管"模式的实质在于明确金融产品的真实属性。而面对支付业务日渐复杂的第三方电子支付平台，"功能监管模式"同样不可或缺，拥有可适用的空间，即需要利用"功能监管"模式对支付平台复杂支付业务做出"金融属性"多寡的评估。因此当"功能监管"模式适用于第三方电子支付平台之时或者支付平台存在极大"功能监管"之需求时，已然是对支付平台金融属性进行了评判。与此同时，以金融属性作为坐标轴定位第三方电子支付平台的性质，也有助于构建符合第三方电子支付平台现状的规制机制。例如我国金融市场准入制度规定得较为严格，采用金融属性作为"坐标轴"分析第三方电子支付平台的性质，可以使规制主体能够依照"坐标轴"的分析结果对第三方电子支付平台准入制度进行合理的调适。

第三，以金融属性作为"坐标轴"直接分析并界定第三方电子支付平台的性质并不是否定支付平台行为性质判断模式的价值，并不是说将第三方电子支付平台性质界定之后，支付平台行为性质判断模式便没有存在的必要。应当说，第三方电子支付平台的行为性质分析判断模式有其独立的价值。一方面对第三方电子支付平台行为性质的研究同样对支付平台金融属性的精准定位有"反向助推"以及"反向判定"的作用，即对支付平台性质的判断依然需要以具体行为性质分析作为佐证。另一方面，第三方电子支付平台的行为以及业务处于不断创新当中，我们可以通过分析其行为性质进而明确支付平台金融属性的多寡，以此确定规制资源的分配等。

（二）我国第三方电子支付平台性质的具体定位

以金融属性作为"坐标轴"，笔者认为对于第三方电子支付平台的性质在目前及未来一段时间内采用"准金融机构"的认定可能更为适宜，原因有以下几点。

首先，第三方电子支付平台并不会替代银行。根据《中华人民共和国商业银行法》第二条之规定，商业银行的业务主要包含吸收存款、发放贷款以及办理结算，这与以支付业务作为发展基石的第三方电子支付平台存在明确的业务界限划分。即使第三方电子支付平台进入"综合服务价值链"阶段，第三方支付平台业务与商业银行业务也仅是"协同关系"而非"替代关系"，换言之，第三方电子支付平台与商业银行是合作关系而非替代与完全竞争的关系，支付平台仅可能围绕支付业务不断开拓创新，且该创新业务不会实质牵涉商业银行的核心业务。

其次，第三方电子支付平台全面进入金融领域从事金融业务暂不具有现实可行性。审慎监管强调监管机关尽到自身的监管职责，以抵御系统金融风险以及系统金融危机①。若第三方电子支付平台尚不存在一套完整、系统、科学的监管规制体系，那么此时允许第三方电子支付平台进入金融领域从事金融业务，势必使得监管机关陷入无规范可遵循的监管"恐慌"之中，这是监管机关无法接受的。退一步说，即使监管机关允许第三方电子支付平台全面进入金融领域从事金融业务，但金融业务（尤其是需要特别许可的金融业务）需要企业超高的人财物以及内部风险控制制度的配置，而第三方电子支付平台属于新型企业，其人财物的充足度以及风控制度的完善度与实力强大的金融机构存在较大差距，此时强行涉足此类金融领域，势必增加支付平台的运行风险以及投资者的投资风险，对于支付平台和投资者而言这同样是不能接受的。所以将第三方电子支付平台定位为金融机构并不合适。

最后，第三方电子支付平台准金融属性的定位符合第三方电子支付领域

---

① 叶姗. 系统性金融危机的经济法应对 [J]. 经济法论丛，2011，20（1）：158-181.

的发展规律。一方面，第三方电子支付平台已然初涉金融业务且运行良好。例如支付宝《余额宝销售及服务协议》中明确指出，余额宝的目的在于为支付宝账户实名用户提供账户余额增值及理财服务。同时，余额宝这种"基金与支付平台相结合"的新型产物一经发布便备受支付用户欢迎，目前余额宝已然成为支付宝平台中金融业务发展态势较好的一只产品。另一方面，准金融属性的定位是金融与非金融的过渡地带，其同样存在金融属性强弱相异的业务类型。换言之，准金融属性的交叉性与可延展性既符合第三方电子支付平台价值链的发展规律，给予了第三方电子支付平台充足的创新发展空间，同时也可排除高风险且需要监管机关特别许可的金融业务。

是故未来第三方电子支付平台的规范性文件以及学界应当对支付平台的属性进行重新厘定，将其界定为准金融机构。

第四节　第三方电子支付平台账户服务的法律关系

第三方电子支付平台在运行过程中实际上形成了支付平台、支付用户、商业银行、网联清算平台之间的支付服务法律关系，而支付服务法律关系集中体现在支付机构的平台账户服务之中，因为支付用户的所有支付操作都是在支付平台账户中得以完成的。例如支付用户所有的操作指令是从支付平台账户中发出，执行支付指令的最终结果也将在支付平台账户之中得到体现。因而对第三方电子支付平台账户进行研究具有理论与实践意义。从法学维度研究第三方电子支付平台账户的核心是厘清支付平台账户所形成的法律关系，而本节主要围绕支付平台账户所形成的法律关系进行探讨。

一、第三方电子支付平台账户服务法律关系的几种观点

关于第三方电子支付平台账户服务的法律定位，一直以来众说纷纭，并没有一个统一的定论。究其原因可能在于第三方电子支付平台运营模式在不断更新变化，导致学者对第三方电子支付平台账户服务的法律性质认知有所差异。不过通过归纳梳理，学界对第三方电子支付平台账户服务主要有债权

让与说、信托说、合同说三种学说认知。

债权让与说认为第三方支付平台代为支付是卖方将对买方的债权转让给了第三方电子支付平台①②。换句话说，为保证买卖双方交易的顺利达成，卖方将对买方的债权暂时转移给第三方电子支付平台，第三方电子支付平台凭借沉淀资金的保管服务收取相应的费用，待买方对卖方交付的货物进行确认后，支付平台再将应付货款划拨给卖方。此种学说更多存在于电子商务交易当中，目前最大的电商平台淘宝网就将其附属的第三方支付机构（支付宝）的功能从单一的支付功能延伸到"担保"功能。不过该种学说认为在第三方电子支付服务法律关系中支付用户与支付平台存在债权让与关系，此认知实际上把支付用户在支付平台账户中沉淀资金的所有权转换为债权，把支付用户对备付金的绝对权变成了相对权，使得支付平台在陷入破产清算风险时，支付用户对备付金享有的债权无法与一般债权进行有效区分，给支付用户造成巨大的资金风险。

信托说则认为第三方支付机构遵循买方的真实意思表示，利用买方转移至自己名下的备付金代为支付货款，该行为映射出的是"受人之托、忠人之事、代人理财"的信托法理③。依据此观点，买方在安全观的指引下，为实现顺利交易的目的以及对第三方电子支付平台的信任，不直接将货款转移给卖方，而是将货币转移给第三方电子支付平台，由第三方电子支付平台严格按照与收付款方之协议，以支付平台的名义将货币转移给收款方，这与信托运作模式的本质恰好契合，符合信托的基本原理，呈现出的是信托法律关系。但此种观点与现实存在一定的矛盾之处，如支付平台在一定条件下需要将资金划拨给收款方之时，支付平台实质上并非只用本平台的名义进行资金划拨，收款方仍然知道真实付款方的基本信息，从这个层面而言，支付用户的资金只是在支付平台进行了短暂的停留，整个支付运作流程仍是付款方将货币支付给收款方。即使退一步，认可第三方电子支付平台账户服务是信托法律关系，但信托法律关系需要将财产的所有权转移给第三方电子支付平台，于是第三方电子支付平台从法律层面获得支付用户的资金所有权，这时支付用户

① 钟志勇. 网上支付中的法律关系问题研究 [M]. 北京：北京大学出版社，2009：34.
② 王庆. 电子交易中第三方支付法律责任研究 [D]. 北京：中国政法大学，2010：18-19.
③ 张军建，余蒙. 第三方支付的信托法研究：兼论央行《非金融机构支付服务管理办法》对支付机构的法律定性 [J]. 河南财经政法大学学报，2015（5）：104.

的资金风险不是降低了而是增高了。主要表现在，信托关系增加了支付平台挪用资金的风险，即第三方电子支付平台拥有备付金的所有权，意味着支付平台对支付用户的备付金享有所有权项下的全部权能，这为支付平台占有、使用、处分备付金提供了正当化的渠道，支付平台挪用支付用户资金的可能性增高。

合同说认为第三方电子支付平台的账户服务实际上是由合同组成的。例如有学者认为该账户服务是一个资金合同、托收合同①。还有学者指出支付平台的账户服务是一个附条件的支付合同，所附条件是卖方完全履行基础合同所规定的义务②。不过较多学者支持合同束集的观点，即支付平台的账户服务不仅仅只有一种合同，而是多种合同的集成③④。合同说并不局限在某一特定第三方电子支付平台运营模式之中，而是采用合同"束集"的观点最大程度概括出第三方电子支付平台账户服务的法律关系，此观点具有一定的可取之处。

无论是债权让与说、信托说或者是合同说，都是对第三方电子支付平台账户服务的法学思考与表达，不同之处在于学界对支付平台账户服务法学研究的素材与角度存在不同。但笔者对这三种学说进行审视，发现合同说更能从宏观层面对各类第三方电子支付平台账户服务的法律关系进行精准概括，并有助于对支付平台账户服务的法律关系进行宏观与微观的分析。

二、第三方电子支付平台账户服务法律关系的宏观分析

第三方电子支付法律关系中主要包括付款人、收款人、第三方电子支付平台、商业银行等。这看似是多方法律主体，实际上这四方主体仍存在相应的合同，故而仍属于合同关系，主要由《中华人民共和国民法典》予以调整。不过笔者对第三方电子支付平台提供的平台账户服务进行分析后发现，以第三方电子支付平台为核心的法律关系主要存在两重特点。其一，第三方电子支付平台相较于付款方与收款方而言具有相对的独立性。第三方电子支付平

---

① 李建星，施越. 电子支付中的四方关系及其规范架构 [J]. 浙江社会科学，2017（11）：53-57.

② 于颖. 第三方支付之定性：试论托付法律关系 [J]. 法律适用，2012（6）：53.

③ 陈志，贺亚华. 电子商务中第三方支付法律问题探析 [J]. 金融法学家，2013（5）：269-270.

④ 刘淑波，李雨旋. 论第三方支付的法律监管 [J]. 电子科技大学学报（社科版），2018（4）：95.

台向付款方与收款方提供账户服务，实现支付用户之间的货币转移主要依赖
于付款方与收款方已经存续的基础法律关系。以支付宝为例，支付宝执行支
付用户资金划拨指令的前提在于付款方与收款方在淘宝网或者其他网络平台
形成买卖合同等基础法律关系。其二，第三方电子支付平台与付款方、收款
方、银行之间仍存在明确的合同关系。第三方电子支付平台虽具有相对的独
立性，但并不当然具有为付款方与收款方提供货币转移服务的义务，而是支
付平台与付款方、收款方存在委托合同关系以及保管合同关系，使支付平台
为收付款方提供的支付服务有据可依。换句话说，付款人、收款人、商业银
行与支付平台之间的协议也是第三方电子支付行为得以顺利进行的重要基础。
我国第三方电子支付平台账户服务主要分为三种类型，即第三方电子支付平
台网关型账户、第三方电子支付平台无"担保"型账户和第三方电子支付平
台"担保"型账户。

三、第三方电子支付平台账户服务法律关系的微观分析

应当说不同的第三方电子支付平台账户服务存在不同的法律关系。实践
中，第三方电子支付平台账户服务类型主要分为第三方电子支付平台网关型
账户、第三方电子支付平台无"担保"型账户以及第三方电子支付平台"担
保"型账户。

（一）第三方电子支付平台网关型账户

第三方电子支付平台网关型账户主要是指第三方电子支付平台通过与各
大商业银行签订"入驻协议"，将各大商业银行的支付网关接口汇聚于统一的
第三方电子支付平台之上，付款方通过第三方电子支付平台的网络界面跳转
到各大商业银行支付网关接入口界面，由付款方选择预先绑定的商业银行，
支付用户输入银行账户密码进而将自己银行账户中的货币转移到收款方的商
业银行账户里。此时的第三方电子支付平台网关型账户实际是网络电商平台
为用户连接商业银行提供的"管道"，该"管道"并不具有支付功能的独立
性，实际上商业银行在整个支付清算过程中占据主导地位，因此本阶段的第
三方电子支付平台网关型账户实质上是"商业银行网关型"账户。通过检视
第三方电子支付平台支付网关型账户的具体运营模式，我们可以发现第三方
电子支付平台支付网关型账户主要有三种合同关系，即支付平台与各大商业

银行之间的支付网关合作协议；支付用户与商业银行之间的委托收付款协议；支付平台与支付用户之间的支付服务协议等。支付平台与各大商业银行签订的支付网关协议的目的里明确哪些商业银行可以在支付平台上为支付用户提供支付清算结算业务。支付用户与商业银行之间的委托收付款协议主要是约定了电子支付的相关条款，即允许支付用户通过支付平台直接向商业银行发出支付指令，商业银行应当根据支付用户发出的支付指令进行收付款。支付平台与支付用户之间的服务协议主要是约定支付用户如何在支付平台进行支付操作以及支付平台与支付用户权利义务责任的具体分配。支付网关型账户主要出现在早期电商交易之中。

（二）第三方电子支付平台无"担保"型账户

第三方电子支付平台无"担保"型账户是指支付平台向支付用户提供支付平台账户，支付用户可以直接通过已经绑定的商业银行向支付用户的平台账户进行充值，进而付款用户可以将平台账户里的货币支付到收款用户的平台账户中。当然支付用户也可以不向支付用户的平台账户充值，而是直接向支付平台发出支付指令，由支付平台将该指令发送给支付用户绑定的商业银行以此完成支付指令的要求。可见此时第三方电子支付平台的支付功能已具备极强的独立性。现实中最为典型的无"担保"型支付账户是微信支付。第三方电子支付平台无"担保"型账户主要存在两种合同关系，即支付用户与支付平台之间的"支付服务协议"以及支付平台、支付用户、商业银行三者之间的协议。支付用户与支付平台之间的"支付服务协议"的内容范围比网关型的"支付服务协议"所约定的内容更为广阔与复杂。例如第三方电子支付平台无"担保"型账户约定了支付用户可以在第三方电子支付平台中开设支付账户，支付用户可以将其银行中的存款划拨至支付平台的账户中形成备付金（沉淀资金）等相关内容。而支付平台、支付用户与商业银行三者之间的协议的主要内容包括支付用户将自己开设的银行账户与支付用户在支付平台开设的账户进行绑定。例如允许支付用户通过支付平台账户向支付平台发送划拨指令，而后支付平台通过网联清算平台向绑定的商业银行发出划拨指令进而完成资金划拨。又例如第三方电子支付平台可以通过支付用户绑定的银行卡搜集银行卡内关涉支付用户个人信息，以实现支付平台对支付用户的实名认证等。

（三）第三方电子支付平台"担保型"账户

第三方电子支付平台"担保"型账户是指付款方先将货币付至第三方电子支付平台，待到收款方满足约定的条件后，第三方电子支付平台再将付款方已经支付的货币付至收款方的平台账户或者收款方的银行账户之中。该账户类型最为典型的是淘宝网与支付宝所创立的支付模式。如在"担保型"账户之中存在付款方与收款方委托支付平台收付款的合同；付款方、收款方和支付平台之间的资金保管合同；付款方、收款方和支付平台、商业银行之间的合作合同等。在委托收付款合同之中，"担保型"支付平台账户事先与支付用户存有资金划拨的程序性约定，允许付款方将约定的支付款项先行放置于支付平台账户之中，待付款条件成就之时支付平台再将相应的款项划拨给收款方。在资金保管合同中，担保型平台账户中付款方与收款方资金保管协议与"无担保"平台账户的中的备付金保管存在不同，"无担保"平台账户中的备付金仅是单纯沉淀于平台支付账户之中的备付价值，该备付金（沉淀资金）不一定会被划拨出去，而"担保型"平台账户中的备付金已经存在需要划拨的基础法律关系，在约定条件成就时支付平台需要将该备付金转移给收款方。对于付款方、收款方和支付平台、商业银行四方主体的协议内容而言，支付用户将商业银行与支付用户的平台账户绑定，支付平台可以通过支付用户绑定的银行卡搜集银行卡内关涉支付用户个人信息，从而实现支付平台对支付用户的实名认证等。

第二章
马克思金融理论视域下
第三方电子支付平台法律规制的理论构造

　　通过对第三方电子支付平台进行解构发现，第三方电子支付平台是互联网金融领域的重要组成部分，故而对其进行科学合理的法律规制举措设计十分必要。但需要进一步探讨的是，该法律规制举措应当秉承何种理念、模式以及框架进行设计？该法律规制举措将以何种规制方式（方法）付诸实践？笔者认为应当基于马克思金融理论，在规制举措的设计理念上，遵循金融安全与金融效率动态平衡以及行政监管与行业自治均衡的理念；在规制模式上应当采用机构监管与功能监管并举以及规制主体协同治理的模式；在规制框架上应当采用原则与规则主辅相成的规制路径；在规制方法上，应当形成适度硬法规制与充分软法治理的混合法样态，并将准入制度、信息披露制度、支付差错处理制度、备付金管理制度以及退出制度作为硬法与软法规范的基础性制度。

第一节　第三方电子支付平台法律规制的理念

　　所谓理念，是指对某种理想的主观追求，也包括用一定的方法来实现该理想的信念①。对于第三方电子支付平台法律规制理念而言，其主要是指规制主体为了实现第三方支付平台良性发展而建构的规制举措所秉承的信念或者追求。第三方电子支付平台的"准金融机构"属性，仍属于现代经济体系中的重要组成部分，现代市场经济本质上没有脱离马克思的分析框架，即工业生产的目的是获得更多的利润——"发财致富"②，因而如何提升第三方支付平台的生产力与生产水平，增加营收，同时降低平台造成的各类风险成为规制的重中之重。第三方电子支付平台法律规制理念主要有两种，一种为金融效率与金融安全动态平衡理念，另一种则是行政监管与行业自治均衡理念。前者主要强调金融效率与金融安全的最优配比，是由第三方电子支付平台不同发展阶段的不同运营模式所决定的。后者主要着眼于规制主体内部规制权力的分层，即不能将规制权力全部赋予行政机关，形成行政机关"全权"监管，也不能将规制权力完全置于行业自治，形成行业"独立"自治，更为适当的做法是合理搭配行政机关的监管权与行业的自治权（包括行业自治组织自治以及支付平台自治），进而实现行政机关监管权与行业自治权的均衡，呈现出对第三方电子支付平台规制的最佳效果。

一、金融效率与金融安全动态平衡理念

　　我国的金融行政机关监管制度变迁的过程大致可以划分为三个阶段：计划经济时期的金融管理制度；统一监管向分业监管的逐步过渡；分业监管的确立与完善③。行政机关监管制度的更迭体现出金融监管理念从绝对的金融安全监管理念逐渐转为金融安全与金融效率相对平衡的监管理念。进一步说，监管理念的转变呈现出行政监管主体的三重考量。第一重考量是，要在金融

---

① 高在敏. 商法理念与理念的商法［M］. 西安：陕西人民出版社，2000：6.
② 马克思. 资本论（第二卷）［M］. 北京：人民出版社，2004：67-68.
③ 王忠生. 中国金融监管制度变迁研究［M］. 长沙：湖南大学出版社，2012：67-74.

安全观指引下，设计严密的金融监管制度来防范系统性金融风险的发生，即行政监管机关试图通过程序性、技术性的规制举措把控金融活动所衍生的金融风险，将金融风险降低至行政机关可控范围之内。第二重考量是，金融领域的活力与效率也应该得到应有的重视。例如随着"金融领域资本增值"的观点逐渐被行政监管机关所认知，将其作为行政监管的主要内容成为不可避免的趋势。换句话说，在市场经济背景下，对效率的追求逐渐成为行政监管机关重要的监管需求之一。第三重考量是，在"风险与收益混合"的金融领域里，监管主体认为所有的金融业务、金融行为既可能带来无尽的利润，亦可能蕴藏着巨大的金融风险，监管机关既不能无视金融安全仅追逐金融效率，也不能为了绝对的金融安全而牺牲金融效率，二者相对平衡才是金融监管的应有之义。

由此，金融监管理念的更迭对第三方电子支付平台规制理念的选择可得到的初步借鉴是：随着市场经济的蓬勃发展，规制理念应当在充分重视金融安全价值的基础上，逐步认可金融效率价值的地位和作用，并且大力推动金融安全与金融效率的平衡发展。而对于第三方电子支付平台规制理念更为精准的选择应当是结合第三方电子支付领域固有特质以及其在世界各国规制理念的发展演变和相关具体规定，在相对平衡规制理念的基础上，采用金融安全与金融效率动态平衡的规制理念。

事实上，该动态平衡规制理念具有两种坚实的理论基础。一种为相对安全理论，另一种为金融监管辩证理论。针对相对安全理论，有学者认为金融领域的安全价值虽然是极为重要的价值，但绝对不是唯一价值。根据金融学"风险与收益并存"的基本理论，在金融领域中风险是无法避免的，有风险才会有收益，有收益才能推动事物的不断发展。历史经验已经证明，一个稳定发展的金融领域对市场经济和社会总体福利是有益的，不发展才是金融领域最大的威胁。金融安全是金融发展的保障和基础，但金融安全并不是金融系统的唯一目标[①]，科学的金融发展应当对金融安全价值与金融效率价值兼收并蓄。第三方电子支付平台的支付业务以及基于支付业务之上的创新业务固然存在较多已知或者未知的风险，但风险的存在并不代表该第三方电子支付平台的行为及业务不应当存在，或是说风险是否定"新事物"存在并发展的核

[①]　邢会强. 相对安全理念下规范互联网金融的法律模式与路径 [J]. 法学，2017 (12)：24.

心依据。相反我们应当对该新事物提高容忍限度，细致比较分析该行为或业务的"风险—收益"，若该行为与业务符合第三方电子支付平台发展规律并且其存在所产生的收益高于其引发的风险，那么该支付平台行为以及业务的存在就是正当且合理的，第三方电子支付平台的支付业务以及基于支付业务之上的创新业务便是符合相对安全理论的。

而针对金融监管辩证理论而言，因为金融创新在市场中是一种常见的现象，它通常发生在规制改革之前，因而规制主体针对这些金融创新往往处于"被动防御"的状态。金融机构时刻受到市场需求、技术更新、监管规范等因素的影响并需要及时调整经营行为，因此金融机构在市场中的行为具备多样性的特征。行政机关监管者则依据金融机构的多样行为来予以监管回应，最终形成了"行政管制——商主体为规避管制而金融创新——强化或放松管制——商主体再创新"的动态过程。基于此，冯科认为若想金融规制制度能够适应不断发展的金融市场环境，那么规制制度的设计应当重视平衡技术的应用，即不能偏重二者其一[①]。对于第三方电子支付平台，监管机构对其规制制度设计得再缜密，也无法规制支付平台目前以及未来所有的运营业务与运营行为，第三方电子支付平台依然可以利用"法律规避"技术，实现自己的商业目的。例如支付宝中的余额宝便是第三方电子支付平台与基金公司携手共创的新型金融产品。因此对于第三方电子支付平台，监管机构不宜设定永久固定的金融规制理念，而应当采用"具体问题具体分析"的思维范式设计动态平衡的规制理念。此外，动态平衡的规制理念还内置一道规制主体无法越过的思维程序，即它可以帮助规制主体分析第三方电子支付平台的行为与业务是属于应当被严格规制的对象（更加注重金融安全）还是属于应当被鼓励发展的对象（更加注重金融效率），进而对规制模式、规制框架与规制方法的设计与调适起到很好的指引作用。

金融安全与金融效率动态平衡的规制理念除却两种有力的理论根基之外，世界各国电子支付平台的立法实践以及第三方电子支付平台的固有特质也决定了金融安全与效率动态平衡理念应当得以适用。原因体现在两个方面：其一，世界各国电子支付平台市场准入的多层次标准凸显安全与效率动态监管的理念。世界范围内电子支付服务市场准入模式包括豁免模式（如中国台湾

---

① 冯科. 金融监管学［M］. 北京：北京大学出版社，2015：39.

地区）、注册模式（如欧盟）以及许可模式（如美国），每一种准入模式的设计无不体现出对安全价值与效率价值之间的细致审思。目前仅采用上述单一准入模式的国家较少，它们更倾向采用多种模式叠加的规制样态，例如注册模式+豁免模式等混合模式。基于此，我国有学者呼吁对于电子支付平台的准入，近期目标是建立豁免制，中期增加注册制，远期取消许可制而仅保留注册制和豁免制或者直接采用宽松的注册制①。第三方电子支付平台作为电子支付的一种特殊形式，更应要求安全与效率价值的配比在规制第三方电子支付平台的过程中不应是静态的体现而是动态的选择，规制主体应当依据第三方电子支付平台的现实状况对安全与效率价值的匹配进行动态的调适与修正。其二，第三方电子支付平台业务性质的"复合性"产生安全与效率动态规制的需求。已有的研究指出，第三方电子支付平台的发展趋势是一个动态价值链的发展过程，即第一阶段为快捷支付价值链；第二阶段为信用服务价值链；第三阶段为数据营销价值链；第四阶段为综合服务价值链②。实际上，这四种价值链阶段是由其内部的构成要素维持其结合的状态，仅利用这些要素来描述（作为整体要素的）价值链的类型③，换言之，这四种价值链阶段呈现出第三方电子支付平台金融性质由弱变强的四种类型且第三方电子支付平台存在由第一阶段向第四阶段演进的内在动力，而此种动态的演进过程以及金融属性的递进的过程需要动态的规制理念进行匹配。例如在快捷支付价值链阶段，支付业务仅限于资金的单纯划拨，此时规制主体更重视金融效率，支付用户更需要划拨资金实时到账以及支付信息得到实时反馈。而在综合服务链阶段，支付平台对支付用户进行支配的不仅仅是支付用户的资金，还包括支付用户的支付信息与个人信息所形成的信息资源，支付机构与金融机构（如银行）协同创制具有一定风险的新型产品等，此时规制第三方电子支付平台，金融安全较于金融效率更为重要。

---

① 钟志勇. 电子支付服务监管法律问题研究 ［M］. 北京：中国政法大学出版社，2018：67.
② 马梅，朱晓明，周金黄，等. 支付革命：互联网时代的第三方支付 ［M］. 北京：中信出版社，2014：56.
③ 卡尔·拉伦次. 法学方法论 ［M］. 陈爱娥，译. 北京：商务印书馆，2018：338.

二、行政监管与行业自治均衡理念

马克思主义有一个基本的方法，就是在复杂纷纭的现象中找到其内在规律，抓住本质，然后探索解决问题的措施，增加把握事物变化的本领。对资本的管控也是如此，它的流动、运行、变化虽然难以捉摸，但总是有规律可循的[①]。我国长期注重行政权力对金融领域的调控，众多行政监管部门规章的诞生便是此类监管习惯的产物。应当说行政监管机关对金融领域的调控有利于规范金融市场行为以及防范金融风险。但随着社会分工越来越精细化以及金融产品的"成分"越来越复杂，行政监管机关对金融领域的调控能力已然无法紧跟日日更新的商业规则，甚至行政机关监管出现较大的规制空白，在此前提下，行业自治应运而生。行业自治既包括商业组织体的联合自治，又包含商业个体的自我治理，它们是商业规则的"原发母体"，亦是商业规则的"执行主体"。基于此，行业自治较于行政监管更具备高效的治理效率与精准的治理敏锐度。目前，对第三方电子支付平台的规制从全局角度已然形成行政监管、行业自治"二位一体"的规制样态。但问题是，目前的行政机关监管、行业自治并没有在第三方电子支付领域实现均衡，行政机关监管与行业自治的配合存在一定的缺陷。例如第三方电子支付平台协议中就存在格式条款的提供方明知该格式条款无效仍将其作为格式合同组成部分的现象，造成了无效格式条款"有效化"的异常状态。出现此种现象的原因在于：提供无效的格式条款的收益大于成本，即格式条款的提供方除了按照《中华人民共和国民法典》规定承担无效果外并不承担其他的如行业处罚、行政责任等额外成本，同时当无效的格式条款作为格式合同的重要组成部分会给条款接受方带来必须履行该条款的心理压力，进而维护无效格式条款提供方的不正当利益。又例如，行政机关对于第三方电子支付平台的性质认定主要将其限定在提供支付行为的中介机构，此种严格的性质界定实际上过于"理所当然"地限定了支付平台性质以及业务范围，忽视了行业自治对支付平台准入的作用。换句话说，对于第三方电子支付平台的规制而言，其并没有实现监管权与自治权的合理分配进而实现监管权与自治权的最优配比，即哪些领域由行

---

① 杨咏梅. 经济全球化下"互联网+"资本管控风险的分析：基于马克思主义基本运行理论的视角
[J]. 毛泽东邓小平理论研究，2016（9）：36.

政监管机关进行监管，哪些由行业进行自治，没有一个统一明确的规定。笔者认为理性科学地处理行政机关监管与行业自治之间的关系应主要把握以下四个关键的节点。

第一，行政监管主体与行业自治主体需要均衡。要实现监管主体与自治主体的均衡，一方面行政机关监管主体要适当，另一方面行政机关监管主体与行业自治主体的规模、权力分配比例要适中。就前者而言，对于第三方电子支付平台的行政监管机关主要是中国人民银行，但由中国人民银行承担对整个第三方电子支付领域（包括对个体支付平台）的监督职责，存在监管法律依据不足以及中国人民银行承担的"角色"过多等问题，即中国人民银行尚不存在明确的法律授权，中国人民银行是否拥有合法权利对第三方电子支付平台进行监管仍有疑问。同时将对第三方电子支付平台的监管权赋予中国人民银行也极易导致中国人民银行"角色混同"进而引发"央行"权力过大、政府与市场权责不分等问题。故此，我们可以将中国人民银行支付结算司重组为相对独立的支付系统监管局，以此明确适宜的监管主体。就后者而言，主要强调在行政监管主体与行业自治主体规模及其权力分配上实现平衡。若行政机关主体规模过大，势必会弱化行业自治的力量，此种模式与传统行政监管机关全面规制金融领域的模式并没有太大差异，实质上仍落入了传统监管模式的"窠臼"，漠视了市场调控的力量。若行业自治的规模过大，则可能会导致该行业组织仅追逐本行业的"特殊利益"而背离社会公共利益以及社会公共经济秩序，从而引发社会混乱。笔者认为行政监管与行业自治均衡更为优化或者理想的路径是行政监管主体与行业自治主体在规模、权力分配上实现均衡，一方面形成独立的支付系统监管部门——第三方支付自治组织（包含第三方电子支付平台行业协会自治以及第三方电子支付平台自我治理）的二元规制体系，当然并不排除其他必要的规制机关参与规制，如电信监管机构等；另一方面，行政监管主体与行业自治主体之间权力配置也应当均衡，不应当将本应由行业自治主体行使的自治权交给行政监管机关，也不应当将行政机关独有的监管职能分配给行业自治组织。例如吊销第三方电子支付平台的营业执照的权力，就不应该由行业自治组织行使，同时第三方电子支付平台自律协会的通报批评、信用降级等规制举措亦不应交给行政规制机关予以行使。

第二，行政机关监管规范与行业自治规范需要均衡。实际上，行政机关对于第三方电子支付平台发布的监管制度属于硬法的规制范畴，主要包含法律、行政法规、地方性规章或者部门规章、政策性文件等。例如 2015 年发布的《非银行支付机构网络支付业务管理办法》以及中国人民银行 2020 年发布的《非金融机构支付服务管理办法》。而支付行业协会以及第三方电子支付平台所制定的规范大致可以界定为软法。软法是一个概括性的词语，用于指称许多法现象，这些法现象有一个共同特征，即作为一种实践中存在的可以有效规制人们行动的规范，该行为规范的实现并不直接依赖国家的强制力的保障①。软法的形成与立法文化、立法理念密切相关。一方面其立法要求将"简化"与"解除行政规制"设置为关键词；另一方面，其更多地运用其他较少强制性的、非政府性质的规制规范。软法的表现形式主要有政法惯例、自律规范、专业标准等，其执行力来源于利益共同体的心理认同。对第三方电子支付平台而言，其硬法规制规范与软法规制规范相辅相成，应当既"界定'硬法监督'的法律底线，也留有'软法治理'的柔性空间。"② 行政机关监管规范与行业自治规范的均衡主要是指二者对第三方电子支付平台的规制能够实现合理的分工。具体而言，第三方电子支付平台的硬法规范主要是设定第三方电子支付平台的规制理念、第三方电子支付平台的规制模式、第三方电子支付平台各个基础性制度的原则性规范以及在原则性规范的指引下制定各个基础性制度的底线性规制规则，如可以在硬法规范中设计支付平台准入制度的基本原则以及准入制度的具体规则（既包括积极准入之条件，也包括不予准入的负面清单）、支付平台信息披露制度的基本原则以及信息披露制度的具体规则等。第三方电子支付平台的软法则主要有"横、纵"两个层次值得关注。一方面第三方电子支付平台行业组织在硬法规制底线的基础上，尽可能地搜集第三方电子支付平台的本土资源，使本土资源在横向达到"广"与"博"的程度，这是第三方电子支付平台行业组织制定自律性规范的重要来源与重要方法。另一方面第三方电子支付平台依据第三方电子支付行业自律组织所制定的规范并结合支付平台自身业务的具体情况实现高效的平台自我治理。应当说，此种硬法与软法规范内容之协调是行政监管与行业自治均衡理念的重要注脚。

---

① 罗豪才，宋功德，姜明安，等. 软法与公共治理 [M]. 北京：北京大学出版社，2006：6.
② 瞿啸林. 博弈论视角下的互联网金融创新与规制 [J]. 经济问题，2018（2）：61.

　　第三，行政监管行为与行业自治行为的规制力度需要均衡。虽有行政监管与行业自治规范的羁束，但并不代表对第三方电子支付平台的行政监管与行业自治之规制力度就能实现均衡。例如针对第三方电子支付平台同一行为，行政机关对其规制力度可能还远弱于行业自治对其的规制力度，或行政机关对支付平台行为规制的严厉程度相较于行业自治体现得过于极端。事实上行政机关的规制力度与行业自治之规制力度应当以"金字塔"层级的形式予以展现，且行政机关监管与行业自治针对第三方电子支付平台某同一行为采取的规制举措的严厉程度应当成正比。行政主体规制的规制力度最为严厉，包括行政处罚以及刑事责任的转介等。而行业组织规制力度应当轻于行政规制之规制效果，包括通报批评、要求整改、降低支付平台信用等级、要求支付平台暂停营业等自律性规制。第三方电子支付平台的自我治理之规制效果最轻也最具有规制实效，即支付平台依照行政规制和行业自律性规范之要求对自身行为不断地进行"自我反思"并做出具体调整。行政机关、行业组织以及第三方电子支付平台对支付平台同一行为的规制力度在合理范围内按照一定比例呈递减的趋势。需要说明的是，检验此种规制力度层级区分是否被制定良好的方式（标准）是，将第三方电子支付平台某一特定行为贯穿行政规制、行业组织自治、平台自我治理之相关规范，辨别对该行为规制的严厉程度是否呈现合理的"等差序列"。例如，现实当中可能会出现第三方电子支付平台某特定行为同时被行政监管规则与自治规则竞合的状况，若此时对第三方电子支付平台采取的行政监管行为、自治行为的规制力度是均衡的，则是符合"金字塔"层级模式的，且规制主体各个规制举措的规制力度不会出现过度极端化之情形，契合规制力度正向比例原则，这样就可以认定行政监管与行业自治在规制力度层面已然实现均衡。

第二节　第三方电子支付平台法律规制的模式

　　马克思信用经济理论从商业信用等角度揭示了在经济周期性运行中的系统性金融风险，指出在追逐商业利益的条件下不论是商业信用还是银行信用都有着顺周期的趋势，其中的关键环节在于支付机制（包括支付工具、支付规模、支付速度、支付网络等)①。基于此基本原理，第三方电子支付平台规制模式的构造应当据此设计。第三方电子支付平台法律规制模式是指规制主体采取何种方式对第三方电子支付平台主体、具体运营行为展开高效管理，其实质是对规制主体的权力进行分层。具体而言，第三方电子支付平台规制理念决定法律规制模式的形式，即金融安全与金融效率动态平衡理念将演化为行政机关机构监管与功能监管并举的模式。行政机关监管与行业自治均衡理念进一步推导出规制主体协同共治模式。

一、机构监管与功能监管并举模式

有学者认为对于互联网金融理财来说，传统金融领域的"分业经营、分业监管"体系往往会出现"政出多门"的混乱现象，因此需要引入"功能规制"理念来重构我国金融监管体系②③。基于此，众多学者进一步认为功能监管已然成为金融领域监管的又一重要路径。事实上，第三方电子支付平台亦需要功能监管，主要原因有以下几点：

第一，第三方电子支付平台涉及的主体需求多元，功能监管有利于界定第三方电子支付平台及其业务的真实性质。第三方电子支付平台与其他网络平台一样属于多边市场，汇聚有多种需求的支付客户于平台之中，进而催生出不同类型的第三方电子支付平台，同时也催生出同种类型却拥有不同业务的第三方电子支付平台。人类的需求是不确定的、多变的，导致对以支付用户需求为发展基石的第三方电子支付平台完全采用机构监管的可操作性不强，而采用功能监管则有利于分析支付用户需求的本质，直击支付平台业务的实质核心，弥补机构监管本身的不足。例如对于第三方电子支付平台提供的基于支付用户个人信息设计的具有资本增值属性的资金划拨服务，由于该支付服务混杂支付用户的个人"画像"、支付用户资金的流转以及支付用户资金的投资增值等要素，因此机构监管机关不能对此类复杂的支付平台业务性质轻

---

① 王国刚. 马克思的金融理论研究 [M]. 北京：中国金融出版社，2020：82.

② 黄韬. 我国金融市场从机构监管到功能监管的法律路径：以金融理财产品监管规则的改进为中心 [J]. 法学，2011 (7)：105.

③ 王春丽，王森坚. 互联网金融理财的法律规制：以阿里余额宝为视角 [J]. 上海政法学院学报 (法治论丛)，2013 (5)：69.

易作出界定，而应需要通过功能监管穿透此类复杂业务的实质，分析其性质以及相应的法律关系，从而实现对该种业务合理分类规制的目标。

第二，因为第三方电子支付平台业务呈现变动不居的状态，所以功能监管利于防止规制空白。正如上文所言，第三方电子支付平台的业务发展呈现四个价值链阶段，支付平台每个价值链阶段的业务范围都以极快的方式发生变化，并由第一阶段纯支付服务价值链阶段向第四阶段综合服务价值链阶段快速演进。机构监管无法对支付平台快速演化的新型业务展开规制或者规制的效果并不理想，基于此便形成规制空白。规制空白现象实际上为第三方电子支付平台业务"野蛮生长"提供了渠道，不利于第三方电子支付领域的健康发展。例如支付宝中的"余额宝"就是在纯支付业务之上生成的衍生业务，是第一价值链阶段向其他价值链阶段迈进的重要表现。《余额宝销售及服务协议》规定，为给支付宝账户实名用户提供账户余额增值及理财服务，网商银行与相应的基金管理公司合作销售货币市场基金，并与"余额宝"对接。该支付平台试图通过协议的定义将支付宝限定为"纯"支付平台，并将此类金融业务与支付平台完全区分开。从机构监管的角度看，支付宝并没有直接从事金融领域的业务，成功规避了行政机关的监管。换句话说，传统机构监管分兵把守的思路必然会割裂互联网经济的价值链条，形成一个个"孤岛"①。但从功能监管的角度仔细分析，支付宝利用自己庞大的客户群体给券商搭建金融产品销售平台，实质上是第三方电子支付平台针对特定券商的金融产品向支付用户进行了推荐，在间接层面上支付宝已然从事相应的金融业务，也应当受到相应机构的监管。此时若仍坚持对余额宝展开机构监管，而否认功能监管对余额宝规制的意义，那么当支付用户因为余额宝的违法违规行为造成损失时，第三方电子支付平台便可以"纯支付业务"的身份规避责任，支付用户因为余额宝遭受的损失将无法得到充分救济。

第三，第三方电子支付平台在支付过程中运用了大量互联网先进手段，这是引入功能监管的客观要素。大量互联网先进技术进一步提高了第三方电子支付平台的规制要求，监管机构需要将更高的技术能力与更强的专业能力相结合。例如第三方电子支付平台业务涉及大数据、云计算、搜索引擎以及信息指令等技术，这要求监管机关里的工作人员不仅需要了解相应的支付法

---

① 张承惠. 中国互联网的监管与发展 [J]. 金融论坛，2016（10）：16.

规、金融知识，而且还需要了解互联网技术的基本知识。对于机构监管模式，其规制主体难以承担如此纷繁复杂的监管任务，而功能监管在一定程度上解决了此问题。功能监管模式为规制主体对支付平台某一业务所涵盖的技术性问题进行监管提供了可能，因为功能监管模式将熟悉该技术的相关监管主体纳入规制关系当中而非要求某一特定的监管机关熟练掌握所有支付平台业务知识以及互联网技术。例如功能监管可以引入熟悉相关技术的行政机关对第三方电子支付平台进行技术性评测与监管。

那么这是否意味着对于第三方电子支付平台而言，功能监管一定会替代机构监管？答案是否定的。理由在于：

首先，功能监管与机构监管可以相互转化。机构监管与功能监管并不是一成不变的，比如，某种新型金融业务持续稳定地开展将使功能监管转为机构监管，即当被监管的新型事物性质日渐稳定后，"功能监管"便可以转为"机构监管"。从某种意义上来看，并不存在仅有机构监管，或者仅有功能监管的情形，机构监管与功能监管仍以"双生"的状态存在着，互为依存。

其次，对于第三方电子支付平台，某些业务早已被固定下来由特定的行政监管机关进行监管，功能监管无需介入。换句话说，某些第三方电子支付平台的业务因为性征明显，极易被传统监管机关的监管范围所涵摄，故功能监管就没有实质介入的意义及余地。而功能监管只有在第三方电子支付平台研发的新型支付服务且该新型支付服务无法直接纳入传统的机构监管体系当中才有适用的余地。例如第三方电子支付平台传统支付业务因为性质清晰且稳定，本就存在相应的监管机构，则无需对其传统业务采用功能监管，而第三方电子支付平台针对每一个支付用户定制的具有个性特征的拥有增值属性的金融支付服务则需要功能监管的介入。

再次，功能监管存有一定的不足，需要机构监管予以弥补。功能监管并不是万能的，其具体操作仍存在着较大的难度。功能监管的理想预设是穿透新型金融业务并将金融业务性质明晰地界定出来；但事实上是，功能监管对某些业务的性质仍无法做出明晰的界定或者利用功能监管对业务实质穿透之后，业务的性质仍存在"竞合"或者"胶着"的情形。例如在某些情形下采用功能监管模式仍不能完全识别第三方电子支付平台创新业务的性质，或功能监管模式即使对业务本身进行穿透也很难将其归类于某一具体的监管主体进行监管，这时仍需机构监管予以补足。

最后，机构监管与功能监管之间的关系是宏观与微观、全面与局部之间的关系。对于第三方电子支付平台规制，规制模式的基本逻辑在于机构监管主要针对传统支付业务展开监管，基于传统支付业务衍生的新型金融业务则依靠功能监管。例如有学者在传统的由机构规制转向功能规制的思路上进一步提出，监管部门应不断优化全面监管与重点监管的具体运用策略，机构监管形式应当用来执行全面监管策略、功能监管形式用来执行重点监管策略。监管部门执行功能监管时，应加强不同部门之间的沟通与协调，避免监管重复和监管真空①。

基于此，我们可以得出的初步结论是，目前对第三方电子支付平台的规制完全摒弃机构监管而采取功能监管不具有现实可能性，更为可行的方式是机构监管与功能监管并举，实现机构监管与功能监管相协调的制度设计。

二、规制主体协同共治模式

当下我国社会运行的主要矛盾在于日趋复杂多样的社会公共事务与传统呆板社会管理模式功能局限间的紧张，它决定了社会建设的路径必须从管理向治理转变②。因此，强调规制主体的协同治理实际上是政府治理现代化的重要表征。这要求行政机关与社会、行政机关与企业之间实现结构性共治，特定地体现为把行政机关原有的行政职权转化或者说还原为企业与社会有序参与治理的权利，并且实现行政机关的行政权力与企业权力以及社会权力两者的有机有效结合③。李克强总理在《2014 年国务院政府工作报告》中提出"推进社会治理创新，注重运用法治方式，实行多元主体共同治理"的理念④，更是为第三方电子支付平台规制提供了思路。

从实践架构来看，目前我国对第三方电子支付平台已经大致形成"规制第三方电子支付平台的行政机关（中国人民银行支付结算司）—第三方电子支付平台行业自治组织（第三方电子支付平台行业自治以及平台自我自治）"

---

① 包红丽，封思贤. 第三方支付监管机制的国际比较及启示 [J]. 上海经济研究，2015（11）：53.
② 江必新，王红霞. 社会治理的法治依赖及法治的回应 [J]. 法制与社会发展，2014（4）：28.
③ 王浦劬. 论转变政府职能的若干理论问题 [J]. 国家行政学院学报，2015（1）：34.
④ 《2014 年国务院政府工作报告》（全文），参见中国政府网：http://www.gov.cn/guowuyuan/2014-03/14/content_2638989.htm，2019 年 6 月 5 日最后访问。

的二元规制格局。事实上，目前的二元架构并没有到达协同共治的目标与要求。主要体现在以下三个方面：其一，行政规制机关的不合理定位是无法实现协同共治目标的首要原因。一方面，第三方电子支付平台目前由中国人民银行支付结算司统一进行规制，但是正如上文所述，此种定位可能导致中国人民银行的宏观调控手段与微观规制功能产生混淆。中国人民银行的定位应当是对中国经济的宏观把控而非对微观经济进行具体规制，现将中国人民银行纳入第三方电子支付平台规制主体的制度设计改变了中国人民银行功能的理性预设。另一方面，将中国人民银行纳入第三方电子支付平台规制主体制度之中又使得中国人民银行的权力过大，可能使规制主体的权力产生混乱。例如中国人民银行既掌控宏观的监管权限，又享有对第三方电子支付平台微观的规制权力，这就造成中国人民银行既是"裁判员"又是"运动员"的不合理现状，同时公权力规制主体权力的膨胀势必会弱化行业自治的权力，这无疑违背了行政监管与行业自治均衡的基本理念。其二，第三方电子支付平台行业自治组织规制规则的"半封闭性"使得规制主体协同共治实效性降低。第三方电子支付平台行业自治组织已经围绕第三方电子支付平台制定了较多的规制规则，如《支付机构互联网支付业务风险防范指引》《非银行支付机构标准体系》以及《个人信息保护技术指引》等，但仍有大量的自治规则仅向协会会员可见，并未向社会公众公开，如该协会近年发布的《中国支付清算协会自律惩戒实施办法》《中国支付清算协会支付清算争议调解工作管理办法》等。实际上，自治规则的半封闭性并不利于形成体系性、逻辑性、合法合理性的自治规则，甚至可能背离规制的基本理念，违反制定规制规范遵循的公众参与原则。其三，第三方电子支付平台过于维护平台自身的商业利益，平台权力行使失控。第三方电子支付平台并没有科学合理地利用其享有的规则制定权、规则判断权以及规则执行权，甚至支付平台利用这些权力对支付用户的合法利益造成了侵害。这也是支付平台未与支付行业协会、行政监管机关实现协同共治的显著体现。

因此，建构规制主体协同共治模式的路径在于明确各规制主体的规制职责。

对行政监管机关而言。中央层面，中国人民银行应当拟订全国支付体系发展规划；会同有关方面研究拟订支付结算政策和规则，制定支付清算、票据交换和银行账户管理的规章制度并组织实施；维护支付清算系统的正常运行；组织建设和管理中国现代化支付系统；拟订银行卡结算业务及其他电子支付业务管理制度；推进支付工具的创新；对规制职责进行重新规划与调整，针对第三方电子支付平台的规制，仅保留制定规制第三方电子支付平台规章的权利。对此，笔者认为可以将中国人民银行支付结算司独立出来，成立独立的支付系统监管局，监管包括第三方电子支付平台在内的支付组织。独立的支付系统监管局应当以创新和服务使用者为最终目标，对整个第三方电子支付领域运行、发展进行监管。此外，若第三方电子支付平台所开发的创新服务或者业务中某部分归属于其他中央监管机关的监管领域，则其他监管机关有对该部分服务或者业务进行规制的权利。地方层面，地方支付系统监管局由于对管辖区域第三方电子支付平台活动更为熟悉、监管更为灵活，因而在第三方电子支付平台规制体系中也发挥着独特的价值。地方支付系统监管局主要负责贯彻执行第三方电子支付的法律规范及政策、决定性文件；研究分析本辖区第三方电子支付平台市场发展运行情况，制订本地第三方电子支付行业发展的中短期规划和工作计划，提出改善第三方电子支付平台市场环境的意见和建议；积极协助上级政府和监管机构对本辖区第三方电子支付平台市场的规制；在第一时间准确地识别和化解第三方电子支付平台业务活动中已经发生的或可能发生的风险，守住不发生区域性金融风险或群体性事件的底线；配合有关部门查处第三方电子支付平台非法业务活动；有效处理第三方电子支付平台相关纠纷与投诉，对第三方电子支付平台用户合法权益进行有效保护。负责建设本辖区内第三方电子支付平台行业的信用体系。

对第三方电子支付平台行业自律组织（第三方电子支付平台行业协会）而言。第三方电子支付行业协会是由各个第三方电子支付平台组成的，它是整个第三方电子支付行业的自律机构，也是支付平台与支付用户的服务机构，还是支付平台之间、支付平台与支付用户之间的协调机构，以维护和增进市场整体利益和行业协会会员共同利益为目标。第三方电子支付平台行业自律组织的职责一般为制定第三方电子支付平台的行业标准、发展规划以及管理制度，维护第三方电子支付平台的良性竞争秩序，能够有效解决第三方电子支付平台之间的约束和自律问题，改善支付市场经营环境。具体而言，第三方电子支付平台行业协会的具体职责主要有以下几个方面：其一，基于中国人民银行、支付系统监管局制定的规范。进一步制定更为具体的行业自治规范，形成充分有效的软法治理规范，需要特别指明的是，该软法除了应当符合法律、行政法规等规范性文件的要求，还应当接受社会公众的监督，充分践行公众参与原则，即由行业协会颁布的所有规范文件理应向社会公布并充分听取公众的意见。其二，第三方电子支付平台行业协会在形成行业自治规范的同时，其软法治理机制还应当达到"横向层次"与"纵向层次"的要求。横向层次，第三方电子支付平台行业协会形成的软法指引在内容上是对各个支付平台自行生成规范的概括归纳，被归纳的软法指引具有普适性特征。纵向层次，第三方电子支付平台行业协会的软法指引还必须具备逻辑顺畅、体系完备等特性。软法指引并不是对各个支付平台规范的简单归纳与堆砌，被概括归纳的内容应当具有逻辑性、体系性，以此确保软法规范的可被理解性，尽量减少规制空白。其三，第三方电子支付平台行业自治协会可以对会员进行法律、业务培训，提高会员单位的业务合规意识。第三方电子支付平台行业协会还可以搜集会员单位的要求和建议，将其提交给支付系统监管局等规制主体。其四，第三方电子支付平台行业协会有权评估会员单位的业务行为，对违反法律法规、行政规章制度以及协会章程的会员单位，可以实施惩戒。其五，第三方电子支付平台行业组织有权对第三方电子支付平台用户之间、第三方电子支付平台之间、第三方电子支付平台与支付用户之间的纠纷予以调解。其六，第三方电子支付平台行业组织可以组织会员单位对第三方电子支付领域进行研究。

对第三方电子支付平台自身而言。第三方电子支付平台的职责在于：第一，严格遵守法律、行政法规、部门规章以及行业协会软法规范等相关规定。第三方电子支付平台的自治首先是"合法性"自治问题，"合法性"直接影响到第三方电子支付平台运营行为的效力判断。关涉支付平台的违法行为可能会产生民事责任、行政责任、刑事责任以及软法责任，是故在第三方电子支付平台运营过程中应当将其运行行为"合法性"的自纠自查放在平台职责的首要位置。其二，第三方电子支付平台在行使其权力时肩负"合理性"之职责。在第三方电子支付平台与支付用户形成的法律关系中，支付平台处于强势地位，具有规则制定权、判断权以及执行权等事实权力，但无论第三方电子支付平台在行使何种权力时，"合理性"是其行使这些权力的正当性基础。例如在第三方电子支付平台实行规则制定权时，理应平衡支付平台与支付用户在协议中的权利义务与责任。还如在支付平台实施判断权与执行权之时，支付平台必须有足够的证据并严格遵照既定的执行程序。

第三节　第三方电子支付平台法律规制的框架

在讨论了规制理念与规制模式之后，对于第三方电子支付平台规制的具体举措的宏观构成（规制框架）成为本节探讨的内容。如果说规制理念、规制模式是"宏观"的规制理论，那么规制框架则是"中观"的规制理论，其强调了对第三方电子支付平台的规制应当在什么样的框架下进行。实际上依照金融的本质，就是三句话：一是为有钱人理财，为缺钱人融资；二是金融企业的核心要义就在于信用、杠杆、风险三个环节，并把握好三个环节和度；三是一切金融活动的目的都是为实体经济服务①。当然作为准金融机构的第三方支付平台也应当遵循此基本逻辑，坚持并运用好"人民至上"这一中国共产党百年奋斗经验。笔者认为对第三方电子支付平台的规制，应当以原则导向为主、规则规制为辅，进而形成主辅相成的规制进路。

一、原则导向为主的理论基础

虽然按照中国人民银行所颁发的部门规章，第三方电子支付平台业务仅仅限定在纯粹支付业务之中。但正如苏力教授所言，即使诸如法律规避这种似乎与"现代法治观"无法兼容的现象，实际上也无时无刻不在重新塑造我们国家的法律，更重要的是这种塑造是国家制定法无法抗拒的②。第三方电子支付平台通过对用户个人信息的挖掘整理以及对金融领域的渗透，支付平台业务性质实际上也无时无刻不在发生着变化，这体现出第三方电子支付平台对现行的规制举措进行了一定程度的"法律规避"。应当说，此种现象符合第三方电子支付平台的发展演变规律，但如何规制则是值得探讨的问题。一般而言，规制框架主要有两种，一种是以原则为导向，另一种是以规则为导向。英国金融服务局（FSA）将原则导向规制方式界定为"将理想的规制结果规定在概括性的高位阶原则和注重结果的规则中，而不是通过内容详尽的规则

---

① 黄奇帆. 结构性改革中国经济的问题与对策［M］. 北京：中信出版社，2020：83.
② 苏力. 法治及其本土资源［M］. 北京：北京大学出版社，2015：77.

实现"①。规则导向则主要关注监管对象行为之合规性，规则在立法中居于主导地位，通过严密、明确、具体的规则体系构建为监管机关实施监管提供主要依据②。换句话说，原则导向的规制方式着重强调制定出宏观的规制架构，被规制主体的具体行为以及行为产生的结果符合该宏观规制架构即可，而规则导向则是指针对被规制主体所有行为制定出十分详尽的规则，被规制主体必须在规则的约束下采取商业行动。具体针对第三方电子支付平台的规制而言，选择以原则导向为主，规则规制为辅的规制框架更具有合理性。缜密的规则用于规制灵活多变的支付平台业务存在"力有不逮"的现实困境，而原则导向则可能对该困境起到"舒缓"的作用。更为重要的是，原则导向以"激励相容"作为理论支撑，有效减少了第三方电子支付平台的合规成本，提升了支付市场的运行效率。

激励相容理论属于信息经济学的范畴，首先由美国哥伦比亚大学教授威廉·维克里和英国经济学家詹姆斯·米尔利斯共同提出，该理论的创立目的在于解决委托代理关系中委托人与受托人利益存在冲突的情形。在通常情况下，委托人希望代理人遵循委托人利益最大化原则采取行动。但事实是，在委托人与代理人信息不对称的情况下，委托人对代理人的监督是有限的，无论委托人采取何种奖励或惩罚举措，代理人最终只会遵循自身利益最大化的路径，此时极有可能会出现代理人利用信息不对称的优势背离委托人目标损害委托人利益的情形③。解决此问题的办法就是最大程度实现"激励相容"，即代理人在实现自己最大利益目标的同时，也实现委托人利益的最大化，二者的利益在一定程度上实现统一。因此，传统的奖励或惩罚举措已然不能有效管控代理人的行为，激励相容则是一个较好的方法去激励代理人主动选择使委托人利益最大化的方案④。结合第三方电子支付平台的法律规制，我们需要灵活运用"激励相容"的基本理论。首先，"激励相容"得以触发的前提在于，委托者与代理人之间的信息处于不对称状态。第三方电子支付平台每日数以亿计的交易额度以及支付技术的精尖化、支付模式的复杂化致使规制主体与市场主体各自占有的信息资源存在较大差异，再加上第三方电子支付

---

① 刘庆飞. 多重背景下金融监管立法的反思与改革 [M]. 上海：上海人民出版社，2015：211.
② 张斌. 互联网金融规制反思与建议：基于信息不对称视角 [J]. 经济与管理，2017（5）：32.
③ 张维迎. 博弈论与信息经济学 [M]. 上海：上海人民出版社，2004：239-240.
④ 刘斌. 浅谈激励相容理论在金融监管中的运用 [J]. 新西部，2015（1）：47.

平台属于新兴领域，其平台业务总处于不断创新之中，要求规制主体时时把握市场主体的信息更迭实在"强人所难"，而此种信息的不对称是"激励相容"得以适用的首要前提。其次，科学的规制理念是金融安全与金融效率动态平衡以及行政监管与行业自治均衡，合理规制模式是机构监管与功能监管并举以及规制主体协同共治，而作为市场主体的第三方电子支付平台的主要目标是实现平台自身利益的最大化，于是市场主体的目标与科学的规制理念、合理的规制模式本身存在一定的冲突，需要"激励相容"理论对二者进行梳理与协调。例如第三方电子支付平台追求的是如何最大程度把握支付业务的营利增长点，而不会过于关心该业务是否属于高风险业务或者属于金融业务（即使属于特许金融业务，支付平台也会尽可能用技术性手段予以规避），以及期望平台自身能够更少地被规制并赋予更多的商业自由。然而站在科学的规制理念、合理的规制模式的角度，它们更为关心被规制主体给用户以及社会带来的风险与收益是否是恰当的，规制主体的规制权力分层是否合适，显然这两种目标存在一定的冲突。最后，第三方电子支付平台的规制以"激励相容"理论作为支撑，利于推动第三方电子支付平台业务的不断创新，推动该行业的良性发展。"激励相容"强调以目标来规制行为，行为主体只需要将自身行为与目标进行对比检视，当二者不存在冲突或二者都有所增益之时，实施该行为便有其正当性。"激励相容"势必给予第三方电子支付平台更多的发展创新空间，便于支付平台为用户提供更好的服务。因此，以原则导向为主的规制框架成为规制第三方电子支付平台的理想框架。

二、原则导向与规则导向的利弊分析

除却原则导向拥有强大的"激励相容"理论根基以外，第三方电子支付平台规制以原则为导向在实践运用上更灵活，更能契合支付平台发展的实践需求，从而提高第三方电子支付平台的效率与效益。

首先，原则导向给予了第三方电子支付平台充分的发展空间，同时又避免了规制空白以及规制套利的可能性。近几年，第三方电子支付平台业务在挖掘支付用户的现实需要以及培养支付用户的交易习惯上花费了大量的时间与精力，使得支付平台业务与市场需求不断的耦合，支付平台业务不断地实现创新，应当说第三方电子支付平台现处于发展的关键阶段。在以原则导向为主的规制框架下，规制主体仅仅着眼于规制的现实效果，而不必过于依赖实现该效果的具体规则以及具体路径，这使得第三方电子支付平台在原则规制规范的指导下，可以自主充分地做出自己的商业判断，以最小的成本获取最大的利益，不断地实现支付平台业务的创新。需要指出的是，原则导向并不是对第三方电子支付平台没有规制或者规制较弱。相反，原则导向能给第三方电子支付平台不断地施加制约以及管束的压力。相较于僵化的规则体系，以结果为导向的原则更具有弹性和灵活度①，一旦第三方电子支付平台运行以及平台业务出现风险之时，监管主体无需立即制定相应的法律法规以及规章制度，而是可以运用规制原则对该风险节点进行规制，及时跟上第三方电子支付平台发展的节奏，提供全程的规范支持。此外，对第三方电子支付平台而言，原则导向可以避免规制套利的出现，规制套利的前提是监管规则和标准存在差异和不协调，并且市场主体利用这种差异与不协调来规避管制、降低成本②。原则导向则很好地缓解了规制套利的问题，规制主体利用规制规则与标准存在差异进行套利之"计谋"能够轻易被原则性规范的弹性解释识别与破除，这无疑增加了市场主体实施规制套利的难度。

其次，原则导向能有效降低第三方电子支付平台规制规范的制定成本以及支付平台本身的合规成本。对于规制主体而言，制定明确的规制目标以及规制原则是较为容易的，而规制主体在细致了解支付平台具体运作流程、新型业务的风险点的前提下设计出精细化的规制规则却是十分困难的。再加上，第三方电子支付平台对搜索引擎、区块链、大数据、云计算、信息挖掘等技术手段的广泛运用，给规制主体实时掌握信息、制定完善的规制规则更增添了一层阻力。若要求规制主体针对第三方电子支付平台事无巨细地制定规则性规范，对于规制主体而言，其难以承受由此产生的巨大的规范制定成本。而原则导向对第三方电子支付平台的规制只需要对重要的风险节点进行掌控，并不需要对第三方电子支付平台的具体行为做出极为细致的规定，这大幅降低了规制规范的制定成本。与此同时，若制定繁复的规则体系，第三方电子支付平台的每一项新型业务都需要与目前繁复的规则进行仔细地比对以此明确是否符合相关规定，这无疑增加了第三方电子支付平台审读规则、比对规

① 廖岷. 原则导向监管真的失效了吗？[J]. 中国金融，2008（21）：28.
② 董红苗. 制度套利：金融套利的又一种形式 [J]. 浙江金融，2003（11）：32.

则的成本，在一定程度上阻碍了第三方电子支付平台的业务创新。更进一步说，根据经济学理论，第三方电子支付平台也并不会独自承担该合规成本，其必然将相应成本转嫁给用户[①]，这可能也会导致支付用户数量的相应缩减，阻碍第三方电子支付行业的发展。

再次，对第三方电子支付平台的规制以原则导向为主有利于规制理念、规制模式的实现。一方面，原则导向能够准确、清晰、显著地显示出第三方电子支付平台的规制理念、规制模式。原则导向能通过合理准确的描述界定出第三方电子支付平台规制的效果或结果。正如前文所述，原则导向符合"激励相容"的理念，规制主体与被规制主体不再是对立或者对抗关系，第三方电子支付平台在被规制的过程中极力寻找商业行为与规制理念、规制模式相契合的连接点，进而实现规制主体与被规制主体二者效益的最大化。而对规则导向而言，规制的价值理念、规制模式往往需要通过繁复的规则予以体现，第三方电子支付平台在对业务进行合规操作之时，往往将精力放置于规则与规则之间，以及规则与业务之间的契合性上面，从而忽视了规则制定者制定该规则的真实意图。更为值得注意的是，因为规制规则的繁复，各个平台的实际运营者理解规制规则所传递的规制理念、规制模式的难度也不断加大，这恶化了第三方电子支付平台对规制理念、规制模式的可得性，甚至会导致不同被规制主体对同一规则形成不同的认知，影响规制理念、规制模式的准确传递，这也造成了规则在实践运用过程中出现较多争议。

最后，对第三方电子支付平台的规制以原则导向为主有利于缓解因为信息不对称导致的逆向选择，形成适度监管。在第三方电子支付平台市场之中，存在着规制主体与被规制主体信息不对称的情况，在规制者无法时时把控支付平台运行以及用户资金流转的情况下，规制主体为了掌握被规制主体的所有情况势必会制定出严格的规制标准与规制规则。例如在支付用户备付金集中存管规定出台以前，第三方电子支付平台备付金被存放在支付平台在各大商业银行开设的专用账户之中，因为各个支付平台是独自与各大商业银行签订的备付金存放合作协议，双方合作模式约定不一，因此规制主体无法掌握第三方电子支付平台备付金的流向，增大了规制主体规制支付平台的难度，甚至支付平台出现了挪用支付用户资金、洗钱等违法犯罪行为。基于此，

---

① 曼昆. 经济学原理（微观经济学分册）[M]. 梁小民，等译. 北京：北京大学出版社，2015：4-5.

2017 年，中国人民银行出台《中国人民银行办公厅关于实施支付机构客户备付金集中存管有关事项的通知》，着重强调备付金的集中存管。当然对于备付金集中存管的效用笔者并不持否定态度；相反，笔者认为该规制举措是治理第三方电子支付平台挪用用户资金、洗钱等乱象的必要举措。需要指明的是，笔者认为规制主体与被规制主体之间信息不对称，规制主体将"制定严格的规制规则"作为解决被规制主体所存问题的常规方式是一种"治标不治本"的方法，也阻碍了第三方电子支付平台的创新发展。以原则导向为主的规制框架，使第三方电子支付平台与规制主体之间沟通的主题从合规性转为是否符合规制理念与规制模式。一方面第三方电子支付平台将更加明晰地获知规制理念与规制模式的真实内涵，且规制主体与被规制主体能建立良好的沟通机制，双方能高度互信，从而使第三方电子支付平台被规制的同时并不影响其快速发展。另一方面，规制的手段也趋于缓和，规制主体与被规制主体不再是激烈的服从关系，而是积极引导与被引导的关系，这符合我国规制社会经济的总体规律与趋势。

但是笔者并不是彻底否定规则之治，相反，我们也应当对规则导向的功能与现实意义进行肯定。规则导向相比于原则导向的优势在于，其能够明确指引第三方电子支付平台的市场行为，具体而详细地规定第三方电子支付平台实施市场行为的程序以及效力，还可以确立第三方电子平台实施市场行为可能带来的民事、行政与刑事责任，为规制主体实现实质规制提供渠道。可以说规则导向之长是原则导向之短，原则导向之长是规则导向之短。基于此，形成原则导向为主，规则导向为辅的主辅相成的规制进路成为第三方电子支付平台规制的具体规制框架。

三、主辅相成的规制进路

在原则导向与规则导向的比较中，原则导向作为主要的规制方式呈现出较强的优越之处，更加符合第三方电子支付平台创新与发展的基本规律。但正如前文所述，"原则导向"绝非意味着完全排斥规则的运用而依赖于高度一般性规范；相反，原则导向的规制框架十分重视规则在法律体系中的作用①。

---

① 王立. 金融创新时代的监管重构："原则导向监管"探析［J］. 学术探索，2016（8）：108.

在原则性规范与规则性规范主辅相成的规制进路中，原则性规范处于主导地位，规则性规范作为原则性规范的重要补充，两者相互配合主要体现在以下两个方面：其一，原则性规范对第三方电子支付平台的某个运行环节起到全局性、基础性、统领性规制作用并且为第三方电子支付平台某个运行环节的具体规制规则提供合法性、正当性的证成。例如所有第三方电子支付平台规制规则的制定应当放置在原则性规范的视域去审查，确保该规则规范能够被原则规范所涵摄且符合原则规范所传递的规制理念、规制模式。其二，在第三方电子支付领域，规制主体通过具体详细的规制规则进而明确原则性规范，这为规制理念、规制模式的实现提供了完整的路径。因此，我们要建立完善的以原则导向为主的第三方电子支付平台规制框架，必须建立一套与之相适应的规则体系，使政府规制、自律规制、市场约束保持动态平衡，不可偏废①。

（一）制定原则性规范

对于规制主体而言，其在明确规制理念、规制模式之后，即需要制定具有普适性、实效性的原则性规范。规制原则是规制理念与规制模式的实现，原则的确定必须与规制主体欲达到的规制效果相适应，是对规制理念、规制模式充分、准确地表达并能转化为第三方电子支付平台开展商事活动的行为准则，体现规制体系的价值选择。具体到第三方电子支付平台规制而言，其需要在金融安全与金融效率、行政监管与行业自治均衡理念指引下，在机构监管与功能监管并举、规制主体协同共治规制模式的引导下制定相应原则性规范。因此，有学者主张要坚持发展与规范并举、公平竞争和可持续发展、安全与效率兼顾、支付市场开放、政府规制、行业自律、自我约束等原则②。也有学者通过梳理国外发达国家第三方电子支付的立法规范提炼出第三方电子支付平台规制实行审慎规制、强化规制与支持创新兼顾、保护消费者等原则③。还有学者从众多学者提出的原则当中选择了三个最值得坚持的原则，即依法规制原则、适度规制原则、分类规制原则④。

笔者认为，对第三方电子支付平台的规制并不需要设计可以高度概括并

① 刘媛. 金融领域的原则性监管方式 [J]. 法学家，2010 (3)：97.
② 欧阳卫民. 非金融机构支付市场监管的基本原则 [J]. 中国金融，2011 (4)：28-30.
③ 巴曙松，杨彪. 第三方支付国际监管研究及借鉴 [J]. 财政研究，2012 (4)：73.
④ 钟志勇. 电子支付服务监管法律问题研究 [M]. 北京：中国政法大学出版社，2018：80-82.

统一规制第三方电子支付平台所有运营环节的原则性规范，而是应当结合规制理念的指引、规制模式的引导，对第三方电子支付平台各个运行环节分别设定原则性规制规范。因为对于第三方电子支付平台的法律规制而言，制定统一的原则性规范予以指引支付平台各类具体运营行为存在一定的困难。原则性规范并不像规制理念与规制模式一样站在较为宏观的层面对第三方电子支付平台各个环节的法律规制提出总体要求，而是需要结合支付平台各个环节的特征提出明确的具有针对性的规制方略，而根据第三方电子支付平台各个基础性制度（环节）设计原则性规范具有现实可行性，同时目前也有与之类似的立法文本可以借鉴。此外原则性规范适度的概括性与适度的灵活性赋予规制主体在对支付平台各个环节进行规制时有适度的"自由裁量权"，于是规制主体与被规制主体在理解上就不容易产生分歧，从而有效防止造成被规制主体行为效力不安定等后果。因此在制定原则规范时，我们应当尽可能地确保该原则规范的确定性与可预见性，通过统一的原则规范的阐释与指引，使得被规制者能对自己的行为产生稳定的预期，进而提高规制效率和被规制者的合规水平[①]。

但需要特别注意的是，衡量这些原则性规范的设计是否科学合理，除却评价这些原则性规范是否符合该规制领域的特征之外，还应当衡量其是否满足依法审慎规制以及支持创新两项标准。就依法审慎规制标准而言，其主要有两层含义。第一层含义为规制主体对第三方电子支付平台的规制要实现适度竞争的目标、形成并维持适度竞争的商业环境，以此促进第三方电子支付行业的良性发展，因此各个部分的原则性规范内容必须满足尊重市场的要求。原则性规范对第三方电子支付平台的干预力度要适当，规制规范不能替代第三方支付市场的作用，换句话说，规制规范不能过分压抑市场所具备的"优胜劣汰"等基础性功能，原则性规范不能代替市场进行判断，原则性规范的内容应当推动发挥市场之作用。第二层含义为原则性规范应当凸显规制权力的分层，保证规制主体的适度规制。目前，就第三方电子支付平台的规制而言，其应当充分发挥金融业自律规制机制和社会中介机构的作用[②]。在我国，各行各业的规制者都比较强调不出问题的规范，但却未充分认识到任何制度

① 刘轶. 金融监管模式的新发展及其启示: 从规则到原则 [J]. 法商研究, 2009 (3): 156.
② 寇俊生. 关于金融监管法原则的思考 [J]. 金融研究, 2003 (4): 73.

都不能只强调压低风险，而是需要在收益与成本之间实现平衡。这进一步要求我们思考规制主体权力如何分层才能实现规制成本与规制收益的最佳比例。就支持创新标准而言，其包括以下两个方面。一个方面是，创新的本质是通过资源要素的重新组合，从而获取一种独一无二的地位并提升核心竞争力，在宏观层面为社会经济提供不竭动力，在微观层面主要实现价值增值①。是故，对于第三方电子支付平台，原则性规范应当肯定以下判断，即第三方电子支付平台行为及业务若属于资源要素的重新整合，既推动了社会经济的快速发展，又实现了平台以及平台用户的价值增值，那么该行为以及业务则可以被纳入原则性规范支持创新标准的范围之中。另一个方面是，任何创新事物都不应当突破法律底线、不得破坏公序良俗，这既是规制底线，也是规制红线。第三方电子支付平台行为及业务的创新通常应当在法律允许或者法律没有明确规定的领域进行延伸，而不是对法律行政法规禁止之行为及业务进行突破，所以第三方电子支付平台的原则性规范的描述对此也应当有所体现或者有所"隐喻"。

当然，若该平台行为或者业务符合经济的发展规律，只是暂时因为立法的滞后性所禁锢，我们也应当尽快修法，使原则、规则与发展趋势相适应。

（二）具化风险节点规则

一个有弹性的、完整的原则性规范项下需要制定一些必不可少的规则。至少从第三方电子支付平台的发展现状来看，原则性规范是无法完全代替规则性规范的。因此在以原则性规范为主的规制框架之中，我们应基于各个基础性制度原则性规范之指引，并根据规制理念与规制模式的要求，在各个基础性制度中制定具体的规制规则，为第三方电子支付平台经营活动设定统一的标准。例如第三方电子支付平台的规制规则主要包括第三方电子支付平台的准入规则、第三方电子支付平台的信息披露规则、第三方电子支付平台的支付差错规则、第三方电子支付平台备付金管理规则、第三方电子支付退出规则等。

第三方电子支付平台的准入规则主要涵盖第三方电子支付平台能够进入市场、参与市场活动所必须具备的积极条件以及不允许进入市场的消极条件。

---

① 蔡跃洲."互联网+"行动的创新创业机遇及挑战：技术革命及技术—经济范式视角的分析 [J].
求是学刊，2016（3）：44.

我们需要对第三方电子支付平台的具体准入规则要素进行分析，构建更加符合中国市场经济需求的准入规则，既能确保"品质"良好的支付平台能够顺利进入支付市场展开业务，又能阻挡不良支付平台进入市场。

第三方电子支付平台的信息披露规则主要涵盖支付平台如何披露自身信息以及如何保护支付用户个人信息的规则。支付用户的知情权以及支付用户的个人信息权在支付平台商事实践中经常被支付平台忽视或者被支付平台利用自身强势地位予以刻意回避，进而造成支付用户合法权益的损失。因此，我们亟需构建第三方电子支付平台信息披露规则，明确支付平台必须披露的内容以及确立支付用户个人信息保护规则。

第三方电子支付平台的支付差错处理规则是指当支付差错发生时，支付平台以及支付用户应当遵循何种规则应对支付差错带来的负面影响。具体而言，第三方电子支付平台支付差错处理规则主要是界定支付差错的基本内涵并提炼出支付差错的法律类型。在支付差错的内涵与法律类型被较好固定下来之时，我们要进一步对支付差错处理的程序性规则以及责任规则进行设计。

第三方电子支付平台的备付金管理规则主要是对目前备付金管理规则进行检视以构建更为优化的备付金管理规则。对备付金管理规则的优化主要着重解决三个重要问题：其一，备付金该不该予以利用？其二，若允许备付金进行利用，允许多少比例的备付金按照何种程序投入市场进行增值？其三，将备付金孳息以及备付金投资所获收益用于支付用户何种权益？

第三方电子支付平台的退出规则主要包含了在哪些情况下支付平台应当退出市场。第三方电子支付平台被准许进入市场，向市场主体（支付用户）提供支付服务，意味着第三方电子支付平台满足准入制度中的各项指标，但随着支付平台运营时间的推移，支付平台有可能不再符合准入制度所涵盖的各项指标或者支付平台的运营违反相关强制性规定，此时支付平台理应按照相应的规制规则退出市场。但支付平台退出市场意味着自身所有权利义务的终结，这就直接关涉支付用户权益的保障，如支付平台退出市场时支付用户的知情权保障、支付用户备付金以及个人信息的处理等问题。所以在第三方电子支付平台退出市场方面，我们还需要制定风险预警机制、备付金与支付用户个人信息的处理规则。此外，退出规则的内容并非一成不变，我们应当根据第三方电子支付行业的形式、规模、特征的变化适时做出调整。

第四节　第三方电子支付平台法律规制的方法

第三方电子支付平台的规制理念、规制模式以及规制框架如何在规制实践中"生根"并实现"理想"的规制目标是规制理论微观层面需要进一步探讨的问题。"协作"这一理念仍可以再次深入其中。在马克思看来，许多人在同一生产过程中，或在不同的但相互联系的生产过程中，有计划地一起协同劳动，这种劳动形式叫协作，并且这种劳动形式将许多力量融合成一个总的力量还可以产生新的力量[①]。基于此，笔者认为我国应当设计硬法与软法相混合的规制法，即制定"第三方电子支付法"作为第三方电子支付平台各环节各行为的底线性规定，同时充分运用规制第三方电子支付平台"柔性"的软法规范。硬法与软法规范应当以规制制度作为其重要的组成部分，而具体规制制度的选择应当满足合乎支付平台运行的理性逻辑，符合规制理念、模式与框架和利于提升规制支付平台效度三方面标准。另外，由于硬法与软法规范存有诸多不同，基础性制度在硬法与软法中也应当进行区分设计，呈现出不同的内容架构。

一、适度的硬法监管：制定"第三方电子支付法"

社会治理的方式主要有两种形式。一种为立法机关通过立法对社会进行规范，如法律、行政法规等。另一种则是社会内部自行生成相应的规范进而维护社会的稳健发展，如商业惯例、道德准则等。对于第三方电子支付领域而言，硬法规制不可或缺，甚至说硬法规制是第三方电子支付平台规制发展的必然趋势。具体而言，我们应针对第三方电子支付平台制定"第三方电子支付法"，其具有丰富与坚实的理论与实践基础。

（一）制定"第三方电子支付法"的重要前提：人类理性的需要

理性一般指能够识别、判断、评估实际理由以及使人的行为符合特定目的

---

① 马克思. 资本论（第一卷）[M]. 中共中央马克思恩格斯列宁斯大林著作编译局，译. 北京：人民出版社，2021：378-379.

等方面的智能①。理性具有丰富的内涵，是人类历经千万年逐渐演化而来的高阶能力，其内涵相较于其他概念更为确定。许多哲学家以及法学家极大地认可理性的作用，认为人类通过理性势必能够建立完备的制度。例如柏拉图认为理性是人类的最高部分，而逻辑是人类灵魂的最高属性。哈耶克认为"人类理性具有至上的地位，因此，凭借个人理性，个人足以知道并能根据社会成员的偏好而考虑到建构社会制度所必需的境况的所有细节。"② 正是对人类理性的推崇，人们逐渐接受人类必须先掌握一些基本原则和规律，才能在这些基本原则和规律的基础上推演出其余的知识。不过笔者认为对于理性的认知仍可以进一步划分与探究，进而更好地指导现实。参照康德的哲学思维，理性还可以分为思辨理性与实践理性。根据康德的观点，虽然人的理性作为自然立法的实践来源，但人的此种认知仍无法摆脱必然性规律的制约③。

　　人们对于第三方支付平台运行规律已经有着较为充分的认知，即人们对于该领域拥有足够的思辨理性与实践理性。例如学界已经开始深入地剖析第三方电子支付平台的运行模式以及各项运行模式下实质生成的基础法律关系并细致厘定支付平台与支付用户之间的权力、义务和责任。学界开始反思目前对第三方电子支付平台的规制是否过于严格，进而开始探索规制支付平台新的规制理念，即金融安全与金融效率、行政规制与行业自治如何形成合理的搭配？规制模式与规制框架如何设计？学界开始全面对第三方电子支付平台"从生到死"的各个环节进行检视并比对国外成熟的立法规范，发现第三方电子支付平台各个阶段所存在的问题并试图寻找适合中国国情的解决方案。例如对支付平台准入标准、支付平台信息披露的内容与限度、支付平台支付差错的处理规则、支付平台备付金的有效治理、支付平台退出制度等展开了相对充分的研究。至此，可以说学界对于第三方电子支付平台的理性认知已然成熟，在高效规制第三方电子支付平台方面储备了丰富的理论知识，为"第三方电子支付法"的制定奠定了坚实的理论之基。而实务界关涉第三方电子支付平台的认知相较于学界来说更为敏感与及时。首先，从规制文件的数

---

① 赵万一. 中国究竟需要一部什么样的民法典：兼谈民法典中如何处理与商法的关系 [J]. 现代法学，2015（6）：45.

② 哈耶克. 致命的自负 [M]. 刘戟锋，译. 上海：东方出版社，1991：71.

③ 吕世荣. 从认识论到形而上学：康德哥白尼式革命的实质及其意义 [J]. 世界哲学，2019（5）：76.

量上看，第三方电子支付平台的规范文本数量呈现逐年递进之态势。例如从2010 年起，我国已然发布直接关涉第三方电子支付平台的规制规章十余部。其次，从规制文件的具体内容来看，规制主体对第三方电子支付平台各环节都展开了初步的规制。例如随着第三方电子支付平台的不断发展，规制主体也将规制"目光"从支付平台的准入制度迁移到支付平台的信息披露制度、支付平台的支付差错处理制度、支付平台的备付金管理制度、支付平台的退出制度等相关环节并针对这些环节做出了相对明确的规定。这表明实务界已经为"第三方电子支付法"的制定提供了丰富的实践经验。综上，学术界与实务界对第三方电子支付平台法律规制已进行了充分的理性思考，积累了丰富的实务经验，他们共同尝试对第三方电子支付领域提炼出规制的理念、规制的理想模式以及建立第三方电子支付平台运营行为的指导原则并在规制理念、规制模式、规制原则的指引下设计出富有实效的规制规则。笔者虽然认为目前无论是学术界还是实务界对第三方电子支付平台规制制度理念、模式、原则以及规则的设计上存有较多不足之处，但仍认为我们可以通过对学术界与实务界成熟认知领域的微调，制定出逻辑严密、规制完整的法律规制体系。

（二）制定"第三方电子支付法"的实践支撑：体系化的需要

单独制定"第三方电子支付法"的原因不仅仅是学界与实务界理性认知的成熟，还有一个重要的原因在于制定"第三方电子支付法"是规制举措体系化的表现。将第三方电子支付平台规制举措实现体系化，具有以下几方面的作用：其一，制定"第三方电子支付法"不仅能实现规制举措的连贯性，还能实现规制举措的融贯性。连贯性是一种逻辑要求，而融贯性则涉及价值评价。一个逻辑上不能自洽的体系自然无法满足形式上公平正义之要求，因为它会使得命令的接受者无所适从，陷入做与不做某个指令的逻辑上的永误境地①。"第三方电子支付法"的制定体现的不仅是规制规范的基本逻辑，同时还体现出规制规范的法律理念（平衡与均衡理念）以及基本的规制模式（规制主体的权力分配）。进一步说，单独制定"第三方电子支付法"一方面有利于将规制规范中的价值理念、规制主体的规制权力进行统一和协调；另一方面，"第三方电子支付法"中独特的价值理念和规制模式也可对支付平台运行中的各个环节的原则、规则进行证立、支持以及对违反价值理念、规制

---

① 雷磊. 适于法治的法律体系模式 [J]. 法学研究，2015（5）：19.

模式的原则性规范、规则性规范予以修正。例如价值理念、规制模式既可以帮助原则与规则在适用时提供足够的"释理"性支撑，使被规制主体易于接受、服从此项原则与规则，又可以对不符合规制理念与规制模式的原则性规范、规则予以否认并及时修订。其二，制定"第三方电子支付法"给规制命令接受者提供了实践性的理由。目前行政规制主体向第三方电子支付平台提供了行为规范，但基于现实第三方电子支付平台运营业务的多变性仍会给规制规范带来较多的实质障碍，尤其是第三方电子支付平台支付业务创新之时。例如现有的规制规范无法完全预见第三方电子支付平台所有的创新性支付业务，一方面这极有可能会造成规制空白，另一方面被规制的支付平台很容易陷入运营行为效力的困惑当中，支付平台难以判断与预见其行为的法律后果。制定"第三方电子支付法"，明确相关的理念、模式、原则与规则，赋予了行动者更多的思考空间与实践自由，在此过程中行动者的道德自治获得了发挥，理性的"底线性规定"又给这种道德自治赋予了相应的限制。其三，"第三方电子支付法"对第三方电子支付平台的规制与以往"针对问题解决问题"的第三方电子支付平台部门规章相异，具有法之安定性。第三方电子支付平台支付业务的创新演化速度较快，目前的做法是规制主体根据支付平台出现的问题实时调整规制举措，这一规制方法虽具有及时解决问题的效果，但却使得规制规范失去相应的安定性，被规制主体预测自身行为效力的能力降低。而"第三方电子支付法"实际上属于"开放结构"，其向社会提供基本规制理念、基本规制模式、基本原则规范以及基本规则规范，具有法之安定性，"第三方电子支付法"无需依照第三方电子支付平台的业务变更而频繁修订法律。其四，制定"第三方电子支付法"有利于形成与现行商业模式法律规制并行的完整的规制体系。目前我国针对电商平台制定《中华人民共和国电子商务法》，实际上是对交易商品流与信息流的法律规制，货币流则由《中华人民共和国商业银行法》等法律进行调控，而剩下的支付流以及物流也应当受到法律的专门调控，以此才能实现"五流"立法规制的并行，才符合第三方电子支付领域的发展规律以及依法治国的目标。

（三）制定"第三方电子支付法"在立法与司法层面上具有现实可行性

从立法层面而言，第三方电子支付平台的规制文本多达十余部并且涉及第三方电子支付平台准入制度、退出制度、信息披露制度、备付金管理制度以及支付差错处理制度等各个方面。立法者完全具备相应的立法技术，从这些规制文本中寻找并提炼出"第三方电子支付法"的基本立法逻辑以及基本立法规范，即立法者仅需要依据立法程序以及高超的立法技术对目前规范文本中的规制逻辑以及基本规制规范进行提炼，便能制定出一部具有实效性的法律。换句话说，立法机关对于制定"第三方电子支付法"并非"无中生有"式的造法，而是仅需对现有规范进行概括整合，这对于立法机关而言属于以最小之成本获取最大效益的正常工作。与此同时，通过对现有第三方电子支付平台规制文本进行梳理，笔者发现部门规章中的规定多是支付平台与支付用户之间权利、义务、责任（权义责）的分配，暂不论部门规章对支付平台利益相关者的权义责进行配置是否妥当，笔者认为通过精细化的立法技术将现有的部门规章擢升为法律，以法律的形式对支付用户权利义务责任进行配置将更为合理，原因在于：首先法律有着更加严格的制定程序，能够站在更科学合理的角度对支付平台与支付用户进行权义责分配。其次权义责关涉支付用户以及支付平台的基本权益，于是权义责的分配需要一部极具安定性的规制规范予以支撑。由于部门规章的易变性，允许部门规章对支付用户与支付平台的权义责进行划分极易"挫伤"支付平台与支付用户权义责之间的平衡状态，进而减损支付用户以及支付平台的基本权益。法律较之于部门规章更具有安定性，对于形成稳固合理的支付法律关系具有积极作用。最后采用法律的形式对第三方电子支付领域进行立法，利于规制机关在第三方电子支付领域发生特定情况之时能够遵循"第三方电子支付法"的指引设计出更为细化的科学的规制规范以应对现实之需。

从司法层面而言，"第三方电子支付法"的制定还有利于支付领域司法纠纷的解决。2009 年最高人民法院发布了《最高人民法院关于裁判文书引用法律、法规等规范性法律文件的规定》第四条明确指出，民事裁判文书应当引用法律、法律解释与司法解释。对于应当适用的行政法规、地方性法规、单行条例，我们可以直接引用。第六条对第四条进行补充指出，除第四条之规范性文件，根据审理案件需要，经过审查认定该份规范性文件合法有效的前提下，可以作为裁判说理的依据。因此第三方电子支付领域发生的纠纷，目前法院只能将关涉第三方电子支付的部门规章作为说理的一部分，而裁判依据仍应当参照《中华人民共和国民法典》《中华人民共和国电子商务法》等法律。很明显这不利于第三方电子支付领域纠纷的妥善解决，因为上述法律并非针对第三方电子支付领域制定的法律，并不符合第三方电子支付领域的特

征。例如关于支付用户遗失账户密码，按照传统的法律规定应当由支付用户
（过错方）承担遗失密码造成的经济损失，但在第三方电子支付领域非授权支
付的责任配置可能不需要过多考虑支付用户的过错，而是随着科学技术的进
步直接对损失责任进行相应的配置。为了实现司法程序"定纷止争"的功能，
实现司法程序的公平正义，制定符合第三方电子支付领域特征的"第三方电
子支付法"就显得十分必要。

二、充分的软法自治：确立规制第三方电子支付平台的"柔性"规范

制定"第三方电子支付法"并不是规制第三方电子支付平台唯一有效的
举措或者唯一路径。相反仅仅依靠硬法规制第三方电子支付领域将会让第三
方电子支付市场变得十分僵硬，因为对于硬法而言，其主要任务是对第三方
电子支付平台各具体运营行为划定底线并且对其行为的效力、实施该行为的
程序及相关责任做出规定。而对于软法而言，其主要目的更倾向于如何使得
第三方电子支付平台在底线性规定的基础上"又快又好"地实现跨越式发展，
软法是对第三方电子支付平台规制理念、规制模式以及规制框架更为灵活地
运用。如果说硬法对于第三方电子支付平台是生存之"必要元素"的话，那
么软法对于第三方电子支付平台则是"营养品"。进一步说，充分发挥软法治
理的原因主要有以下几个方面。

（一）软法具备现实基础

需要明确指出的是，依靠立法机关或者行政机关制定出来的硬法规范无
需对被规制主体的方方面面做出细致规定，这样一方面避免了立法机关陷入
超负荷运转的窘境，另一方面也有效利用了自律性规范、专业标准等软法资
源。应当说，第三方电子支付平台通过实践所衍生的商业惯例或商业习惯成
为宝贵的治理资源，是第三方电子支付平台软法治理的现实基础，主要表现
为：第一，第三方电子支付平台自行生成的现行运行规范能够归纳出规制第
三方电子支付平台的软法规制理念。例如五家支付服务平台公布的"支付服
务协议"中既存在支付用户的隐私、资金安全等保护支付用户合法权益之条
款，还有备付金性质定位等符合监管政策之条款，同时还有支付平台收付费
标准等体现支付平台营利性本质之条款。于是软法规制理念可以定位在保障

支付用户权益、符合监管政策、满足支付平台营利性需求之间。第二，第三方电子支付平台现行运行规范提供了更为灵活的规制模式。在第三方电子支付平台公布的协议文件中较为容易区分出哪些环节运作结构简单、风险系数小、效率需求高，将该环节主要交于自律组织（包括平台自身）进行治理，行政机关予以配合，同时将环节运作结构复杂、风险系数高、对安全需求高的环节归于行政机关，自律组织（包括平台自身）配合行政机关相应指令并采用机构监管与功能监管并举的模式予以规制，此时第三方电子支付平台规制模式以更为灵活的方式实现。第三，第三方电子支付平台自行生成的运行规范提供了更富有实效的软法规制原则。第三方电子支付平台与支付用户建立的法律关系贯穿双方签订服务协议到支付用户的账户被注销，在每一个法律关系中的节点都可以提炼出相应的具有一定普适性的软法规制原则，予以指导各个支付平台具体运营行为。例如支付用户在接受支付服务期间发生支付差错，各个平台的支付协议都有较为详细的处理规则，通过对这些规则的仔细审思便能发现支付差错处理原则的核心在于科学合理及时地分配支付用户的经济损失。第四，第三方电子支付平台的现行规制规则为软法治理提供了具体范式。纵观五家第三方电子支付平台，实际上都向支付用户提供了"支付用户服务协议""隐私政策"等相应文件，有些第三方电子支付平台对支付用户的权义责、隐私保护规则规定得较为完整，这些完整的运行规则可以作为行业的统一标准及软法治理的现实基础。例如《支付宝隐私权政策》中关于客户隐私保护框架就较为完整，值得作为借鉴范本并以其为基础进行进一步研究和完善。

（二）软法治理暗扣效率理念

第三方电子支付平台与支付用户既存在价值取向一致的情形，又存在价值取向不一致的情形。例如支付平台为了获取支付用户的支付服务费用势必会给予支付用户优质的服务，支付用户基于平台黏性也会选择相应的支付平台进行资金划拨，此时支付平台与支付用户价值取向是一致的，但是在实际运行过程中支付平台与支付用户的纠纷不可避免，二者针对纠纷的具体处置有着不一样的见解，若要对第三方电子支付平台实现最优治理效果，势必要给予第三方电子支付平台与支付用户充分讨价还价的空间，从而形成他们自己创设的高效治理体系。从五家第三方电子支付平台占据目前市场大部分业务的情况来看，双方的利益在一定程度上已经达到了平衡，甚至可以说目前的软法规范高度契合"效率"理念，主要体现在以下几个方面：第一，第三方电子支付平台自行生成的规范减少了硬法立法的巨大成本。立法机关的立法活动是一项成本较高的活动，它包括前期调研、专家根据调研情况起草立法文本的初稿、组织专家进行论证、公开立法文本并征求公众的意见、送交立法机关审读等步骤，且实践中硬法规制的整套运作流程并不是一帆风顺的，甚至某些程序要经历好几遍，正式的立法文本才得以出台。相较硬法而言，长期的商业实践使得软法规范在支付平台与支付用户之间呈现相对平衡和体系化的特征，这就降低了立法活动中的调研、文本起草以及专家论证的工作难度，大大节约了立法成本。第二，该自我生成的治理体系是各方当事人积极参与、民主协商所产生的结果，软法对其进行了积极的吸纳，必然能够得到广泛的认同，降低了执法的成本。当软法规范属于支付用户与支付平台博弈之结果，软法规范便带有天然"亲和力"，利于支付平台以及支付用户形成内心本能的强制力，这实际降低了规范的实施成本。第三，软法治理第三方电子支付平台实际上是充分利用本土资源治理中国新型互联网金融领域，其治理效果应当优于传统的治理方式，此时政府及其立法机关的硬法规制可以与治理模式的本土资源形成动态博弈①，使硬法的制定也尽可能地达到最优状态。换句话说，贴近第三方电子支付领域发展的软法规范，其形成过程时间短、效率高，具有良好的治理第三方电子支付平台之效果。硬法可以充分参照软法的具体规范内容以及规制实效进行吸收借鉴，使得硬法规范制定的效率与质量也得以显著提高，更好地对支付平台展开底线性规制。

（三）软法对硬法形成柔性补充

强调软法治理并不是说硬法规制不具备现实意义，二者应当是动态互补的关系。软法对硬法形成了柔性补充，主要体现在以下三个方面：第一，硬法规制规范与软法治理规范在性质上具有互补性。硬法规制规范主要展现国家与统治阶级的意志，更多体现了规范的保守性、规范的稳定性、规范的强制性、程序的严格性等特征。而软法规范从它的起源到演变，再到适用主体来看，其呈现出柔性、协商性、经济性、回应性、灵活性等特征。将二者相比较来看，硬法规范不能将市场经济的意志及时、准确、完整、灵活地表达

---

① 动态博弈，即博弈中的当事人决策有先后。在这样一个动态决策当中，均衡就是给定先动者的选择，后动者的行动总是最优的。参见张维迎. 理解公司［M］. 上海：上海人民出版社，2017：92.

与反映出来，软法规范也因其不具有严格的程序性和严密的逻辑推导而致使理性欠缺。此种情况下，硬法规范的长处是软法规范的短处，而软法规范的长处却是硬法规范的短处，只有将二者结合才能"刚柔并济"，实现对第三方电子支付平台科学的规制。第二，软法规范与硬法规范可以互相转化。大致说来，硬法规范侧重于建构公共领域治理的基本框架，对公共行为提供一种底线上的约束。软法规范则在硬法规范的基础上侧重于提出更高、更灵活的要求，激励公共主体做出更加理性可行的选择①。以网络个体借贷为例，在《中华人民共和国民法典》颁布之前，《中华人民共和国合同法》对借贷合同有专门的规定，但是网络个体借贷因有着与传统借贷不同的技术性特征以及网络个体借贷实践中出现了较多问题需要规制规范予以回应，所以中国互联网金融协会发布了《互联网金融 个体网络借贷 借贷合同要素》（T/NIFA5-2017）团体标准来指导网络借贷。同时具有普适性、强"生命性"的软法规范在一定条件下也可被硬法吸收，成为硬法的一部分。例如对第三方电子支付平台软法规范中具有重大性、普适性、较为稳定的治理规范进行概括精练后可以擢升为硬法之底线性规定。第三，软法治理规范的实施效果在一定程度上依靠硬法规制规范。这里并不是说软法治理的效果完全依靠硬法规制，因为软法治理有其独特的价值与功能，存在独立的引导、评价、惩处体系。例如某领域的行业协会有权通过行为指引、通报批评、要求暂停运营、降低信用等级等方式对协会会员的行为进行管理、规范。但是软法治理的独立也不是完全独立，在一定程度上或在一定条件下也会依靠硬法规制，如支付平台行为已经触碰底线需要硬法介入时，软法治理的规范及依照软法规范查清的相关事实会成为硬法介入进行规制的直接或间接依据或者证据。"正是依赖于国家制定法的隐形存在，那些民间的、习惯的'法律规则'才变得起作用。"② 需要特别说明的是，软法对硬法形成了柔性的补充，并不是指所有自发形成的软法规范都具有正当性以及可适用性，而是指软法的生成及其运用仍需硬法提供合法性论证。因为实践生成的软法规范亦有可能是基于第三方电子支付平台与支付用户的交易惯例得以形成，看似合理却不合法。例如目前支付平台所制定的"支付平台服务协议"中有些对支付用户不利的内容得以普遍适用，这看

① 罗豪才，宋功德，姜明安，等. 软法与公共治理 [M]. 北京：北京大学出版社，2006：65.
② 苏力. 法治及其本土资源 [M]. 北京：北京大学出版社，2015：51.

似具有"效率"的合理性，支付用户似乎对其并没有提出明确的反对意见，但是从硬法规制的角度却不具有合法性，所以软法的形成仍需要与硬法高度匹配。

三、硬法与软法基本规制制度的选择与内容架构

硬法与软法虽存有诸多不同，但也有共通之处。二者的共通之处表现为硬法规制规范与软法规制规范的内容皆由基本制度构成，而其不同之处又决定了基本制度在硬法规范与软法规范的内容架构又应当有所差异。基于此，硬法与软法的基本制度存在两方面的问题亟需解决。其一是哪些制度是规制第三方电子支付平台硬法与软法的基本制度？理由是什么？其二，这些基本制度在硬法规范与软法规范中应当如何建构？

（一）基本规制制度的选择

笔者认为规制第三方电子支付平台的基本制度主要包括第三方电子支付平台准入制度、信息披露制度、支付差错处理制度、备付金管理制度以及退出制度五项制度。选择这五项制度的原因在于其合乎支付平台运行的理性逻辑，符合规制理念、模式与框架以及利于提升规制支付平台的效度三项标准。

1. 合乎支付平台运行的理性逻辑标准

选取准入制度、信息披露制度、支付差错处理制度、备付金管理制度、退出制度五项制度作为规制第三方电子支付平台基础性制度的本质原因在于这五项制度深度契合支付平台运行的理性逻辑。从理论假设的角度，我们将不同模式的第三方电子支付平台进行高度抽象，可以发现第三方电子支付平台遵循着"由生至死"的演变规律，即可以将第三方电子支付平台的生命周期划分为三个阶段："诞生期""存活期"以及"死亡期"。"诞生期"意味着第三方电子支付平台在符合"一定条件"的情况下得以形成，而满足"一定条件"主要意指第三方电子支付平台的准入制度。第三方电子支付平台形成之后便可进入市场向支付用户提供支付服务，支付服务的成功实现由诸多要素共同促成。其一，支付服务成功实现之前提在于支付用户需要对支付平台存在明确的认知，这就要求形成相应的信息披露制度[①]。其二，第三方电子支

[①] 当然该信息披露制度并不仅仅指第三方电子支付平台对自身的信息披露，还指对支付服务法律文本、支付用户等信息的披露。

付平台在为支付用户提供资金划拨服务的过程中无法避免出现错误造成支付用户的损失，此时如何处理支付差错则是当务之急，于是支付差错处理制度应运而生。其三，第三方电子支付平台提供的资金划拨必然存在支付的媒介（包括但不限于支付平台账户中的余额），以实现交易双方交易之顺利完成。因为支付的媒介对交易而言至关重要，影响到支付用户的财产权益，是故对备付金（支付的媒介）进行治理同样不可或缺。可以说这三大要素共同促进第三方电子支付平台在市场中存活并发展。任何商事主体进入市场或多或少都要面临竞争，当商事主体无法达到社会平均生产力水平时，其就会逐渐被市场淘汰进入"死亡期"。第三方电子支付平台亦同。当第三方电子支付平台不再符合形成之必要条件或者实施违法行为必须强制退出市场之时，退出制度就是对第三方电子支付平台退出市场作出的程序安排。综上，从第三方电子支付平台"诞生期""存活期"以及"死亡期"的市场运行逻辑来看，第三方电子支付平台准入制度、信息披露制度、支付差错处理制度、备付金管理制度以及退出制度与市场运行逻辑深度契合，将五项制度作为硬法与软法规范的基础性制度正当且合理。

　　2. 符合规制理念、模式与框架的标准

　　正如上文所述，对第三方电子支付平台的规制存在科学的规制理念、规制模式与规制框架，因此在硬法规范与软法规范的基础制度选择上势必需要选择与规制理念、规制模式和规制框架相契合的基础性制度。笔者认为第三方电子支付平台准入制度、信息披露制度、支付差错处理制度、备付金管理制度以及退出制度完全能够承载规制理念、规制模式与规制框架的具体内容且有助于将规制理念、规制模式、规制框架的具体内容精准地付诸实践。第一，对于第三方电子支付平台的准入制度而言，准入制度的宽严程度充分体现出金融安全与金融效率之间的考量，同时也为行政监管与行业自治均衡理念得以充分发展提供了恰当的空间。准入制度的建立使得支付平台进入市场时其传统业务能够被相应监管机构直接监管，而创新业务则能被功能监管准确识别并归类在相应监管主体的监管业务之下，同时政府和社会能够对第三方电子支付平台进入市场所产生的问题进行协同治理。此外，准入制度的固有特征决定了其组成部分应当既包括准入的原则性规范又包括准入的规则性规范，因为只有这样才能确保优质的第三方电子支付平台顺利进入市场并阻止不良支付平台进入市场。第二，对于第三方电子支付平台信息披露制度而言，信息披露制度保障了支付用户的知情权与个人信息权。当支付用户的知情权与个人信息权被恰当保障时（金融安全系数增加），支付用户对支付平台的黏性进一步增强（支付用户数量增大，平台营利性增强），此时金融安全与金融效率实现了动态平衡。信息披露通常分为强制性披露和任意性披露（自愿性披露）。前者主要指由一国的公司法、证券法、会计准则监管部分条例等法律、法规明确规定的主体必须进行的信息披露[1]。而后者则被定义为在强制性披露以外披露主体自愿选择的信息披露[2]。强制性披露主要由行政机关予以规制，而自愿性披露则主要是由行业自治组织（包括平台自身）予以治理，这契合行政监管与行业自治均衡，规制主体协同共治的科学路径。当然对于第三方电子支付平台的各类业务可能存在不同的披露要求，这需要机构监管与功能监管、原则性规范与规则性规范共同予以规制。第三，对于第三方电子支付平台支付差错处理制度而言，支付差错在第三方电子支付平台运作过程中无法避免，那么出现此种后果如何最大限度保障支付用户的财产权益并维持支付用户后续的支付需求则属于支付差错处理制度设计的核心要义。从这个过程来看，金融安全与金融效率动态平衡、行政监管与行业自治均衡的规制理念在其中体现得较为清晰。当然支付差错的产生存在诸多原因，这也是机构监管与功能监管、规制主体协同共治存在的现实依据。为了应对基于多种原因产生的支付差错，支付差错处理制度必然采取原则性规范与规则性规范相结合的规制框架。第四，对于第三方电子支付平台备付金而言，备付金实际是支付用户的财产权益，但同时又是支付的媒介，于是备付金管理天然承载着金融安全与金融效率动态平衡的理念。除此之外，备付金虽形成于第三方电子支付平台账户之中，但对我国法定货币存在一定的影响，是故行政监管与行业自治携手共治成为备付金管理的必由之路。同时我们可以预见备付金管理尤其是备付金的利用应当为机构监管与功能监管留有空间。需要注意的是，备付金管理制度也应当采用原则性规范与规则性规范相结合的路径，以此应对在备付金管理过程中不断出现的新问题。第五，对于第三方电子支付平台退出制度而言，退出制度是第三方电子支付平台"死亡"的标志，

---

① 闫化海. 自愿性信息披露问题研究及其最新进展 [J]. 外国经济与管理, 2014 (10): 42.

② 赵万一, 唐旭. 金融安全视角下企业资产证券化预测信息披露研究: 以现金流预测为例 [J]. 内蒙古社会科学, 2019 (5): 87.

但也是净化市场提升市场效率的重要方式。基于此，与准入制度一样，退出制度内涵金融安全与金融效率动态平衡、行政监管与行业自治均衡的基本理念。当然在支付平台退出市场是对支付平台主体资格与相关支付业务资格的注销，那么机构监管与功能监管并举以及规制主体协同共治便依然存有适用空间。同时原则性规范与规则性规范主辅相成的规制进路也应当成为退出制度的重要组成部分。

3. 利于提升规制平台效度的标准

选取规制第三方电子支付平台的基本制度还有一项重要标准在于被选择出来的基本制度能否形成"合力"进而实现最大的规制效能。笔者认为第三方电子支付平台准入制度、信息披露制度、支付差错处理制度、备付金管理制度以及退出制度能够实现这一目标。原因在于以下几个方面：首先，这五项制度作为规制第三方电子支付平台的基础性制度不可或缺或者说缺一不可。一方面是因为这五项制度高度契合第三方电子支付平台的运行逻辑，更为重要的是五项基础性制度缺少任何一项制度都会导致其他制度的效能失灵。例如若欠缺第三方电子支付平台准入制度，那么大部分劣质支付平台便会涌入支付市场当中，此时支付差错的发生概率、备付金被非法挪用的概率都会提高，信息披露的质量也会降低，甚至支付平台市场中会出现"劣币驱逐良币"的情形。还例如若缺乏信息披露制度，实际上也会导致第三方电子支付平台进入市场时无法衡量支付平台质量的优劣，在运行过程中发生支付差错后支付用户存在不知如何处理之情形，支付平台退出市场时支付用户也无法及时了解相应情况进而维护自身权益。再例如若缺乏退出制度，那么第三方电子支付平台准入制度将异化为"垄断制度"，支付平台将不再重视运营过程中支付用户合法权益的保护（包括不再重视支付差错的处理、备付金的管控、信息披露等），即使发生了事实上支付平台需要退出市场的因由，但囿于缺乏相应的退出制度，支付平台无法顺利退出市场以致最后不良后果仍由支付用户承担。其次，当五项被科学设计的制度作为规制第三方电子支付平台的基础性制度时，制度与制度之间能起到互相优化的作用。若第三方电子支付平台准入制度、信息披露制度、支付差错处理制度、备付金管理制度以及退出制度是被科学设计完成的基础性制度，那么此时每一项制度都能发挥其最大功能价值，并且五项基础性制度同时运转形成之合力远大于每一个基础性制度功能之简单叠加。以备付金管理制度为例，优化后的备付金管理制度，既强调备付金的安全监管，又强调备付金的有效利用。一方面良好的备付金管理机制使得备付金的安全系数更高，保护了支付用户的财产权益；另一方面，备付金的适度利用足以形成"有益资金"，更好地辅助第三方电子支付平台准入制度、信息披露制度、支付差错处理制度、退出制度的开展及功能实现。例如支付平台可以将备付金形成的有益资金投入到因为支付差错遭受损失的支付用户的经济补偿当中，也可以将备付金形成的有益资金运用到保障支付用户个人信息、辅助各个支付平台准确识别自身是否继续满足准入之基本条件以及辅助各个支付平台正常实施退出市场行为之中。最后，这五项制度作为规制第三方电子支付平台的基础性制度形成了"面向规制"，最大可能防止规制漏洞。第三方电子支付平台信息准入制度、信息披露制度、支付差错处理制度、备付金管理制度以及退出制度五项基础性制度涵盖了第三方电子支付平台的方方面面，第三方电子支付平台运行过程中几乎所有衍生的问题都能划分到这五项基础性制度项下，于是这五项基础性制度便形成复杂的"规制网络"，弥补可能形成的规制漏洞，促进支付行业的健康发展。

（二）规制制度的内容架构

硬法规范与软法规范有所区别，是故五项基础性制度在硬法规范与软法规范中呈现不同的样态具有合理性。基于此，如何架构硬法规范与软法规范的具体内容是本部分的研究重点。

1. 硬法规制的立法模式与内容设计

对于第三方电子支付平台的立法模式而言，有学者认为目前我国第三方电子支付规制规范的立法层次较低，建议由国务院出台"非银行支付机构支付服务管理条例"或者出台"非银行支付机构管理条例"，提升监管政策的法律层级，促进支付市场的健康发展[1][2]。当然也有学者仅停留在呼吁提升监管政策的法律层级[3]，并没有指出提升监管层级的具体路径。即认为对于第三方电子支付领域的规制采用部门规章以及其他规范性文件的形式已经不合时宜，应当提升其法律层级，提升规制的权威性。笔者认为对于第三方电子支付领域的立法模式应当单独制定"第三方电子支付法"，"第三方电子支付法"的

---

[1] 刘澈，蔡欣，彭洪伟，等. 第三方支付监管的国际经验比较及政策建议 [J]. 西南金融，2018 (3)：47.

[2] 朱虹. 支付机构监管现状及改进思路 [J]. 西南金融，2017 (4)：49.

[3] 包红丽，封思贤. 第三方支付监管机制的国际比较及启示 [J]. 上海经济研究，2015 (11)：53.

内容应当以第三方电子支付平台作为规制核心，整体框架采用规制理念+规制模式+规制原则+规制规则的立法模式。单独制定"第三方电子支付法"的缘由上文已经详细论述，本处不再进行赘述。而对于"第三方电子支付法"以第三方电子支付平台为核心的原因在于：一方面，由于交易模式的演变、交易市场的分化以及平台战略的成熟，第三方电子支付平台处于第三方电子支付领域的核心地位，"第三方电子支付法"对第三方电子支付平台实施强有力的规制几乎等同于对整个第三方电子支付领域实现了高效的规制。更为具有现实意义的是，第三方电子支付平台与支付用户订立法律协议文本时，出现了第三方电子支付平台权力行使失控及责任配置失效等两大困境①，萌生了以第三方电子支付平台作为规制核心的实践需求。第三方电子支付平台权力行使失控体现为支付平台规则制定权、判断权与执行权的失控，支付平台责任配置失效主要是指第三方电子支付平台可以"自由"地排除、免除自己应承担的责任。这也与王利明教授指出互联网立法的重点应当向网络服务提供者倾斜的观点不谋而合，在他看来，网络平台是网络信息传播的中枢，网络平台存有充足的技术对网络社会进行有效治理，将其作为立法重点具有正当性与合理性，同时他认为应当将网络服务提供者的权利义务作为立法重点②。

而"第三方电子支付法"的立法模式设计宜采用规制理念+规制模式+规制原则+规制规则的结构，原因在于以下几个方面：其一，法律理念是建立法律制度的基础。确定第三方电子支付平台的规制理念，有助于设计出符合支付平台本质特征的规制模式、原则性规范与规则性规范；也有助于设计出依据规制理念研究解决在个案中归纳出的支付平台法律规制所存在的漏洞的对策方案。换句话说，在第三方电子支付平台法律规制当中，规制理念是基本的出发点，只有准确定位规制理念，才能对第三方电子支付平台法律规制展开深入的研究。其二，规制模式无论是机构监管与功能监管并举还是规制主体协同共治，强调的是在规制理念的引领下规制主体的权力分层。规制主体恰当的权力分层有利于原则性规范与规则性规范的顺利运行。其三，原则性规范主要是指统合规制第三方电子支付平台各个具体环节的规制规范。原则性规范可以指引具体规则规范的设定，对被规制主体具体行为具有很好的指

---

① 唐旭. 第三方电子支付平台法律监管制度的完善 [J]. 重庆社会科学, 2019 (8)：67-68.
② 王利明. 论互联网立法的重点问题 [J]. 中国检察, 2016 (21)：113-115.

导作用。需要注意的是，与传统立法不同的是，规制理念、规制模式应当作为"第三方电子支付法"的总纲，而规制原则性规范应当在第三方电子支付平台的准入制度、信息披露制度、支付差错制度、备付金管理制度以及退出制度等分章中予以体现。其四，设立具体规则性规范是对第三方电子支付平台具体行为进行底线性规定。"第三方电子支付法"中的具体规则规范是第三方电子支付平台的行为指引，第三方电子支付平台能够通过"第三方电子支付法"的具体规则规范明确实施支付平台行为的条件、程序、行为效力以及违背相应规范规定会产生何种民事、行政、刑事责任。

基于此，"第三方电子支付法"的主要内容应体现在：第一，将金融安全与金融效率动态平衡、行政监管与行业自治均衡理念以及机构监管与功能监管并举、规制主体协同共治模式放在"第三方电子支付法"的立法总纲之中，作为本法分则中各项基础性制度的原则性规范、规则性规范的理论支撑。同时该规制总纲应当传递出"法不禁止即自由"的含义，即只要法律没有明确禁止，第三方电子支付平台均可以自由实施商业行为，这是第三方电子支付平台作为民商事主体享有的应然权利，也便于为支付平台实现业务创新提供足够的空间。第二，在"第三方电子支付法"中设定第三方电子支付平台的准入制度、信息披露制度、支付差错处理制度、备付金管理制度、退出制度五个章节，每章节项下设定具体的原则性规范，每个基础性制度原则性规范的制定应当紧紧结合规制理论与各基础性制度独有的性征。第三，在"第三方电子支付法"五个章节的原则性规范项下设定具体的规则性规范。规则性规范作为底线性规定不宜规定得过于细致，要给软法规范留有"余地"。第四，"第三方电子支付法"还应当专章设定对违反规制规范所产生的民事、行政以及刑事责任。民事责任主要明确第三方电子支付平台对支付用户承担民事赔偿责任的构成要件以及承担赔偿责任的具体范围；行政责任则规定行政处罚的程序、幅度以及救济渠道；刑事责任主要以转介的形式予以规定，如第三方电子支付平台特定行为若符合《中华人民共和国刑法》的相关规定则可依照转介规范予以定罪处罚。

2. 软法自治的框架性素材和内容设计

第三方电子支付平台自行生成的规范以及行业自律性规范是软法治理的重要基础。需要明确的是，目前软法规范并没有发挥其应有的治理功能，甚至软法治理出现了功能异化，故而我们急需对软法治理规范进行科学设计。

（1）软法自治的框架性素材

笔者认为第三方电子支付平台软法规制的框架性素材主要由两种形式构成，一种为第三方电子支付平台自行制定的规范文件，另一种为行业自律性规范文件。

对于第三方电子支付平台自行制定的规范文件而言，通常我们认为第三方电子支付平台与支付用户签订的法律协议文本属于软法规范的重要组成部分，但是软法的内容不仅仅局限在此，应当说第三方电子支付平台自行制定的规范性文件都属于软法的重要来源，因为第三方电子支付平台自行制定的规范性文件符合软法的三项重要标准。其一，支付平台自行制定的规范性文件属于"未完全理论化的协议"。"未完全理论化的协议"在法律和社会中起到很大的作用，它允许追求不同利益的人们抛开分歧制定决策与框架，它有助于形成一定程度的社会团结和共同承诺。目前很多第三方电子支付平台相继公布了《支付用户安全保障承诺书》等文件就是很好的例子。其二，支付平台自行制定的规范性文件体现为"动态合作博弈的过程"。理论上博弈可以分为动态博弈和静态博弈。动态博弈是指博弈参与人之间的行动有先后顺序，且后行动者能够充分参照和学习先行动者的行为进而实施更优的行为。静态博弈是指参与人之间的行动同时进行或者虽不同时行动，但后行动者并不知晓前行动者的具体行为①。第三方电子支付平台自行制定的规范性文件符合动态博弈的特征。从纵向看，第三方电子支付平台自行制定的规范与硬法、行业自律性规范形成一个动态博弈的过程。当然，从横向来看，第三方电子支付平台之间亦存在着动态的博弈过程，即支付平台知道其他支付平台出台的规范性文件进而以此为基础制定出更佳的规范性文件。其三，第三方电子支付平台自行制定的规范具备"程序民主的商谈政治"的属性。"程序民主的商谈政治"就法律来说，它强调自我组织的法律共同体的"自我"消失在一些无主体的交往形式中，这些交往形式用特定方式来调节商谈性意见形成和意志形成过程，以致这些过程的具有可试错性的结果享有被假定为合理结果的定位②。第三方电子支付平台制定的规范性文件正是一种程序民主的商谈政治。首先，从第三方电子支付平台自行制定并实施规范文件过程的视角可以

---

① 艾里克·拉斯缪森. 博弈与信息：博弈论概论［M］. 姚洋，译. 北京：北京大学出版社，2003：14.
② 罗豪才，宋功德，姜明安，等. 软法与公共治理［M］. 北京：北京大学出版社，2006：243.

看出，它呈现出程序政治。随着某些特定的第三方电子支付平台不断地制定出规范性文件且这些规范性文件被反复适用，特定平台用户与平台之间的法律关系日趋稳定，再加之该特定支付平台规模日渐庞大，这些规范性文件会增大对同行施加压力的可能性，进而推动统一、体系化软法规范的形成。其次，它包含着商谈的民主。柔性、开放的软法之精髓就在于成员之间进行充分的交谈，进而确立信息并达成合意。第三方电子支付平台自行制定的规范发生法律效力最重要的关键节点在于规范文件的通知与公告，此种方式实际上是搭建了支付平台与支付用户沟通的渠道，在一定程度上体现了支付平台自行制定的规范内置商谈民主的属性。最后，第三方电子支付平台制定的规范性文件服务于效率目的。如果把重点放在效率而非合法性的话，软法和自由民主之间的关系是恰当的[①]。第三方电子支付平台自行制定的规范性文件主要是为了及时、高质量地向支付用户提供支付服务以及获取最大的经济收益，这也是它得以产生并获得认可的最终源泉。基于此，第三方电子支付平台自行制定的规范性文件应当属于软法的重要表现形式。不过第三方电子支付平台自行制定的规范性文件属于法律文本的集合，在实践中有哪些具体表现形式呢？笔者通过对五家第三方电子支付平台进行考察，发现其主要由第三方电子支付平台与支付用户签订的法律服务文本（如支付用户服务协议）、第三方电子支付平台公布的提供支付服务的相应规则（如安全保障规则）以及第三方电子支付平台公开做出的声明与承诺（如客服权益保障承诺书）等，其内容主要涵盖第三方电子支付平台信息披露、备付金管理以及支付差错处理等。

对于行业自律性规范文件而言，第三方电子支付平台行业协会属于规制主体的重要组成部分，行业协会公布的规制第三方电子支付平台的相关文件亦属于软法的重要来源。理由在于：其一，从规范文件的形成来源看。行业协会的自律性规范除却一部分是对硬法规定的细化规则外，很大一部分是对第三方电子支付平台具体运行规则的概括与抽象。换句话说，行业协会在制定统一管理规范时，很大一部分工作是研究各大平台目前自行制定的规范文本并且概括抽象其共性部分，进而生成具有普适性的管理性规范。在第三方

---

① ULRIKA MÖRTH. Soft law in governance and regulation：an interdisciplinary analysis ［M］. US：Edward Elgar Publishing Ltd, 2004：97-98.

电子支付平台自行制定的管理规范属于软法的前提下，将其归纳统合形成的行业自律性规范亦具有软法属性，这在逻辑推理上并无不合理之处。即使某部分行业自律性规范是对硬法规范进行细化的规范，它也不是底线性规定，而是高于底线性规定的实践操作性规范，该实践操作性规范的易变性远远高于硬法规制规范，故而这部分自律规范的硬法属性不彰，软法属性依然较为突出。其二，从行业自律性规范的执行来看，行业自律性规范得到第三方电子支付平台普遍执行的推动力来源于行业协会会员（支付平台）主观上对规范高度的心理认同。这种心理认同是因为协会会员充分参与该自律规范的研究、商谈与制定，对自律性规范存在充分的理解和天然的认同，这与硬法所造就的所有平台"强制服从"硬法规范存在显著不同。进一步说，支付平台参与硬法研究、商谈与制定的可能性较低或者支付平台实际参与制定硬法的程度不高，这使得支付平台对硬法规制规范的认知和内心确信在主观上保留了一定的"距离"，能够推动支付平台服从硬法规制规范的核心原因仅在于硬法背后有国家强制力的保障，以及不遵从硬法规范将承担民事、行政与刑事责任的"震慑"。而行业自律性规范所具备的被规制者心理的高度认同是其作为软法属性的重要表征，是支付平台"高强度高标准"遵守软法规范的核心推动力。其三，从行业自律性规范的拘束力来看，行业自律性规范通常只对协会会员发生相应的效力，其效力的拘束力来源于协会会员的一致同意。协会会员违反行业自律性规范不会直接导致民事、行政与刑事责任，而由行业协会基于会员大会或者会员协议所赋予的处罚权对其进行处罚。例如警告、通报批评、降低信用等级或者要求其停止运营。若第三方电子支付平台违反行业协会规范的行为性质十分严重或者造成重大后果，行业协会则可以将对支付平台行为性质的评价转介到硬法规范上予以相应的规制（如民事、行政与刑事责任）。基于此，第三方电子支付平台行业协会自律性规范的"自我管理"属性特点比较明显。需要注意的是，行业自律性规范的具体构成较之第三方电子支付平台自行制定的规范而言，其内容范围更加广泛，行业自律规范不再着眼于本平台的治理，而是对整个第三方电子支付平台行业的治理，是故第三方电子支付平台行业自律性规范的范围从硬法的角度看，是对硬法的细化，从软法的角度看，是对众多支付平台自行制定规范的概括与抽象。总体来说，行业自律性规范既包含第三方电子支付平台的准入制度、支付平台信息披露制度、支付平台支付差错处理制度、支付平台备付金管理制度以及支付平台退出制度等相关细化指标外，还包括第三方电子支付平台法律协议文本的规范、第三方电子支付平台支付服务争议解决办法等。

（2）软法治理规范的内容设计

软法规制作为高效的治理模式之一，第三方电子支付领域将其设定为治理手段是合理且恰当的。目前实践中已经存在软法治理的现象，不过其对第三方电子支付平台以及第三方电子支付领域的治理效果并不明显，甚至出现"异化"或"失灵"的现象。支付平台无效格式条款的"有效化"就是典型的例子。笔者认为要实现对第三方电子支付平台高效软法治理的目标，我们还要从以下几个方面进行优化。

其一，打造二元软法治理层级。笔者通过梳理第三方电子支付领域的现状发现，目前软法治理的阶层主要是行业协会以及第三方电子支付平台。行业协会软法治理的保障力在于警告、通报批评、降低信用等级、要求停止提供支付服务等惩戒措施，而第三方电子支付平台实施规制的保障力在于其享有规则制定权、判断权与执行权。不过在商事实践中，频繁出现第三方电子支付平台侵害支付用户合法权益的情形，平台层面的软法治理效果并不理想。出现该现象的根本原因是行业协会与第三方电子支付平台两类软法规制主体尚未实现有效协同。疏导路径的目的在于强化二元软法治理阶层之间的"牵连关系"，以此培养具有自组织能力的多元主体，围绕社会主义社会的治理目标展开充分的协同行动①。具体而言，行业协会需要强化对第三方电子支付平台的指导和管理，将第三方电子支付平台所有运营环节纳入行业协会规制的视野当中。第三方电子支付行业协会可以定期对第三方电子支付平台的运营环节做出是否"合法合理"的评估意见。第三方电子支付平台应当严格按照行业协会的规制规范细化自身的运营规范，审慎对待行业自律协会的评估意见以及指导意见，结合行业协会的意见充分自查自纠，以此实现第三方电子支付行业协会软法治理与第三方电子支付平台自我治理效果的协同。

其二，软法治理规范的内容要充分。从软法治理规范内容要充分的角度，软法治理规范有横、纵两个层次值得关注。就横向层次而言，在硬法规制的基础上，软法治理规范应尽可能搜集第三方电子支付平台自行制定的规范性

---

① 范如国.复杂网络结构范型下的社会治理协同创新 [J].中国社会科学，2014 (4)：117.

文件，进而使得软法的基础性资源达到"广"与"博"的程度。以"支付用户服务协议"为例，软法规制主体应当对各个平台的"支付用户服务协议"进行充分考察，既包括对这些协议中规制理念、规制模式、规制原则性规范进行考察，还包括对协议中基础性制度进行考察，如对支付用户的知情权（信息披露制度）、资金安全权的保障（备付金管理制度）、支付平台对支付用户损失的责任承担（支付差错处理制度）等条款规定进行审视，以求取"最大公约数"，这也是传统设计软法规制规范的常规做法。就纵向层次而言，除却寻找最大公约数之外，提炼软法规范还应当结合技术性的评价手段进行评估，从而使该软法规范具有效率、安全的自然法特性。例如我们在提取软法规制规范"最大公约数"的过程中，应当分两种情况处理。第一种情况是，若提取的"最大公约数"或者某类"个性"规则已经属于纳什均衡（每个参与者各自选择的策略，一旦实现纳什均衡，任何参与者都不再企图改变策略①)，那么将此时提取的软法规范制定为普适性规范具有充足的理由。第二种情况是，若提取的相关规范并不属于纳什均衡，甚至是会对某一方造成一定的损害，但是若该规范仍符合卡尔多—希克斯改进②标准，则也可以被纳入第三方电子支付平台软法规范的范围。

其三，第三方电子支付平台的软法规范应当具备较强的推演逻辑。无论是第三方电子支付平台自行制定的规范，还是行业协会出台的管理性规范，都要遵循基本的推演逻辑即规制理念+规制模式+原则性规范+规则性规范的思维范式。采取这样的模式对于软法治理而言有两大好处：第一个好处是使得硬法与软法能够彼此对应。"涵摄"概念通常用在法学分析三段论中，是指将客观出现的案例事实归置于法律规范要件之下，以获得某种结论的一种思维过程。换句话说，即判断出现客观案例的事实是否该当于法律规范的要件，而产生一定的权利义务关系③。笔者认为，对于软法与硬法的相互关系参照涵摄的思维方式有助于硬法与软法之间相互"查漏补缺"，渐臻完善。例如将软法置于事实部分，而硬法放置于前提的位置，软法可以通过涵摄时时审视其合法性问题，硬法则可以通过软法的涵摄发现自身缺漏及不完善的地方并进

---

① 戴维·M. 克雷普斯. 博弈论与经济模型 [M]. 邓方，译. 北京：商务印书馆，2018：22.

② 如果一种变革使受益者所得足以补偿受损者的损失，则这种变革就叫做卡尔多—希克斯改进。

③ 王泽鉴. 民法思维：请求权基础理论体系 [M]. 北京：北京大学出版社，2009：157-158.

行修正。第二个好处是，软法规制采用规制理念+规制模式+原则性规范+规则性规范的方式，一方面既可以确保软法治理的效度，即软法可以以逻辑清晰、构造严密的规范规制第三方电子支付市场；另一方面也可以防止规制漏洞。错综复杂的规制文件虽体现出规制主体负责的规制态度，但是繁杂的规制文本容易造成规范与规范之间的冲突及错漏，体系化的软法规制规范则可以较好地避免此类问题的发生，进而蔓生出科学的软法规制规范。

第三章
第三方电子支付平台的准入制度

　　并不是所有的第三方电子支付平台都可以进入支付市场，支付平台要进入支付市场必须要符合一定的实质条件与程序条件。本章将从设立第三方电子支付平台准入制度的理论依据着手，通过对国内外支付平台准入制度的立法规范进行检视，提炼出我国第三方电子支付平台准入制度存在的问题，并借助相关理论针对我国第三方电子支付平台准入制度现有问题提出具体的优化建议。

第一节　第三方电子支付平台准入制度的概述

第三方电子支付平台准入制度实际上是支付平台进入市场的主体资格，它有着丰富的内涵。通过对第三方电子支付平台内涵的界定我们可以进一步发现制定第三方电子支付平台准入制度具有绝对的必要性，本节将围绕第三方电子支付平台准入制度的内涵以及必要性进行展开。

一、第三方电子支付平台准入制度的内涵

在市场经济背景下，对特殊的商事主体设定一定的准入标准是适当且必要的，第三方电子支付平台因为其特殊性质也应建立市场准入制度。不过在构建第三方电子支付平台准入制度之前，首先需要明确的是何为市场准入制度以及何为第三方电子支付平台准入制度。

（一）市场准入制度的基本内涵

关于市场准入制度的内涵，有学者认为市场准入，即开放市场，体现出服务贸易自由化的趋势①。还有学者对市场准入的含义做出了不同的界定，如市场准入是行政机关对经营者或者投资者进入某个市场领域或者某国市场领域施加限制或者禁止的制度，主要是对经营者及其分支机构的设立和业务范围的审批以及特许经营制度，通过法律行政法规之规定明确哪些领域及业务是经营者可以进入和开展的，哪些领域及业务是政府需要特别限制的，哪些领域及业务是政府需要禁止的，市场准入制度是政府对经济进行干预和参与的必要手段②。另有学者认为，市场准入制度是关于市场主体与市场对象进入市场的有关准则以及法规，是行政机关对市场经济管理的制度安排，它通过行政机关向市场主体进行登记、发放许可证以及执照来实现③。还有学者站在交换理论的角度认为市场准入属于三元干预，即政府对市场主体之间的交换行

---

① 张革. 中国服务贸易市场准入之法律问题研究 [J]. 南京大学法律评论, 2000: 28.
② 刘剑文. WTO 与中国法律改革 [M]. 北京: 西苑出版社, 2001: 168.
③ 盛世豪. 试论我国市场准入制度的现状与改革取向 [J]. 中共浙江省委党校学报, 2001 (3): 35.

为进行了干预，只有符合条件的市场主体才能进入市场从事交换行为①。

总体来说，学界将市场准入制度大致划分为以下三种认知。其一，从国际经济学的角度，围绕 WTO 对市场准入进行阐释，认为市场准入体现为市场的开放，意味着是服务贸易自由化的体现，是本国市场向外国经营者开放的过程。其二，是从制度安排的角度予以展开，认为市场准入就是行政机关对经营主体以及经营主体业务的具体制度设计。该制度对经营主体与经营业务存在允许、限制以及禁止三种类型，通过行政机关颁布相应的证明文件实施。其三，从宏观理论角度认为，市场准入并不是对交易主体能否进入市场的制度设计，而是对交易主体之间的交易行为进行限制，这突破了传统政府—经营者二元规制面向的架构，进而转向政府—经营者—经营者的三元规制面向。

笔者认为市场准入制度以"行政机关提供经营主体进入市场的路径"进行界定与解释更为全面与客观。因为将市场准入制度纳入"主体进入市场路径"的维度进行分析既从宏观层面揭示了准入制度的整体运作流程，又从微观层面梳理了各类准入路径的关键节点，有助于各类准入制度实现区分性描述之目的。事实上，行政机关为经营主体能否进入市场实施经营行为提供了三条路径。第一条路径为经营主体可以任意进入市场展开经营活动的路径，行政机关对经营者进入市场不加以任何限制，而是为经营者更好地发挥自己的营利能力提供"硬件"与"软件"服务，如为经营主体做登记的服务，将经营主体之基本信息向社会公示。实际上这条路径践行着经营主体"法不禁止即自由"的私法自治理念以及"法不授权不可为"的公法限权原则。第二条路径为只有符合特定条件的经营者才允许进入市场的路径，该领域因为涉及公共利益、公共秩序等原因，被行政机关塑以"藩篱"，只有被行政机关评定不会破坏公共利益以及公共秩序且对公共利益、公共秩序有所增益的经营主体才被允许进入市场，该领域属于特殊行业，需要行政机关特别予以规制。例如铁路公司等公共交通运输公司等。第三条路径为经营主体禁止进入市场的路径。其主要分为两种，一种为法律行政法规直接禁止进入的市场领域，如毒品市场。另一种则是必须由国家直接运营的领域，如军工领域。

---

① 徐涛. 论我国市场准入负面清单的完善：基于草案文本限制条款的考察 [J]. 甘肃政法学院学报，2018（3）：97.

(二) 第三方电子支付平台市场准入制度的内涵

应当说，市场准入制度包含了第三方电子支付平台准入制度，基于此种逻辑，我们可知对于第三方电子支付平台准入制度内涵的界定之重要前提在于准确定位第三方电子支付平台准入制度在市场准入制度中的定位，即第三方电子支付平台准入制度选择何种"主体进入市场的路径"。前文已经述及经营主体进入市场面临三条路径，市场经营主体任意进入市场之路径、市场经营主体有条件进入市场之路径以及市场经营主体禁止进入市场之路径。第三方电子支付平台市场准入制度应当属于市场经营主体有条件进入市场之路径，原因在于第三方电子支付平台的"准金融属性"以及某些质量较差的第三方电子支付平台在实际运行过程中出现了较多的问题并对市场经济造成了严重的负面影响。例如在第三方电子支付平台运行过程中，某些支付平台存在利用支付服务进行洗钱、赌博、非法挪用支付用户资金等违法违规行为；与此同时，目前接受支付服务的用户十分广泛，但这些支付用户对支付技术、支付平台运营模式的认知却十分薄弱，极易造成支付用户损失；还有一些平台尤其是微信支付与支付宝支付这些拥有雄厚用户群体基础的大型支付平台，利用支付平台的信息优势以及较强的议价能力，存在排除限制支付用户权益、免除自身责任等问题。在完成第三方电子支付平台准入制度在市场准入制度中的路径定位后，此时对第三方电子支付平台准入制度内涵的界定面临两种方式：一种为概念式界定，这是传统的界定方式；另一种是动态描述式界定。笔者认为采用后者更为适宜。原因在于传统的概念界定方式主要通过采用特定词语所涵盖的意义以明确第三方电子支付平台准入制度的内涵，这种方式实质上是用一个中文词汇去定义另一个中文词汇，这可能会造成两方面的不良后果。一方面是词汇本身的模糊性，使得对事物性质的直接界定变得异常困难；另一方面通过词汇相互界定得出的事物内涵的表述较为僵化，无法概括事物的所有特征。有学者就认为要吸取网络交易平台提供者概念界定的经验与教训，避免先前概念界定出现的缺陷[①]。是故应当像市场准入制度一样，对第三方电子支付平台准入制度内涵的界定宜采用动态描述之方法。于是第三方电子平台市场准入制度的内涵可以概括为，第三方电子支付平台为在市

---

① 杨立新. 网络交易平台提供者民法地位之展开 [J]. 山东大学学报 (哲学社会科学版)，2016 (1)：23.

场上向支付用户提供支付服务，特向行政监管机关提出进入支付市场的申请，行政机关对第三方电子支付平台提交的材料进行评估与审核，明确其已符合市场准入的原则性规范并满足市场准入的规则性规范，向其颁发经营主体及经营业务许可证之相关行为制度，证明文件主要表现为经营许可证、支付许可证等。进一步说，第三方电子支付平台欲进入支付市场总体要契合支付平台提交申请文件—行政监管机关审核申请文件—符合条件后监管机关颁布许可证明—支付平台进入市场展开经营行为等运作流程。

二、第三方电子支付平台准入制度的形成依据

实际上，任何制度的设立都不是"空穴来风"，而是具有充足的理论依据。理论依据为第三方电子支付平台准入制度的建构提供合法性、合理性之证成，即理论依据是构筑支付平台准入制度的具体说明，其主要功能是向人们阐释该制度存在的理由。

第三方电子支付平台准入制度具有深厚的理论根基。站在行政机关的角度，对第三方电子支付平台设计准入制度既是其职权又是其职责。一方面，在行政机关合理的"呵护"下能够最大限度保护支付用户权益不受侵害；另一方面，第三方电子支付平台准入制度又能对行政机关的权力实现合理的限制，于是行政机关市场调控理论以及行政机关权力限制理论成为第三方电子支付平台准入制度设计的应然理论依据。与此同时，站在第三方电子支付领域、第三方电子支付平台、支付用户的角度，充分、有序的市场竞争机制是实现第三方电子支付平台最佳经济利益和支付用户获得最佳支付服务的科学路径，于是反垄断理论推动了第三方电子支付平台准入制度的形成。

（一）行政机关市场调控理论

信息包括物品（包括劳务）和生产要素的价格、质量和数量等，不同经济主体（如买方和卖方）讨价还价的能力、信誉度等知识[1]。在买卖交易当中，理想的交易模式是，卖方充分了解市场的需求以及客户的基本信息，而买方充分了解卖方提供商品的基本信息以及卖方的基本信息（如卖方信用等）。但在第三方电子支付领域的实际情况是，支付用户对支付平台的基本信

---

[1]　初玉岗，王旗. 微观经济学 [M]. 北京：北京师范大学出版社，2010：258.

息认知不全面或者根本不了解，而对第三方电子支付平台支付技术的认知更属于支付用户的知识盲区。例如，虽然调付资金的指令由支付用户发出，但是支付用户并不知晓资金如何从付款方支付用户的账户流动到收款方支付用户的账户当中，他们可能不会关注也没有能力充分理解支付过程中会遇到哪些风险（许多支付用户是在支付风险发生后且已经造成实际经济损失时才清楚支付风险是什么）以及支付平台采用了哪些制度、技术手段防范风险（支付用户并不能理解该风险防范技术采用什么原理且不清楚该技术能够抵御何种程度的风险），支付平台的内部制度文件以及支付平台提出的协议是否符合法律行政法规的相关规定（支付用户并不清楚第三方电子支付平台减轻、免除自身责任以及增加支付用户责任条款的法律效力）等。而对于第三方电子支付平台而言，其掌握着整个平台的运作，对于在实际运行过程中会遇到的风险点是清楚的，对采用抵御风险的技术能够抵御何种风险且能够防御风险至何种程度是充分了解的，对提供的格式合同在哪些条款做出了不合理的减轻、免除支付平台责任以及增加了支付用户责任的设计也是知晓的，与此同时支付平台较容易收集支付用户个人基本信息并实时采集支付用户交易的基本信息。因此，第三方电子支付平台在整个支付服务过程拥有充分的信息，而支付用户难以掌握支付服务过程中所形成的信息，第三方电子支付领域属于信息不对称的状态。该种信息不对称的状态会造成"柠檬市场"与"道德风险"。所谓"柠檬市场"是指在信息不对称的情况下，往往好的商品遭受淘汰，而劣等品会逐渐占领市场，从而取代好的商品，导致市场中都是劣等品①。所谓"道德风险"是指代理人未勤勉履行受托责任或者不顾委托人的利益得失而做出使自身利益最大化的行为②。具体而言，在第三方电子支付领域之中，若没有市场准入制度，任何第三方电子支付平台都可以进入支付市场提供支付服务，那么参与支付市场的平台企业的质量与规模必然是参差不齐的，甚至低质量的第三方电子支付平台会逐渐排斥高质量的第三方电子支付平台，形成"柠檬市场"。另外，第三方电子支付平台相较于支付用户而言，具有信息优势，若没有准入制度的管控，那些质量、规模以及风险管控

---

① KOOPMAN, ADAM, THIERER, et al. How the Internet, the sharing economy , and reputational feedback mechanisms solve the "lemons problem" [J]. University of Miami Law Review, 2016, 70 (3)：830 - 878.

② 孟凡良. 中央企业经营者道德风险行为监管概念模型 [J]. 管理世界, 2012 (2)：1.

能力不佳的支付平台企业极有可能利用自己的信息优势实施"非法利用支付用户的信息、实施洗钱、利用平台协议排除或限制支付用户的主要权利"等可能给支付用户造成重大损失的行为。事实上，第三方电子支付平台准入制度的设计与确立是基于支付用户信息弱势之现实，行政机关利用其强大的管制与识别能力，隐性帮助支付用户弥补其获得支付平台相关信息能力的"缺陷"，行政机关对支付平台运行机理等各项信息进行相对公平的底线性判断，变相使得支付用户与支付平台信息不对称的状态重新获得平衡，同时利用自己的行政权力与强大的信息获取能力强行排除质量不好、风险较大的第三方电子支付平台企业。

（二）行政机关权力限制理论

第三方电子支付平台的市场准入制度实际上是行政机关对支付平台进入市场提供支付服务的前置性要求。一方面，这体现出国家帮助弱势、信息不对称的支付用户挑选出质量较好的支付平台，使支付用户能够接受良好的支付服务；另一方面，第三方电子支付平台市场准入制度的设定也是对行政机关权力进行限制以及实现行政监管与行业自治均衡理念的具体制度。对于行政机关权力限制，目前对第三方电子支付平台进行监管的是中国人民银行支付清算结算司，但问题是中国人民银行监管对象包括商业银行以及第三方电子支付平台，而实践中商业银行目前亦开发出较多电子支付业务，这与第三方电子支付平台存在一定的竞争。在此基础上，中国人民银行对商业银行与第三方电子支付平台支付业务的核准与监管能否做到不偏不倚，还有待观察。但从理性假设的角度，中国人民银行对"国有"商业银行与"私营"第三方电子支付平台要做到"不偏不倚"的难度较大，中国人民银行在电子支付业务的核准与监管偏向商业银行电子支付业务的可能性较大。而破除理性假设所遇困境之路径在于建构第三方电子支付平台准入制度，这实际上构筑了行政机关新一轮法规义务，使我们可以寻找到有效规范行政行为的方法[①]。构筑第三方电子支付平台准入制度，实际是对行政机关核准与监管第三方电子支付平台进入市场的权力进行界限划分，这无疑限缩了行政机关监管的自由裁量权，将第三方电子支付平台的支付业务与商业银行等金融机构的电子支付业务放在了更为公平的维度上，实现了第三方电子支付平台支付业务与商业

---

① 关保英. 论行政主体义务的法律意义 [J]. 现代法学，2009 (3)：10.

银行等金融机构电子支付业务的公平竞争。对实现行政监管与行业自治均衡理念而言，第三方电子支付平台市场准入制度严格划定了行政机关的监管权限，明晰了行政机关、行业组织、支付平台的规制职责，避免了行政机关的监管与行业自治权利的混同。换句话说，规制主体对于第三方电子支付平台准入制度应当是各有分工。例如行政机关对第三方电子支付平台准入主要是设计发放支付许可证、工商营业执照，行业自治组织则主要从事对第三方电子支付平台进入市场进行备案以及将支付平台纳入行业自律协会等相关工作，而第三方电子支付平台则主要整合内部资源使其满足准入之标准。因而建立第三方电子支付平台的准入制度利于践行行政机关与行业自治均衡理念，实现规制主体协同共治的目标。

（三）反垄断理论

现阶段第三方电子支付平台以支付宝、微信支付占据主流地位，这种"寡头"格局造成了以下两种现象。第一种现象是，市场竞争较弱。对于支付宝及微信支付目前所形成的格局，市场之中未有能与这两大平台相抗衡的支付平台，两大支付平台"一枝独秀"的运行现状致使支付市场竞争弱，少数平台享受着事实上的垄断利益。然而，竞争才是市场经济的本质需求，约束各种限制竞争之情形、管控各种导致垄断市场的行为，重构目前市场领域的垄断结构，确认并维护以竞争为目的的竞争政策才是市场经济的基本政策①。如何构建既有生机又有活力的第三方电子支付市场竞争机制成为当务之急。第二种现象是，平台权力过大。垄断对于少数第三方电子支付平台带来的"好处"之一就是支付用户不具有主动选择权，只有被动选择权，此时支付平台相较于支付用户就占据绝对的优势地位。在"理性经济人"的假设中包含两个层级。第一层，人是自利的。人对自身利益的孜孜追求是人行动的根本驱动力，而"如果不是自利在我们之中起了决定性作用，正常的经济交易活动就会停止。"② 第二层，人是理性的。"有理性的人能够辨识一般性原则并能够把握事物内部、人与事物之间以及人与人之间的某种基本关系。有理性的人有可能以客观的和超然的方式看待整个世界和判断他人。"③ 换言之，人

---

① 许昆林. 逐步确立竞争政策的基础性地位 [J]. 价格理论与实践, 2013 (10)：5.

② 阿马蒂亚·森. 伦理学与经济学 [M]. 王宇, 王文玉, 译. 北京：商务印书馆, 2001：24.

③ 博登海默. 法理学：法律哲学与法律方法 [M]. 邓正来, 译. 北京：中国政法大学出版社, 2001：454.

能够根据自身所处境遇理性判断自身与欲实现利益之间的差距，并精确地计算恰当的实现路径，使得自己的行为最终能实现符合自身利益最大化的目标。市场的作用就在于确保每个"理性经济人"能充分参与经济活动，能在市场上凭着自己的智慧与知识做出判断。第三方电子支付平台作为典型的"理性经济人"，与支付用户本身存在一定的利益冲突，势必在某些特定情况会舍弃支付用户利益，进而实现自身利益的最大化。此时一个完善的市场准入制度就很有必要了。通过多元化市场准入渠道，市场中将存在大量多元化的第三方电子支付平台，一方面，支付平台相互之间的竞争力度势必攀升，支付平台会将市场上众多支付平台所引发的竞争压力内化为支付平台本身的竞争实力。当第三方电子支付平台不能向支付用户提供良好的支付服务之时，该支付平台会被其他能够向支付用户提供优质服务的支付平台所超越，"落后垫底"的支付平台必将被市场所抛弃，基于"被抛弃""被超越"的压力，支付平台亦会采取革故鼎新之策。另一方面，支付平台数量逐渐增多，支付用户可选择平台服务的范围逐渐增大，支付平台对支付用户的支配权力便会逐渐萎缩，此时第三方电子支付平台会通过设计出合理的权义责服务方案吸引更多的支付用户，这在一定程度上防止了支付平台对支付用户权益的侵害，降低了支付平台作为"理性经济人"带来的负面影响。

第二节　第三方电子支付平台准入制度的现状检视

第三方电子支付平台准入制度的核心体现为支付平台向规制主体提交合规性准入材料，规制主体对合规性材料进行核查的过程。该准入制度的运行多是通过立法性规范予以呈现与表达，所以笔者将我国第三方电子支付平台准入制度的相关规定与国外电子支付平台准入制度之规定进行对比分析，以此凝练出我国第三方电子支付平台准入制度所存在的问题，为提出优化我国第三方电子支付平台准入制度的具体建议奠定坚实的基础。

一、我国第三方电子支付平台准入制度的立法现状检视

目前涉及第三方电子支付平台的规范性文件主要包括《非金融机构支付

服务管理办法》《非金融机构支付服务管理办法实施细则》《非银行支付机构网络支付业务管理办法》以及《中华人民共和国电子商务法》等法律、部门规章。2015 年的《非银行支付机构网络支付业务办法》主要是通过"总则、客户管理、业务管理、风险管理与客户权益保护、监督管理、法律责任"对第三方电子支付平台进行规制，该部门规章主要着眼于全方位规制第三方电子支付平台的具体运营行为。而《中华人民共和国电子商务法》主要对第三方电子支付平台非授权支付的责任分担作出了规定，该规定意在明确第三方电子支付平台发生非授权支付之时支付平台与支付用户权义责之分配。真正对第三方电子支付平台准入制度作出明确规定的只有《非金融机构支付服务管理办法》与《非金融机构支付服务管理办法实施细则》。在这两部规范性文件中，对于第三方电子支付平台准入问题紧紧围绕以下几个方面进行展开：其一，主管机关。该规范文件将中国人民银行设定为第三方电子支付平台的主管机构，未经中国人民银行批准，任何非金融机构以及个人都不得从事或变相从事支付业务。这就是说第三方电子支付平台支付许可证颁发的最高负责机关是中国人民银行，中国人民银行有权对第三方电子支付平台是否有资格进入支付市场进行判断。其二，申请支付许可证的具体要件。第三方电子支付平台只能以股份有限公司或者有限责任公司的名义向行政机关提起申请并且必须在人员配置、基础设施、风险防控制度等要素上满足规制主体的硬性要求。从现有的规制文件内容来看，支付平台要申请支付业务许可证，对其主体资格、内部的人员配置与技术水平要求较高。其三，注册资本金制度。支付平台欲得到支付许可证必须按照其经营的实际范围，依据注册资本最低限额实缴注册资本，全国范围内提供支付业务的支付平台最低注册资本达 1 亿人民币，而省级范围内提供支付业务的支付平台最低注册资本为 3 000 万人民币。其四，对申请获得支付许可证的第三方电子支付平台的出资人、支付平台的变更以及支付平台的终止做出了具体明确的规定。应当说，我国在第三方电子支付平台准入制度上的立法主要围绕着行政规制主体、支付平台本身运营能力、支付平台内管理人员三方面进行了粗略的规定。

二、国外电子支付平台准入制度的立法现状检视

世界各国（地区）对电子支付平台准入制度的立法规范主要存在豁免制、

注册制以及许可制三种类型，笔者分别对其予以介绍。

（一）豁免制

欧盟、韩国以及中国台湾对电子支付平台建立了豁免制[①]。在欧盟，任何自然人以及法人若没被认定为支付服务提供者的身份或属于 2007 年《支付服务指令》明确规定不适用之情形[②]，都不得从事任何的支付服务，若市场经营主体不遵守相关指令向社会公众提供支付服务则属于违法行为。不过该项指令提供了两项豁免规则，第一项豁免规则为"有限网络豁免"，即限于在发行人处或与发行人订立了商业协议的有限网络服务提供者处获得有限商品与服务[③]。根据英国有关的规则，发行人处能够得到豁免的情形主要有职工食堂饭卡、商店发行的购物卡等。而与发行人订立了商业协议的有限网络服务提供者处获得的有限商品与服务的情形主要是指交通卡、石油卡等。随着互联网技术的发展，该类豁免被运用在大型的网站或大型网络之中，"有限网络豁免"被互联网技术无限放大，这致使许多本应该被监管的支付领域脱离监管形成监管空白。因此，2015 年欧盟新颁布的《支付服务指令》第三条 K 款就将其修改为，支付机构提供的支付服务只有满足以下条件才属于豁免的范畴：①从发行人处获取商品和服务或者与专业发行人订立商业协议的有限网络服务提供者处获取商品或服务；②该支付工具只能用于获取非常有限的商品或服务；③应事业单位或公营部门实体的要求提交单一会员国的有效文书并受基于特定社会事务或者税务为目的的国家或区域公共当局的规管，以便从与发行人签订商业协议的提供者处获得特定的商品与服务[④]。第二项为"电信豁免"，2007 年的《支付服务指令》认为，若交易中的支付通过电信设施、数字设备、信息技术设备得以实施，这些所购买的商品以及服务都是通过电信设施、数字设备、信息技术设备进行交付及使用的，且电信设施、数码设备或资讯科技的营办商并非仅作为支付服务使用者与货品及服务供应商之间的中介[⑤]。但是该豁免情形的设计仍遗漏掉几种较为重要的情形，如纯电信业务

---

① 例如我国台湾地区 2015 年的"电子支付机构管理条例"第三条就明确规定了豁免制度，即仅经营代理收付实质交易款项且保管代理收付款项总余额未逾一定金额者豁免适用。

② 该指令在第三条中明确列举了 15 种不予适用的情形。参见 Directive 2007/64/EC on Payment Services in the Internal Market, Article 3.

③ Directive 2007/64/EC on Payment Services in the Internal Market, Article 3 (k).

④ Directive (EU) 2015/2366 on Payment Services in the internal market, Article 3 (k).

⑤ Directive 2007/64/EC on Payment Services in the Internal Market, Article 3 (1).

以及与其紧密相关的业务。于是 2015 年新的《支付服务指令》第三条第一款就将其修改为，若通过提供者的电子通信网络发生的支付交易或者为网络或服务的订阅者提供的除电子通信服务外的支付服务且符合下述情形即可获得豁免：①购买数字内容或者语音设施服务，即使购买该设备及服务需要支付相关费用且购买该设备是用于数字设备的使用；②通过电子设备实施的慈善活动或者购票行为。需要注意的是，①和②之情形单笔不能超过 50 欧，个人用户每月的累计支付交易金额不超过 300 欧元，如果用户预先向电子通信网络或服务供应商支付其账户的资金，每个月的累计支付交易金额不超过 300 欧元①。

新加坡 2019 年新颁布的《支付服务法令》第十三条对电子支付服务者提供了 5 种豁免情形：①根据《银行法》获得执照的银行；②经新加坡金融管理局批准为金融机构的商业银行；③根据《财务公司条例》获发牌照的财务公司；④根据《银行法》第五十七条，获得经营信用卡业务执照的人；⑤其他按照规定的个人以及团体。与此同时，该条还对这五个主体具体的豁免业务进行了列举，如电子货币发行业务以及数字支付令牌服务②。可以说，新加坡对于支付机构的豁免主要是针对已经获取牌照的金融实体。

从欧盟与新加坡的电子支付平台豁免制度来看，欧盟更加倾向于针对支付平台特定情形进行豁免，如要求电子支付平台只有在从事特定业务且该特定业务的划拨数额处于较低水平才能够取得豁免，此种做法的主要目的在于最大程度限制支付机构对社会造成的影响，降低支付机构可能引发风险的概率与规模，并尽可能提高该支付机构进入市场的容易程度，提高该支付机构的市场运营效率。而对新加坡而言，豁免机制是建立在金融机构本身的性质上的，即新加坡的规制主体认为在电子支付平台本身属于金融机构的前提下，等同于电子支付平台已经处于强监管的境遇之中，所以无需对电子支付的行为单独设立准入豁免的规制规则。

（二）注册制

注册制度在欧盟、日本与韩国等国家和地区较为典型。欧盟电子支付市场注册制度是指对从事支付业务的人进行登记并且不要求其满足支付机构的

---

① Directive（EU）2015/2366 on Payment Services in the internal market, Article 3（1）.

② Payment Services Act 2019, Division 1 section 13.

全部构成要件。欧盟认为电子支付市场实施注册制的原因是，将这样的支付机构纳入最低限度的法律以及监管框架之下，能够实现金融效率与金融安全的平衡且能够实现"激励相容"的功效，进而避免"黑色经济"。例如支付机构能够最大限度满足反洗钱的要求。然而在允许支付平台实行注册制之时也需要对交易量进行严格的管控，同时该支付机构也不得在其他国家或地区设立机构或者提供支付服务，也不得利用支付系统的成员（分支机构）间接行使上述权利①。欧盟 2007 年《支付服务指令》第二十六条就明确规定允许成员放弃第一款至第三款全部或者部分的程序性或者实体要求并符合以下条件的自然人以及法人登记造册：①提供支付服务的人（包括全权负责的代理人），在过去 12 个月内所执行的付款交易总额，平均每月不超过 300 万欧元。②负责管理或经营业务的自然人均未被判犯有与洗钱、恐怖主义融资或其他金融犯罪有关的罪行。该条还规定，不管是自然人或者法人一旦被登记造册就被视为"支付机构"，但是依照第一款规定登记的自然人或者法人，应当在其实际经营业务的成员国设立总部或者居住地。欧盟 2015 年新的《支付服务指令》仍然将月均交易额维持在 300 万欧元。

2009 年日本《支付服务法》第四十条规定②，支付服务申请人在书面文件或者附件中对重要事项作出了虚假陈述或缺乏说明，或者出现以下情形，行政监管机关拒绝对申请人进行注册：①非股份公司；②外国支付机构在日本无代表；③公司缺乏足够的财务基础，而该财务基础是妥善及稳妥地提供/进行资金转移服务所必需的；④无法安全且适宜地提供支付服务；⑤未对相关规定的遵守予以必要措施进行应对；⑥使用相同的名称或者极具误导性的名称；⑦被撤销注册之日起尚未超过 5 年；⑧被罚款之日起未超过 5 年；⑨业务违反公共利益；⑩董事、审计人员、会计顾问存在无民事行为能力或者限制民事行为能力，或者上述人员因为破产尚未复权，或者上述人员受到不需要服劳役的监禁更重的惩罚之日起没有超过 5 年的，或者上述人员依照本法之规定受到罚款之日起未超过 5 年的，或者在支付机构注册被撤销之日起前 30 天担任董事等职位并且自该天起没超过 5 年的。

欧盟的注册制从必要性的角度对电子支付平台获得注册的正面积极要件

---

① Directive 2007/64/EC on Payment Services in the Internal Market, Recital (15).
② 資金決済に関する法律，第四十条。

做出明确规定，而日本的注册制主要体现在负面清单之中，通过详细的不予注册之立法规定，侧面凸显电子支付平台进入市场"宽松"的实质要义。

（三）许可制

新加坡、美国以及我国台湾均建立了许可制度。新加坡 2019 年《支付服务指令》第六条明确规定①，任何人欲从事支付服务必须向主管机关进行申请。该指令具体化了三类需要申请的支付牌照，第一类许可证为货币置换许可证。第二类许可证为标准支付许可证。第三类为主要支付机构许可证。任何人从事货币置换业务必须获得第一类许可证，除非已经被第二类以及第三类支付许可证授权可以从事货币置换业务。而对于第二类与第三类许可证主要可以从事的业务包括：开户服务、本国货币转移服务、跨境资金转移服务、商户收购服务、电子货币发行服务、数字支付令牌服务、货币置换服务等，同时在该条之中还针对这三类许可证明确规定了申请的具体要件。

对于美国的支付服务而言，其许可制度源远流长，但是美国的许可制相较于其他国家的许可制而言较为宽松，有自己独到的特色。美国《统一货币服务法案》第二百零一条规定，任何人不得从事货币的转移服务，除非该支付机构满足以下条件之一：①根据本法取得货币转移许可证；②依据本法成为获得许可证的支付机构的授权代表②。而在该法第二百零二条中，申请人需要提交的材料包括：股东及申请人的审计报告，以此体现出申请人及股东的财务属于健康状态；按照监管机关规定提交书面材料；缴纳申请费以及发放许可证的费用等。具体而言，其主要包括注册名称、住所和经营地址；受到的刑事指控以及申请之日前 10 年的重大诉讼；对之前的支付服务以及现在欲从事的支付服务的描述；拟授权的代表以及拟从事货币服务的地点等，如果是股份公司、有限责任公司、合伙企业或者其他经营实体，则还需提供机构成立的时间、地点、管理人员、分支机构等一系列信息③。同时，该法案要求支付机构在申请支付执照之时提交担保，设立营业点需要提交 5 万美金的担保，每增加一个营业点需要额外提交 1 万元美金的担保，但担保金总额不超过 25 万美金④。该法案还要求根据本法获得支付执照的支付机构应按照会计

---

① Payment Services Act 2019, Section 6.

② Uniform Money Service Act, Section 201.

③ Uniform Money Service Act, Section 202.

④ Uniform Money Service Act, Section 203.

准则维持 2.5 万美元的资产净值。可以说，资产净值与担保金是《统一货币服务法案》对支付机构审慎监管的具体举措，目的在于抵制质量不佳的支付机构进入支付市场，确保支付机构稳定运行以及支付机构提供的支付服务兼具安全性与效率性，以此保护支付用户的合法权益，引导支付领域良性发展。当然，《统一货币服务法案》只是为各州设定准入要件提供了一个底线上的指引，美国各州仍可以根据各州的具体情况设定具体的准入要件。例如，密西西比州《货币汇兑法》规定，申请者的资本净值最少 2.5 万美元，每增加一个营业点另需缴纳 1.5 万美元，最多不超过 25 万美元[①]。需要提出的是，美国对于支付机构的准入虽然采用的是许可制，但对支付机构的实质要求比较低，这造就了美国支付市场的活跃与繁荣。

应当说许可制体现出规制主体对电子支付平台进入市场的最严规制举措，如新加坡针对每一项支付服务都规定了较为严厉的许可证制度，不具备相应的许可证便不得开展相应的支付业务。相较而言，美国的许可证制度虽然名为"许可"，却适度放宽了电子支付平台进入市场的难度，只是对电子支付平台实际运营过程中的能力作出了要求，从支付机构动态发展的角度进行规制，进而保障支付用户的合法权益。例如担保金以及资产净值的相应规定就是例证。

三、第三方电子支付平台准入制度问题之发现

我国第三方电子支付平台的立法规范相较于国外电子支付平台立法规范而言，除却上文提及的第三方电子支付平台由中国人民银行主管存在相应问题之外，第三方电子支付平台准入制度还存在以下几方面的问题：

首先，市场准入制度的法律规范相对滞后且不成体系。直接关涉第三方电子支付平台准入制度的两份规范性文件落后于时代需求，文件中关于支付平台准入的营业场所、资金实力、财务状况、从业经验等具体准入要素与客观实践不适应，很难为第三方电子支付平台良性发展提供有力的法律制度支撑。例如现行规范对第三方电子支付平台出资人有组织形式、从业领域和从业时长的严格要求，甚至现行规范要求支付平台出资人在规定的时间内从事

[①]　Mississippi Money Transmitters Act（2010），75-15-9.

的特定业务还必须处于盈利的状态。事实上此规定已经不符合我国"人人皆商"的发展趋势，因为目前市场经济条件下对出资人的资质要求主要在于其具备相应的风险承受能力，对于出资人是否拥有相应的组织形式、投资经历、持续性盈利、从业时长虽也有相应的要求，但也逐渐不将其作为出资人资格的核心判断标准。与此同时，对于第三方电子支付平台的规制举措散见于各个规范性文件中，如支付平台准入主要规定在《非金融机构支付服务管理办法》以及《非金融机构支付服务管理办法实施细则》等规范性文件之中，而支付用户的备付金、支付平台非授权支付责任认定又主要被其他规范性文件所涵盖，这种将第三方电子支付平台"肢解"式的规制方式无法发挥规范的体系化作用，甚至因为过于分散反过来损害支付平台准入制度的应有功能。进一步说，因为"法律的整体功能往往取决于部分功能的整合，即不同功能之间并非不存在关联，相反他们的不同功能正是法律发挥整体功能的前提。"①过于分散式的规定可能会破坏法律的体系性功能，进而损害各个具体制度的功能。例如支付平台的备付金管理、信息披露制度的完善程度实际上也对第三方电子支付平台准入制度具有深刻的影响。"分割式"规制第三方电子支付平台各个运营环节会对支付平台准入制度的发展与完善造成障碍。

其次，通过对规范文本进行分析发现，目前我国第三方电子支付平台准入制度仍采用的是严格的许可制，这与美国、欧盟等国家（或地区）对电子支付平台的立法趋势不相吻合。这些国家（或地区）对于第三方电子支付平台亦存在着豁免制以及注册制的规定，而不是仅有单一的许可制②。我国第三方电子支付领域准入制度采用多元化的规制体系有利于与国外电子支付市场形成有效对接，进一步助推全球化的电子支付体系的形成。但目前我国第三方电子支付平台准入制度还不具备此项功能。退一步说，即使我国继续采用许可制，按照目前规范性文件的规定，第三方电子支付平台要进入全国市场，至少需要实缴最低注册资本 1 亿元人民币，省级市场应实缴最低注册资本 3 000 万元人民币，此种硬性准入指标并不符合市场多元的需求，进而导致了支付市场的畸形发展。例如不同类型的第三方电子支付平台实缴注册资本的规定应当有所不同。况且，我国已经进入了经济发展的新常态，市场供需格

---

① 谢晖. 论法律体系：一个文化的视角 [J]. 政法论丛，2004（3）：7.
② 钟志勇. 电子支付市场准入制度完善论 [J]. 上海金融，2018（6）：82.

局发生了颠覆性的变化，互联网信息技术以开放、共享、协同、智能为特征[①]，互联网金融的本质特征在于无视地域、时间的限制。此时，强行将准入制度按照全国市场、省级市场等地域进行区分实际上是与互联网金融的本质相违背的，不符合互联网金融的发展方向。进一步说，在互联网时代，我们应当承认互联网技术带来的全国、全球一体化的事实，在设计第三方电子支付平台准入制度之时应当着眼于全局，而不应当着眼于局部。

再次，从规范文本条款的语义进行分析，第三方电子支付平台准入制度具体构成要素的表述不清晰。正如德沃金认为，规则要么以有效或是无效的方式运行，并且规则以越清晰明显的方式得以呈现，那么其效力就越强，规则的构成就越完备[②]。《非金融机构支付服务管理办法》第八条对第三方电子支付平台准入的反洗钱措施、支付业务设施、组织机构、内部控制制度以及风险管理措施、安全保障措施做出了要求，但该要求并没有细致表达出这些规制举措的具体含义、适用范围、衡量标准等。虽然在《非金融机构支付服务管理办法实施细则》中的第三条到第八条对上述规制举措作出了补充规定，但是仍是宏观意义上的简要描述，并没有对其做细致化的"澄清"，实践操作性并不强。这会造成申请进入市场的支付平台对该规制举措形成不同的理解，导致第三方电子支付平台准入制度的规制机能出现混乱。此外，规范文本语义分析的弹性越大，行政机关的自由裁量权就越强，支付平台准入制度的限权功能就越弱。

最后，少数第三方电子支付平台垄断支付市场的情况较为严重。设立第三方电子支付平台准入制度之目的既包括维护支付用户的合法权益，同时也要确保支付市场形成适度的竞争。现实情况是，目前第三方电子支付市场中支付平台的数量仍然较少，主要还是存在"双寡头格局"，即微信支付与支付宝支付占据绝大部分市场份额，"寡头平台"容易导致支付平台滥用权力、用户选择权受侵害等现实问题。需要说明的是，美国以及欧盟等国家和地区，虽然也对电子支付平台进入市场设立了较多的限制，但这些限制并不是从根本上否定电子支付平台进入市场的资格，而是在电子支付平台各方面条件达到良好以上等级之时，尽可能允许电子支付平台进入支付市场、繁荣支付市

---

① 聂林海."互联网+"时代的电子商务 [J]. 中国流通经济，2015（6）：53.

② 罗纳德·德沃金. 认真对待权利 [M]. 信春鹰，等译. 北京：中国大百科全书出版社，1998：43-44.

场。反观我国第三方电子支付平台准入制度的"严厉性"正在进一步加深，规制主体进一步限缩颁发第三方电子支付牌照的数量，这使得某些第三方电子支付平台的事实垄断地位呈现"水涨船高"的态势，扩大了个别支付平台垄断地位所产生的负面影响。

第三节　第三方电子支付平台准入制度的完善

构建第三方电子支付平台准入制度的重要性不言而喻，那么如何在现有的规范文本以及实践基础上，构建完善的第三方电子支付平台准入制度？笔者认为应当针对第三方电子支付平台准入制度现存之问题，从国内的学界观点以及国外成熟的立法规范中汲取有益做法，从宏观与微观的角度对第三方电子支付平台准入制度进行重构。

目前我国法学界与经济学界对第三方电子支付平台准入制度完善的探索主要可以分为整体设计与局部设计的角度。整体设计的角度，有学者认为对第三方电子支付平台准入制度完善的核心在于要健全准入法律法规、合理设置规制主体、优化准入制度的相关规定、明确外资支付平台的准入要求、健全规制举措[1]。基于此，有学者进一步提出，对第三方电子支付平台的准入应当实行"宽进严管"的规制原则，且应当在此原则的规制之下对现行行政审批式的市场准入做出相应的调整，放宽对第三方电子支付平台牌照发放的限制[2]。当然，也有学者认为对第三方电子支付平台准入制度的重新建构在于确立利益平衡原则、控权原则、促进原则并在原则的要求下制定支付平台自有资金的持续性要求、设立准入保证金、完善退出机制等举措[3]。从局部设计的角度，有学者认为对第三方电子支付平台的准入制度设计应当要避免以往以产出规模、税收高低作为评价指标的情况，而应当采用网络接入权、行业间接带动效应作为评价指标，结合平台企业的风险控制能力、平台企业内部人

---

①　宫玉寒. 我国第三方支付平台市场准入监管法律制度研究 [D]. 合肥：安徽大学，2017：23-27.

②　张婧. 经济法对第三方支付价值实现维度的探究 [J]. 经济问题，2018 (12)：115.

③　马永保. 第三方支付行业市场准入：现实依据、问题透视及改进路径 [J]. 商业研究，2014 (1)：189-192.

员的专业素养等柔性指标，以此完成对第三方电子支付平台的评定①。在设定准入标准之时，有学者认为应当忽视地域的因素而制定一个全国的标准，但是该标准不能太低，太低则会增加第三方电子支付平台运营风险以及用户的资金风险；但是也不能太高，太高则不利于调动第三方支付行业的积极性同时容易形成平台垄断，使得该行业畸形发展②。

应当说，我国学术界对第三方电子支付平台准入制度的研究聚焦在设计科学合理的准入架构以及在该架构下明确具体的准入规范之上。但是这些研究仍存有一些不足之处。例如第三方电子支付平台准入制度的设计没有呈现体系化与逻辑化的特点。现有的准入制度研究要么过于宏大，大量篇幅对第三方电子支付平台准入制度的原则性规范展开研究，对具体规则规范设计不足；要么过于细致，对第三方电子支付平台准入市场要件的具体标准进行阐释，但缺乏构建支付平台准入制度的原则性规范。换句话说，现有对第三方电子支付平台准入制度的设计没有沿着原则性规范到规则性规范这种体系性、逻辑性的范式展开，即对准入原则规范以及准入规则规范之间的设计尚未明确体现出规制理念—原则规范—规则规范的科学理路，导致被设计的原则规范与规则规范并不兼具理论性与实效性。

一、第三方电子支付平台准入制度设计的基本原则："宽进严管"

法的价值与法的原则之间的关系是本质与形式的逻辑关系，法的价值是法的原则的来源与依据，法的原则是法的价值在调整特定社会关系的具体展现③。金融安全与金融效率动态平衡、行政机关监管与行业自治均衡理念，机构监管与功能监管并举、规制主体协同共治模式必然是设计第三方电子支付平台准入制度原则性规范的理论指引。对于第三方电子支付平台的准入原则，笔者认为采用"宽进严管"原则更为适宜。原因在于：

首先，"宽进"与"严管"符合金融安全与金融效率动态平衡理念的要求，契合机构监管与功能监管并举的规制模式。"宽进"体现了增加支付市场

---

① 陈一稀，李纳. 互联网金融下第三方支付的发展及对策建议 [J]. 新金融，2014（8）：53.
② 卢瑞雯. 第三方支付平台监管法律问题研究 [D]. 太原：山西财经大学，2016：31.
③ 胡鸿高. 商法价值论 [J]. 复旦大学学报（社会科学版），2002（5）：83.

主体数量的目的，这对于促进支付平台之间的市场竞争，防止某几家支付平台形成市场垄断有积极意义，更体现了金融效率理念的要求。但是"宽进"并不是指没有要求与底线，相反，第三方电子支付平台欲进入支付市场必须向行政监管机关提供相应的书面申请文件（书面申请文件材料主要包括平台名称、住址、董监高等基本信息）并加入第三方电子支付行业协会的规制。应当说，支付平台基本信息的自愿提供并自主配合行业协会的规制是对"宽进"内涵的限定。"严管"是要求第三方电子支付平台安全、稳定地向支付用户提供支付服务。第三方电子支付平台进入市场后并不是"万事大吉"，支付平台本身的运营情况以及支付平台的行为应当实时接受行政监管与行业自治地调控，确保符合金融安全的客观要求。此外，从概率学进行分析，任何商主体都是由"弱小"逐渐变得"强大"，第三方电子支付平台也不例外，其业务性质也主要由单一逐渐演化为复杂，在第三方电子支付平台业务单一时允许平台宽进，待支付平台进入市场，业务逐渐变得复杂时进行严管，这契合业务单一时采用机构监管，业务复杂时采用功能监管的基本规制模式。

其次，"宽进严管"原则为实现行政监管与行业自治均衡，推动规制主体协同共治提供制度支持。市场准入制度由行政规制主体的执行，若采用严厉的规制举措，那么大多数第三方电子支付平台便无法进入市场，行业自治所能规制的"样本"较少，行业自治所能施展的空间狭小，行业自治的效果无法彰显。采用"宽进严管"原则时，大型、中型、小型第三方电子支付平台涌入支付市场，此时无论是行政规制主体还是行业自治主体便拥有了足够的规制"样本"，行政规制主体与行业自治主体能够在众多规制案例中逐步"试错"并获得规制经验，逐渐实现行政监管与行业自治的均衡，进而实现规制主体的协同共治。

再次，"宽进严管"的规制策略满足规制主体规制效率的要求。对金融领域的规制并不是规制规范越多越好，重点在于规制的效率。从科斯定理可以发现，当存在外部性即个人利益和社会利益冲突的时候，让利益冲突的两方充分讨价还价能达到利益平衡的最优解，此时不必诉诸政府管制和征加税收。政府唯一需要做的工作是保护产权，明确产权属于哪一方即可[①]。"宽进严管"原则使得规制重心从事前规制转移至事中与事后规制，提高了规制的效率以

---

① 张维迎. 理解公司［M］. 上海：上海人民出版社，2017：78.

及效果。例如目前我国对第三方电子支付平台的准入设立了省一级的支付平台实缴最低注册资本 3 000 万元，全国一级的支付平台实缴最低注册资本 1 亿元的标准，此种严格的事前准入要求往往无法达到预设的规制目标。进一步说，较高实缴注册资本一方面阻碍了中小型支付平台进入市场，无法提高支付市场竞争的活跃程度，进而形成了个别支付平台垄断第三方电子支付市场的局面；另一方面高额的实缴金额并不能起到保护支付用户合法权益的作用。设立支付平台高额注册实缴资金的核心目的在于确保支付平台拥有充足的资金，拥有充足资金的第三方电子支付平台存在较低概率挪用客户资金且有充足资金的支付平台可以研发出更高质量、更具有创新性的支付服务，间接保护支付用户的资金安全并提升支付平台的服务质量。但该实缴资本可能在第三方电子支付平台实际运营中发生变化，支付平台的实缴注册资本可能因为平台的各项支出逐渐减少，甚至支付平台逐渐成为"空壳"平台，于是这种理想的制度设计目标往往会落空。而对第三方电子支付平台采用事中和事后的严格规制往往能找到支付平台及支付平台行为的问题症结并提出解决问题的相应对策，实现提高规制效率的目标。

最后，"宽进严管"规制原则能够被众多支付平台所接受。"宽进严管"原则实际降低了支付平台的成本，为第三方电子支付平台提供了较宽松的准入环境。第三方电子支付平台尤其是中小支付平台进入市场之前，申请准入市场的合规成本在整个支付平台的支出中占据较大比例，在支付平台完全符合严格的准入制度进入市场之后，已然耗费其大量的资源，这势必会影响支付平台的市场"存活率"，而"宽进严管"原则降低了支付平台进入市场之前的合规成本，使其能将更多的平台资源投入平台实际运营以及具体业务开展当中，为支付平台稳定快速发展奠定较好的物质基础。

二、第三方电子支付平台准入制度的具体建构

在"宽进严管"的原则之下，对于第三方电子支付平台准入规则的设计，笔者认为，现阶段第三方电子支付平台准入制度应当对许可制的条件进行缓和并建立豁免制度，在第三方电子支付市场完全成熟之时建立注册制，逐渐取消许可制。

"营业自由"是一项公民应然具有的宪法性权利，入宪当之无愧①，每一个商事主体都有权在市场中开展商事活动并赚取相应的利润。是故，营业自由已然成为许可制缓和的理论之基。许可制主要分为积极性许可条件以及消极性许可条件。积极性许可条件包括组织的形式、资本的要求以及公司内部人员的资质（包括股东、董事、监事、高管等）。

组织形式涉及的问题可以归结为：是否允许不同的组织形式进入支付市场。美国虽然实行的是许可制，但是对支付机构并没有组织形式上的要求，只是有限责任公司、股份有限公司、合伙企业以及其他组织实体在申请支付许可证之时存在提交材料多寡的差异。而欧盟对许可制与注册制申请人的组织形式提出了不同的要求，欧盟要求许可制下的申请人必须是法人，但是允许自然人进行注册②。结合我国国情的特殊性，笔者建议目前我国许可制制度下对第三方电子支付平台组织形式的要求不发生变化，仍限定为有限责任公司和股份有限公司。若之后实行注册制，则允许合伙组织、个人以及其他组织实体在行政监管机关处进行注册。

对第三方电子支付平台准入制度中平台资本的要求，则主要考虑是否需要最低资本的限制。如果需要订立最低资本，是否需要实缴？缴纳多少较为合适？是否需要在第三方支付平台类型化区分的基础上明确不同的最低资本？美国对支付机构进入支付市场没有资本的要求，但是对支付机构存在资本净值以及担保金的要求。新加坡2019年《支付服务法令》也没有直接提出资本的要求，不过对于支付机构的交易额度有相关的规定。中国人民银行作为第三方电子支付平台的监管机关的合理性饱受争议，其出台的规范性文件关于支付平台最低实缴注册资本数额也引起了热议。退一步说，即使仍然沿用最低实缴注册资本的规定，目前的最低注册资本是不是太高？按区域划分不同的注册资本是否有必要？笔者认为现阶段应当降低第三方电子支付平台实缴的注册资本并且针对不同的支付平台提出不同的最低实缴要求，同时更多依靠事中事后的管控手段进行规制，如第三方电子支付平台欲进入市场必须提

① 刘为勇. "营业自由"：一个不应被忘却的宪法性词语 [J]. 东方法学，2013（3）：100.
② Directive（EU）2015/2366 on Payment Services in the internal market，Article 4（4）and（11）.

供一定的担保金以及保证进入市场后支付平台的资本净值维持在一定水平。进一步说，针对第三方电子支付平台的实缴注册资本、担保金、资本净值，我们可以作出如下规定，即针对每一种支付业务设定最低准入实缴资本，但是若属于多种业务混合的平台，则设定最高的准入实缴标准。与此同时，我们还应当根据开展不同业务的第三方电子支付平台设立担保金制度以及资本净值制度，但同样需要对担保金以及资本净值设定上限。

对于准入制度中第三方电子支付平台股东的资质，《非金融机构支付服务管理办法》第十条规定了必须是有限责任公司或者股份有限公司，在申请之日之前为金融机构连续两年以上提供信息处理支持服务或连续两年以上为电商活动提供信息处理支持服务且两年连续盈利。此种规定在发达国家较为少见，事实上，此规定反映了规制主体更倾向"加强对银行业、衍生品市场、系统性风险的监管，从长远和本质来看是夯实了金融业安全稳健运行的基础，有利于各国和国际金融市场和经济的健康发展"的观点①。但在规定的细节上，却过于倾向金融安全，损害了经济效益，提高了市场主体进入市场实施经济行为的成本②。基于此，笔者建议更改此项规定，降低市场主体的成本。例如对于第三方电子支付平台的出资人并不局限在有限责任公司与股份有限公司，允许自然人作为支付平台公司的出资人。对于支付平台的出资人可以要求有两年以上的支付服务从业经验，不过应当对出资人之前从业的盈利数额不作限制性规定。除却上述的积极要件之外，结合国内外的相关规定，积极要件还包括实际运营人的专业能力证明（包括平台公司董监高的专业能力证明）、反洗钱举措、支付机构安全保障举措以及完善的内部风控制度等。

而消极的许可制主要体现在《非金融机构支付服务管理办法》第八条，申请人及其高级管理人员最近 3 年内未因利用支付业务实施违法犯罪活动或为违法犯罪活动办理支付业务等受过处罚。但是纵观各国关于支付机构负面清单的规定，都比较细致。例如日本的《资金决济に关する法律》第四十条，就规定了 10 种拒绝注册的情形。我国台湾地区也实行许可制，2009 年《电子

---

① 宋晓燕. 国际金融危机后十年监管变革考 [J]. 东方法学，2018 (1)：195.
② 盛世豪. 试论我国市场准入制度的现状与改革取向 [J] 中共浙江省委党校学报，2001 (3)：35.

票证发行管理条例》第八条规定的负面条件有 5 项[①]，2015 年《电子支付机构管理条例》第十一条规定的负面条件有 7 项[②]。而负面条件对限制行政机关的自由裁量权、增强申请人对申请结果的可预测性具有重大意义，因此，建议我国对于第三方电子支付平台进入市场的负面清单规定得尽可能详细。

而对于第三方电子支付平台的豁免而言，欧盟主要针对的是"有限网络豁免"以及"电信豁免"。对于前者，欧盟对于其是否属于"有限网络豁免"取决于司法机关的态度，这造成了支付平台提供支付服务之时无法获得稳定的规制规范的指引。我国不适宜采用此种豁免模式原因在于，此种豁免模式与我国现代化的国家治理体系与治理能力不相容，无法为国家经济建设提供明确的规则指引[③]。例如随着互联网技术的深层次发展，我们无法对"有限网络豁免"中的"有限网络"做出清晰的界定，同时我国不是判例法国家，也无法依靠司法机关对"有线网络"的界定进行解释并作为豁免的依据。当然行政机关也不适宜作为解释主体，因为这也不符合建设现代法治国家的目标与要求。

而针对后者，"电信豁免"类似于新加坡，无需许可之方式。结合我国的特殊国情，电信公司设立的支付子公司的豁免制度仍需要附加一定的条件。我国 2010 年《非金融机构支付管理办法实施细则》第二条将"仅限于发放社会保障金的预付卡、仅限于乘坐公共交通工具的预付卡、仅限于缴纳电话费等通信费用的预付卡、发行机构与特约商户为同一法人的预付卡"四类排除在预付卡的范围之外，规制主体认为这四类预付卡并不属于支付工具。但随

---

① 《电子票证发行管理条例》第八条（不予许可或核准之情形），发行机构申请设立许可或业务核准，有下列情形之一，主管机关得不予许可或核准：（一）最低实收资本额不符第六条之规定者。（二）申请书件内容有虚伪不实者。（三）经主管机关限期补正事项未补正者。（四）营业计划书内容欠具体或无法执行者。（五）专业能力不足，有未能有效经营业务之虞或为保护公益，认为有必要者。

② 《电子支付机构管理条例》第十一条，依前条第一项、第三项及第四项申请许可者，有下列情形之一，主管机关得不予许可：（一）最低实收资本额不符第七条规定。（二）申请书件内容有虚伪不实。（三）经主管机关限期补正相关事项届期未补正。（四）营业计划书欠缺具体内容或执行显有困难。（五）经营业务之专业能力不足，难以经营业务。（六）有妨害国家安全之虞者。（七）其他未能健全经营业务之虞之情形。

③ 信春鹰. 中国特色社会主义法律体系及其重大意义 [J]. 法学研究，2014（6）：20.

着社会的不断发展，被排除的上述四类"非预付卡"的功能逐渐发生重要转变，功能由单一向度逐渐转为多维向度，单一功能的"非预付卡"慢慢退出支付市场。例如从前作为交通工具的预付卡，现在可以作为购买商品的支付卡。还例如现在第三方电子支付平台（支付宝）上面可以注册并形成电子公交卡，利用支付宝账户的零钱以及花呗实现乘车支付。基于此，2012 年《支付机构预付卡业务管理办法》第三十六条规定，预付卡发卡机构在公共交通领域发行预付卡，当年交易总额不得低于同期发卡金额的 70%。可知，交易额在 70% 以上就是豁免的界限，笔者认为这个 70% 的界限还可以适用于第三方电子支付平台中所衍生的多功能社保卡、电话卡等。

第四章
第三方电子支付平台的信息披露制度

本章首先阐释第三方电子支付平台信息披露制度之形成依据以及具体表现形式。其次梳理国内外支付平台信息披露制度的立法性规范以及支付平台信息披露制度的商事实践，并提炼出我国第三方电子支付平台信息披露制度面临的问题。最后针对问题提出应对之策，以期实现完善我国第三方电子支付平台信息披露制度的目标。

第一节　第三方电子支付平台信息披露制度的概述

第三方电子支付平台信息披露是支付平台运营过程中应当肩负的法定义务，这一法定义务的产生与发展有着深厚的理论基石，从理论推动支付平台信息披露制度演变的过程中可以进一步看到理想状态下第三方电子支付平台信息披露的具体表现形式。本节主要围绕着第三方电子支付平台信息披露制度的理论证成以及具体表现形式展开论述。

一、第三方电子支付平台信息披露制度的形成依据

第三方电子支付平台信息披露制度主要依据诚实信用原则视阈下的告知义务、消费者权利体系视阈下的知情权、远程金融服务视阈下服务的虚拟性、支付用户个人信息的可利用性等缘由最终形成。这也促使了信息披露成为第三方支付平台的当然义务与法定义务。

（一）诚实信用原则视阈下的告知义务

诚实信用原则，以拉丁文表达为 Bona Fide，以法文表达为 Bonne Foi，以英文表达为 good faith，直译均为善意，而德文中表达为 Treuund Glauben（忠诚与相信）。由于我国民法受大陆法系的影响颇深，汉语中的诚实信用原则实际上是对德文的直接意译①。不过通过对我国古代典籍进行梳理，我们可以发现诚实信用原则在我国古代文化中也占据重要地位，在各个历史时期对人们的行为有指引与规制的效用。据《商君书·靳令》记载，"诚信"与"礼乐、诗书、修缮、孝悌、贞廉、仁义、非兵、羞战"并称"六虱"。《新唐书·刑法志》记载，唐太宗于贞观六年"亲录囚徒，闵死罪者三百九十人，纵之还家，期以明年秋即刑。及期，囚皆诣朝堂，无后者。太宗嘉其诚信，悉原之"。前述两处诚信皆指人际关系之中的诚信不欺②。因而，诚实信用原则通常被表达为参与市场经济活动的人，在从事经营活动之时，应秉承善意，正

---

① 赵万一. 民法的伦理分析 [M]. 北京：法律出版社，2011：136.

② 徐国栋. 民法基本原则解释 [M]. 北京：中国政法大学出版社，1992：75.

当地行使权利并承担义务，以维持参与市场经济当事人之间及社会利益之间的平衡关系①。《中华人民共和国民法典》第七条就规定，民事主体从事民事活动，应当遵循诚信原则，秉持诚实，恪守承诺。实际上，诚实信用原则要求交易当事人充分维护交易当事人之间的利益，此种利益并不是对价利益，而是相对完整的利益。基于此，维护交易当事人相对完整利益之行为逐渐演化为《中华人民共和国民法典》合同编中的主给付义务、从给付义务以及附随义务等三类义务。主给付义务以及从给付义务主要是指在合同中约定之义务，这在合同双方当事人权利、义务与责任条款中得以体现。而附随义务是指，所有根据个案具体情况所产生的与履行利益不相关、仅仅旨在保护当事人固有利益的义务都属于附随义务（保护义务）的范畴②，附随义务有时候并不会直接体现在合同条款之中。结合到第三方电子支付平台，在诚实信用原则视阈下，支付平台会产生一系列告知义务，如支付平台使用方法的告知义务、支付服务合同的说明与提示义务以及重要情事变更的告知义务等。因此，第三方电子支付平台在向支付用户提供支付服务的过程中，应当遵循诚信原则，秉持诚实，恪守承诺，真实、准确、完整地向支付用户披露支付服务相关的信息并不得虚假陈述，不得损害支付用户的合法权益。基于诚实信用原则所生成的告知义务可能属于主给付义务，也可能是从给付义务，还可能是附随义务，具体性质的判定主要根据第三方电子支付平台的具体业务而定。

（二）消费者权利体系视阈下的知情权

虽然人类社会很早就有了消费者应当知晓所购买商品与接受服务相关信息之理念，但知情权作为一种权利的表述最早来源于新闻领域。美国 AP 通讯社专务理事肯特库伯在 1945 年 1 月的一次演讲中主张使用"知情权"这一新型民权取代宪法中新闻自由之规定，其基本的内涵是指人民有充分的权利知道其应该知道的信息，行政机关应当最大限度地保障人民在最大限度范围内获取信息的权利。此时知情权不再仅仅限于私法领域之权利，而逐渐演变为公法与私法交融的混合型权利。进一步说，消费者的知情权是指消费者在购买、使用商品或接受服务之时，知情商品以及服务相关真实信息的权利③。需

① 赵万一. 民法的伦理分析 [M]. 北京：法律出版社，2011：136.
② 迟颖. 我国合同法上附随义务之正本清源：以德国法上的保护义务为参照 [J]. 政治与法律，2011(7)：137.
③ 陈文君. 金融消费者保护监管研究 [M]. 上海：上海财经大学出版社，2011：128.

要指出的是，消费者的知情权在消费者权利体系中占据基础性、根本性地位。只有知情权被成功具化为现实制度且被消费者很好地行使，消费者追求的其他权利才具备被实现之可能。消费者的知情权贯穿消费者公平交易权、消费者安全权、消费者人格尊严和民族风俗习惯受尊重权、消费者监督权之中。对第三方电子支付平台而言，只有支付用户的知情权获得极大满足，支付用户的其他权利（包括但不限于合同权利）才能够被充分实现。例如只有支付用户对合同条款充分地理解，他们才能知晓支付用户与支付平台在支付服务合同关系中各自享有的权义责，才能自由决定是否接受第三方电子支付平台提供的资金划拨服务，实现公平交易权。还如只有支付用户充分理解在非授权支付情形发生后的具体处理规则，他们才能在非授权支付行为发生后，按照预定规则行事，最大程度降低自身经济损失，保障自己的资金安全权。只有支付用户对第三方电子支付平台"规则制定者""行为性质判断者"以及"规制执行者"身份地位有着清醒的认知，他们才不会轻易沦为支付平台的附庸，被支付平台随意地"支配"，支付用户的人格尊严才具备受到尊重的前提。只有支付用户了解在支付平台与支付用户发生争议时存在哪些维护自身合法权益的方式，他们才有足够的方法实现对支付平台的监督，践行其监督权。总而言之，消费者的知情权使得信息披露义务成为第三方电子支付平台的应然义务。

（三）远程金融服务视阈下服务的虚拟性

网络交易与传统的实体交易不同。在实体交易中，买卖双方有能力且有条件对交易之客体进行审视，交易当事人能够运用自身的经验对交易客体辨别真伪，防控交易风险。但是在网络交易之中，金融服务属于不可"触碰"之服务。例如，互利网非公开股权融资，就被定义为"为投融资双方提供股权融资机会的无形空间中达成股权交易的金融形式"[1]，无形的交易场所造就了不可"触碰"交易服务之特征。再加上金融服务通常是金融服务提供商利用电子技术形成电子文书向交易当事人提供金融服务，交易当事人可以在网上订立电子合同并进行电子签名，整个过程具有瞬时性或同时性，交易当事人对金融服务"触碰"的可能性进一步降低。基于此，欧盟针对金融服务这一特性于 2002 年颁布了《消费者金融服务远程销售指令》（*Distance Marketing*

---

① 赵吟，唐旭. 论互联网非公开股权融资平台的行为规制 [J]. 证券法律评论，2018：139.

of Consumer Financial Services)。在该指令第二条将金融服务定义为任何关涉银行、信贷、保险、个人养老金、投资预支付性质的服务；将远程金融服务提供者定义为以其商业或专业身份并受远程合同约束的订约供应商，该供应商可以是自然人、法人，也可以是公众公司或私人公司；远程金融服务界定为远程金融服务供应商与消费者在金融服务合同中约定的远程销售商品合同或服务提供计划；消费者定义为远程金融合同中，为其贸易、职业或专业以外目的行事的任何自然人[1]。并在第三条就规定了在消费者被任何合同以及要约束缚之前，金融服务提供者应当向消费者披露以下四类信息：第一类为远程金融服务提供者的信息；第二类为金融服务的信息；第三类为远程合同的信息；第四类为救济信息[2]。第三方电子支付平台是向支付用户提供转移资金服务的"准金融"支付机构，更准确来说，该机构提供的资金划拨服务属于远程的准金融服务。由于此种资金转移服务都是通过电子数据、电子指令的方式予以传递，虚拟性特征更为凸显，支付用户与支付平台之间具有较大的信息需求予以弥补信息不对称之现实，因此我们对第三方电子支付平台的信息披露应作更严格的要求，即所有的直接关涉支付用户利益的重要事项应当通过合理有效的途径予以真实、准确、完整地说明，以实现支付平台与支付用户之间的信息对称、利益平衡。

（四）支付用户个人信息的可利用性

前述支付平台的告知义务、支付用户的知情权以及支付服务的虚拟性实质上从不同层面、不同角度强调了第三方电子支付平台信息披露制度具有弥合支付平台与支付用户信息不对称之客观功能，并指出了该信息披露制度致力于保障支付用户在订立、存续、终结支付服务关系过程中能拥有足够的信息并在充足信息基础上做出正确的抉择。但随着第三方电子支付平台商业模式的转向，支付平台不满足仅仅从平台自身挖掘营利点，支付用户个人信息的商业价值逐渐进入支付平台的视野，成为支付平台获得进一步发展的重要支点。这也符合"我们应当尽可能避免陷入对个人信息进行直接界定的困境中，而是应该将规制目光放置在促进信息的合理利用与充分开发上"之社会

---

① Directive 2002/65/EC on Distance Marketing of Consumer Financial Services, Article 2.

② Directive 2002/65/EC on Distance Marketing of Consumer Financial Services, Article 3.

发展规律①。在实践中，第三方电子支付平台会将搜集到的支付用户的基本信息披露给第三方机构进行数据挖掘，并据此设计出符合支付用户个人特征的支付服务产品，直接推动了支付行业的发展与繁荣，但同时大大增加了支付用户个人信息泄露之风险。一旦支付用户个人信息权受损，支付用户可能会遭受经济损失和精神损害双重打击。于是在充分利用支付用户个人信息的背景下如何保障用户个人信息权成为亟需解决的问题。实际上这赋予了第三方电子支付平台信息披露制度新的内涵与功能，此时的第三方电子支付平台信息披露制度既要平衡支付平台与用户之间的信息需求，也要保障支付用户的个人信息权不受损害。具体而言，第三方电子支付平台信息披露制度针对用户个人信息权的保障可以从信息采集的范围、信息使用的目的、信息传输的渠道、个人信息权被侵害的救济等方面着手。

二、第三方电子支付平台信息披露制度的具体表现形式

第三方电子支付平台发展至今，其信息披露的内容发生了相应的变化，不过从信息披露的类型与具体内容来看，总体上第三方电子支付平台的披露在实践中是按照关涉支付平台自身的信息披露—支付平台与支付用户生成的法律关系的信息披露—支付用户个人信息的信息披露为逻辑，主要分为以下几种类型：第一种类型为关涉支付平台自身的信息披露，即平台自身运作信息的披露。该类型的信息披露可进一步分为支付平台基本信息的披露以及支付平台运作过程中自身信息的披露。针对前者，结合中国人民银行颁布的《电子支付指引》第八条之规定，第三方电子支付平台应公布（包括但不限于）：①支付平台的名称；②支付平台的住址以及注册实缴资本；③支付平台内部董事、监事、高级管理人员的相关情况；④支付平台支付业务的具体描述等信息。该类型的披露旨在帮助支付用户初步了解支付平台并对支付平台形成一定的信任关系，换言之，该等信任是支付用户对支付平台散发的平台善意与平台能力的信任，通过实证研究，这两种信任对增加用户黏性效果显著②。信任关系的建立有利于支付用户与支付平台形成稳定的法律服务关系。

---

① 范为. 大数据时代个人信息保护的路径重构 [J]. 环球法律评论, 2016 (5)：108.

② 周军杰. 社会化商务背景下的用户粘性：用户互动的间接影响及调节作用 [J]. 管理评论, 2015 (7)：134.

对后者而言，支付平台运作过程中的信息披露主要包括支付平台月度、季度以及年度的财务报表，支付平台对外投资的状况，支付平台面临的诉讼情况，支付平台董事、监事、高管的变动情况等。实际上，这些信息属于第三方电子支付平台的动态信息，支付平台运作过程中动态信息的披露能帮助支付用户深入了解支付平台运作变化，实现支付平台风险的可视化，在一定程度上帮助支付用户对支付平台进行监督。基于此，有学者认为企业动态信息能帮助消费者了解企业实际经营与信用情况，没有动态信息的披露，消费者不能真实全面地了解该企业①。当然，支付用户充分了解支付平台动态信息以及行使监督权，实质上亦是充分保护其自身合法权益的重要路径。第二种类型为，第三方电子支付平台与支付用户之间生成的法律关系的信息披露（主要体现为第三方电子支付平台格式合同的披露）。支付服务格式合同的信息披露主要包括对格式合同中交易双方约定的权义责披露（包括但不限于支付平台的收费标准、支付用户使用支付工具的流程以及出现纠纷的救济途径等）、格式合同条款变更之披露以及对格式条款中减轻、免除责任条款的重点专项披露（对减轻、免除责任条款的披露要求支付用户能够充分理解该条款对其造成的影响）等。第三方电子支付平台与支付用户之间法律协议文书之披露目的在于，一方面使支付用户充分了解其在法律关系中的权利义务责任，如提示支付用户操作该支付平台的具体方法、支付用户享有哪些具体的权利、支付用户违反相关规定可能产生的具体责任；另一方面也迫使提供格式合同的第三方电子支付平台在制定支付服务协议时尽可能保证协议签署方之间的权义责更加科学合理。因为通过公示披露的协议能够获得行政机关、行业协会、第三方电子支付平台、支付用户最大限度的监督，形成支付平台、支付用户、行政机关、行业协会四方动态沟通机制，使支付服务协议尽可能满足各方当事人之利益需求。第三类型为关涉支付用户个人信息的披露。第三方电子支付平台不仅将支付平台自身信息、支付平台与支付用户之间的法律关系进行披露，还将支付用户个人信息进行披露。在现有的商业模式之中，第三方电子支付平台都会与支付用户签订协议，约定支付平台为了提供给支付用户更好的支付服务，支付用户允许支付平台将其个人信息交给第三方机构进行信息挖掘、处理以及整合，方便支付平台向支付用户提供个性化的支付服务。

---

① 张驰. 中国预付式消费法律规制问题探讨［J］. 财经理论与实践，2017（3）：141.

例如《财付通隐私政策》引言中就直接表示，"您在使用财付通服务时，基于国家法律法规的规定，或者基于您使用我们服务的需要，或者为了向您提供优质的服务、不断优化用户体验以及保障您的账户安全，我们可能会收集、储存、使用和对外提供您的相关信息。"可以说，搜集支付用户的个人信息并向信息处理机构披露支付用户的相关信息符合第三方电子支付平台运营的发展规律，但是该类型的信息披露极容易侵害支付用户的个人信息权，是故需要合理设置该类信息披露的规程。

第二节　第三方电子支付平台信息披露制度的现状检视

　　第三方电子支付平台不同类型的信息披露制度应当匹配不同的规制规范。本节将国外电子支付平台信息披露制度的立法规范与我国第三方电子支付平台信息披露立法规范进行对比梳理，并且对第三方电子支付平台信息披露制度的商业实践进行考察，进而提炼出目前第三方电子支付平台信息披露制度存在的问题。

一、我国第三方电子支付平台信息披露制度的立法规范检视

　　1999 年《银行卡业务管理办法》第五十二条明确规定，发卡银行应当向申请人提供有关银行卡使用说明的相关资料，包括章程、使用说明以及收费标准。与此同时，《银行卡业务管理办法》第十五条更为细化地规定了发卡机构（银行）对于银行卡的章程应当载明以下几类事项：银行卡的名称、银行卡的种类、银行卡的功能以及银行卡的用途；银行卡的接受对象、申领银行卡的条件以及申领该银行卡的具体手续；银行卡的使用范围以及使用方法；银行卡中账户的利率；持卡人需向发卡机构支付费用的名目以及标准等。第五十二条还规定了发卡银行应当向支付用户提供对账服务以及银行卡丢失的责任分配，对账单主要由交易金额、账户余额、交易日期以及支付对象的商户名称等要素构成，而银行卡丢失之后，用户可以书面挂失以及电话挂失，但是损失责任由章程以及有关协议进行约定。此阶段的披露主要针对支付机

构本身的披露，包括对支付机构自身情况的初始性披露与持续性披露。

2005 年《电子支付指引（第一号）》第八条规定，办理电子支付业务的银行应公开披露以下信息，包括发卡银行的基础性信息（名称、住址以及联系方式）、客户办理电子支付的具体条件、发卡银行能够提供的电子支付服务类型以及收费标准、向客户提示电子支付交易品种存在的风险、针对电子支付存储工具的警示性信息以及争议、差错处理方式等。同时《电子支付指引》第十三条对客户与银行签订书面协议的具体内容也做了规定，主要包括银行与客户之间的基本信息、双方的权义责以及救济方式三个方面。应当说，此时的电子支付信息披露的逻辑已经涉及从初始性披露（包括持续性披露）转向支付机构与支付用户之间法律协议文本（法律关系）披露的阶段，此时披露的内容更为全面。

2020 年中国人民银行颁布《非金融机构支付服务管理办法》，第十二条规定，申请人在申请支付牌照之时，应当向社会公布申请人的注册资本以及股权的比例；申请人中的主要出资人以及占股比例及其财务状况；业务性质、营业场所以及安全技术设施。对比《电子支付指引（第一号）》以及《银行卡业务管理办法》，《非金融机构支付服务管理办法》更倾向或者说强化了对第三方电子支付平台本身基础性信息的披露。

此外，《非银行支付机构网络支付业务管理办法》第七条规定，支付机构应当公布支付机构与支付用户之间的协议文本，并保证支付机构应当确保协议内容清晰、易懂，并以显著方式提示客户注意与其有重大利害关系的事项。同时第二十条规定，支付机构不得向其他机构或个人提供客户信息，法律法规另有规定，以及经客户本人逐项确认并授权的除外。可以看出此时的《非银行支付机构网络支付业务管理办法》将披露的内容着眼于支付机构与支付用户之间的法律协议文本以及支付用户个人信息披露。进一步说，第三方电子支付平台的信息披露既包括支付平台自身情况的信息披露，也包括支付用户与支付平台之间的法律协议文本披露（法律关系披露），还包括第三方电子支付平台对支付用户个人信息的搜集与披露。

二、国外电子支付平台信息披露制度的立法规范检视

南非在《银行业惯例守则》中规定了具体的披露内容，包括合同提供者

确保合同条款的真实性以及合法性，在用户签订协议之时，服务提供者会对限制责任、免除责任以及风险责任分担条款进行充分的说明，若合同相关条件发生改变，也会给用户及时发送通知。与此同时，合同条款提供者也会将服务内容、收费、利率以及文件副本统一告知用户①。

　　美国相比南非的《银行业惯例守则》规定了更为细致的信息披露规则。《美国联邦法规汇编》规定，提供电子资金转账服务的机构应当负有初始披露、实时披露、定期披露以及条款修正披露的义务。《美国联邦法规汇编》第12 编 205.7 节针对初始披露规定了支付机构应当披露以下事项②：①消费者的责任；②电话号码及地址；③工作日；④支付机构的类型以及限制；⑤支付服务的费用；⑥相关的文件，如收据以及定期报表；⑦停止支付；⑧机构的责任；⑨隐私政策（支付机构正常经营活动中，向第三方机构提供消费者账户的情形）；⑩纠错方案；⑪银行的收费。实时披露是指金融机构应当对消费者在电子终端发起电子资金转账时向其出具收据（该收据包括金额、日期、类型、身份以及终端位置等 5 个要素)③。定期披露主要是指金融机构应当对支付账户发生电子资金划拨的支付用户每个月发送定期报表；如未发生转账，应至少每季度发送一次定期报表④。条款修正的披露则是指如果协议条款发生改变，在修正条款生效前至少 21 天，金融机构应采用邮件或者书面的形式通知用户。需要采用邮件或书面形式通知的情形包括：①增加用户的费用；②增加消费者的责任；③可用的电子转移方式发生了减少；④对转账的频率或金额进行更严格的限制。至于其他情况则不需要事先进行通知，如需要立即更改条款或条件，以维持或恢复账户或电子资金转账系统的安全之情形，金融机构就不需要履行提前通知的义务⑤。

　　从美国以及南非的电子支付平台信息披露制度规范来看，一般只要对用户权益有损害或者有损害风险之规则变动，信息披露规范便有设计并践行之理由。南非对此点体现得较为明显，而美国对于电子支付平台信息披露除却覆盖规则变更的信息披露外，也强调对支付平台基本信息的初始披露、发生

---

① Code of Banking Practice, Article 6.5~6.8.
② Code of Federal Regulations, § 205.7.
③ Code of Federal Regulations, § 205.9（a）.
④ Code of Federal Regulations, § 205.9（b）.
⑤ Code of Federal Regulations, § 205.8（a）.

资金划拨后支付平台的实时披露以及支付平台的定期信息披露，这呈现出美国电子支付平台信息披露制度"动"与"静"相结合的特点。

三、我国第三方电子支付平台信息披露制度的商业实践检视

笔者对财付通、支付宝、翼支付、快钱以及银联商务五家第三方电子支付平台信息披露的类型与内容进行考察后，发现目前第三方电子支付平台主要倾向于对法律协议文本的披露，而对支付平台自身的信息披露较少且支付平台对支付用户个人信息披露欠缺有力的规制举措。不过就该法律协议文本而言，其向支付用户披露的信息较为繁杂。以财付通为例，在支付用户与财付通平台建立法律关系之前，财付通平台会向支付用户披露《财付通服务协议》《财付通隐私政策》等协议文本。《财付通服务协议》规定向支付用户披露的内容包括十五项，第一项为财付通服务协议的确认和接纳。本项最为重要的一点在于支付平台向支付用户明示了若平台协议发生变化，财付通将通过平台官网将协议的修订版进行公布并在公布之日起三十日后发生效力。该条款实际与美国将关涉条款规则变动予以披露的规制思路不谋而合。第二项为财付通平台账户的注册与注销。该项主要介绍了支付用户注册成为平台用户需要提交的基本信息以及支付账户被依法依规注销之情形，此项规范的主要目的在于向消费者说明取得支付用户资格以及取消支付用户资格的具体操作规程。第三项是关于财付通提供服务的陈述与说明。该项主要向支付用户提示了财付通平台的中介属性、资金账户中余额的性质（非存款）、一般的服务条款以及服务费用等，该项信息披露的目的一方面在于提示支付用户平台的性质，实质上是一种责任划分；另一方面是为了符合监管政策，因为根据相关规定第三方电子支付平台应当将该条款作为法律服务文本的内容。第四项为暂停、中止及终止服务条款，该条款实际上是财付通平台通过协议对平台自身进行赋权以此达到平台规制用户的目的，主要体现在支付平台可以依照自身判断对支付用户进行暂停、终止以及中止提供支付服务。第五项为财付通账户和密码的安全性，主要提示支付用户应当管理好账户、密码以及若因为用户自身原因造成支付账户与密码泄露所发生的非授权支付的责任分配等问题。第六项是支付用户的承诺，支付平台期望通过该承诺的披露，达到支付用户不利用支付账户从事违法、违规行为之目的。第七项为不可抗力、

责任限制以及免责事由。不可抗力以及免责条款强调了财付通因为系统维护或升级、银行或电信设备出现故障不能数据传输等情形可以免责，而责任限制主要是针对财付通平台的赔偿责任进行限制。应当说此条款是信息披露制度中最为重要的内容，直接影响到支付用户的合法权益。第八项是交易风险提示，围绕支付服务产生的相关风险向支付用户进行提示。第九项与第十项为投诉处理以及隐私保护，明确告知支付用户发生投诉事件时的处理方式并且向支付用户提示支付平台通过单独制定《财付通隐私政策》来保护支付用户的隐私。第十一项是披露了本服务所依载的软件信息。十二到十五项则主要规定了知识产权保护、完整的协议构成、法律适用以及争端解决等。而对《财付通隐私政策》进行考察后发现，该政策主要帮助支付用户了解支付平台如何搜集信息、如何使用 Cookies 和同类技术保护支付用户的信息、支付平台如何对外提供信息、政策发生变更的通知形式等方面内容。通过对第三方电子支付平台信息披露制度商事实践的考察发现，目前支付平台对支付用户的信息披露制度宏观框架已然确立，只是该制度体系并不完整与缜密，需要进一步进行完善，以实现信息披露制度功能的核心要义。

四、第三方电子支付平台信息披露制度问题之发现

将国外支付机构信息披露制度的立法规范与我国第三方电子支付平台信息披露制度立法规范进行对比检视发现，目前我国第三方电子支付平台信息披露制度在缓解支付用户与支付平台信息不对称之现状、保障支付用户个人信息权方面存有不足，具体体现在以下几个方面：

（一）未建立统一明晰的实时披露规则

在规制层面，规制主体并没有对实时披露设计出清楚统一的规制规范，给予了支付平台规制"逃逸"的空间。例如《非银行支付机构网络支付业务管理办法》第十四条，规定了第三方电子支付平台应当保证交易信息的真实性、完整性、可追溯性以及全交易流程的一致性，不得篡改交易信息以及隐匿交易信息并列举了交易信息的种类。同时，第二十七条规定支付机构应当采取有效措施，确保客户在执行支付指令前可对收付款客户名称和账号、交易金额等交易信息进行确认，并在支付指令完成后及时将结果通知客户。从两个规范条文来看，虽对交易信息的内容以及交易结果的通知义务做出了相

应的规定，但是却没有明确强制规定支付平台在交易后要将第十四条所涉及的交易信息作为交易结果通知义务之内容完整无误地向支付用户实时披露。这造成了支付平台面对实时披露规范时，对必要的披露要素存在一定的选择空间，即披露哪几种要素可以由支付机构进行选择。而在第三方电子支付平台信息披露制度的商事实践方面，各个支付平台实时披露内容的样态存在较大差异。例如支付宝的实时披露包含商品说明、交易时间、订购号、商家订单号、账单分类、标签与备注、查看来往记录以及对该订单有疑问等要素。而微信支付实时信息披露则包括当前支付状态、收款方备注、支付方式、转账时间、转账单号、联系收款方、投诉以及常见问题提示等要素。造成此种差异的原因可能在于一方面缺乏统一明晰的实时披露规范，另一方面各个支付平台对维护支付用户交易安全之目的的认知存在不同理解。另外，第三方电子支付平台对实时披露的时间也没有做出明晰的界定，如没有明确规定支付用户完成了资金划拨服务，支付平台应当在何时将支付完成的相关信息披露给支付用户。

（二）条款修正时的强制披露规范存在重大瑕疵

第三方电子支付平台在条款修正之时的强制披露规范也存在重大瑕疵，主要体现在以下几个方面。

其一，第三方电子支付平台协议条款修正之后缺乏分层次的披露要求。通常情况下，协议条款的修正分为一般条款修正以及重大条款修正，不同性质条款的修正直接关涉支付用户权益的增减幅度，因此不同类型条款的修正应当采取不同的强制披露方式，以引起支付用户不同程度的关注，这为支付用户充分维护自身合法权益提供了技术性手段。但从目前支付平台实践来看，多数支付平台对于协议条款的修正都是通过支付平台网站这一渠道进行公开披露，而被修正条款本身是否属于重大条款或者一般条款则不作区分，甚至即使有平台根据被修正条款的性质做出了不同的信息披露规范，但支付平台也为其设定"软性规范"予以规避。例如在《财付通隐私政策》之中，规定若本政策发生重大变化（提供的服务模式发生重大变化、支付平台主体发生变化等重大变化之情形），支付平台可以选择推送短消息、电子邮件或在财付通官方网站等方式进行披露，这就使得第三方电子支付平台即使对重大条款进行修订，亦可通过平台网站进行公示，此时此种公示方式便与一般条款修订的公示方式无异，可能会损害支付用户知情权等重要权利。

其二，第三方电子支付平台直接将修正后的条款在平台网站上公示，但实际上并没有根据不同类型条款的修正进行说明，即支付平台没有对一般条款以及重要条款的修订进行分类并给予支付用户不同程度的修正说明。实际上第三方电子支付平台对修正条款的公示并不仅仅需要让支付用户知晓条款变动的具体内容，更是要让支付用户明白该条款的修正会对自身带来哪些影响，尤其是目前的支付服务协议存在较多专业术语，个别字词的变动，其形成的法律关系以及引发的法律后果会发生相应的变化，这更需要支付平台作出修订说明。对于一般条款的修正与重要条款的修正，支付平台说明的程度是不一样的，如重大条款的修订是诸多因素共同促成的，对其修订的说明可能需要更详细地论证，赋予该修订行为合法性与合理性，而一般条款的修订往往牵涉因素较为单一，对其说明无需过于详细，而目前这些在第三方电子支付平台信息披露制度中都没有进行相应的规定。

其三，虽然《非金融机构支付服务管理办法实施细则》第三十二条规定支付机构应当在营业场所显著位置披露其支付服务协议的格式条款内容，支付机构有互联网网站的，还应当在网站主页显著位置进行披露。这表明对于条款修正之后的协议也应当在网站主页显著位置进行披露，但是该实施细则并没有对何为"显著位置"做出清晰的界定，导致有些平台在条文修正之后，将修正的文本放置于网站中"最不显著"的位置或者需要支付用户花费时间去寻找的链接当中，此种操作模式的消极后果在于支付用户对文本的修改根本不知情或者只有出现相应争议纠纷之后支付用户才知晓支付协议已然发生改变，支付用户权益长期处于极为不稳定的环境之中。

其四，协议条款修正尚未对支付用户的成本做出衔接。目前对于协议条款的修正，支付平台通常将其挂至官网予以披露并告知支付用户，若支付用户不接受该条款的修正可以停止或注销该账户的使用。但现有支付平台披露制度并没有明确，条款修正后，若支付用户不愿意接受修正后的条款而要求终止支付平台提供的支付服务所产生的成本如何分担的问题。

（三）支付平台对个人信息的披露缺乏合理的规制机制

不管从规则层面还是商业实践层面，保护支付用户的个人信息已然达成共识。但是在支付用户个人信息保护制度的具体运行过程中，我们发现支付用户个人信息保护制度依然存在不少问题。

首先，支付用户的预先同意（支付平台与支付用户会预先签订书面的授权文件同意支付平台将搜集的支付用户个人信息提供给第三方机构）并不能等同于支付平台可以多次向第三方机构提供支付用户的个人信息。第三方电子支付平台将支付用户个人信息提供给第三方机构之目的是，利用第三方机构大数据挖掘技术发现支付用户更多的商业价值并向支付用户提供更具有个性化的支付服务。但实践中多数支付平台在取得支付用户的预先授权后频繁地将支付用户个人信息提供给第三方机构，这极有可能造成支付用户个人信息权遭受侵害。例如第三方电子支付平台每增加一次将支付用户个人信息转移给第三方机构，支付用户个人信息泄露的风险就有所提升，主要表现在支付用户个人信息泄露风险与经手信息工作人员的人数、用户个人信息电子传递的频率有一定的正向关联。即经手支付用户个人信息的工作人员的人数越多，通过电子技术传递支付用户个人信息的频次越高，支付用户个人信息泄露的风险越大。

其次，第三方电子支付平台在采集支付用户的个人信息之后，还存在非法披露的情形。例如未经支付用户的书面同意，将搜集的支付用户个人信息披露给第三人。此种非法披露的形式主要有三种，其一是支付平台为了牟取非法利益，未获得用户授权将支付用户的个人信息提供给第三方机构或者个人。其二是支付平台内部工作人员为了非法利益，在未获得用户授权的情况下将支付用户的个人信息提供给第三方机构或者个人。其三是支付平台以及平台内部工作人员超越支付用户的授权范围，将用户个人信息提供给第三方机构或者个人。非法披露支付用户信息的行为既包含单位行为，也包含支付平台内部工作人员的个人行为。

最后，通常情况下支付平台在超出法律规定或者监管规定期限之后，应当对支付用户的个人信息进行处置，处置方式往往采用删除或匿名化处理，但此种方式并不能有效确保支付用户个人信息不被泄露或者被再次违法利用，因为匿名与删除也没有根据信息特性进行区分。例如实践中没有针对敏感信息实行不可逆转的删除，而选择采用匿名化或者普通删除的方式进行处理，但该敏感信息仍有被恢复的可能。敏感信息被恢复并被非法利用，将对支付用户造成较大的损失。

（四）未建立第三方电子支付平台信息披露的民事责任

《非金融机构支付服务管理办法》第四十二条规定，未披露相关事项应当处以1万元以上3万元以下的罚款。该罚款的性质应当属于行政处罚，但却没有规定相应的民事责任。行政处罚并不能完全代替民事责任。一方面因为第三方电子支付平台的用户群体数量庞大，支付用户权利受损的情形发生频率较高，涉及受损金额的总额也较多，亟需建立支付平台信息披露民事责任弥补支付用户因此遭受的损失。另一方面，如果仅仅使用行政处罚（罚款）处理该违反管理办法的行为，但是其行为所得利益不一定会因为行政处罚而被没收或者返还给遭受损失的人，当其行为所获得的效益高于所支付的成本时（被处罚或惩罚的支出）则该行为仍会禁而不止①。与此同时，我们要确定第三方电子支付平台信息披露的民事责任，势必要解决第三方电子支付平台信息披露民事诉讼中赔偿数额、诉讼形式以及诉讼动力等相关问题，即需要建立相应的民事责任制度以满足现实需求。

第三节　第三方电子支付平台信息披露制度的完善

改革推行到现在，我们必须在深入调查的基础上提出全面深化改革的顶层设计和总体规划，提出改革战略的目标、战略重点、优先顺序、主攻方向、工作机制、推行方式，提出改革总体方案、路线图、时间表②。就第三方电子支付平台信息披露制度的完善而言，笔者认为在宏观路径上应当强调第三方电子支付平台充分信息披露与第三方电子支付平台"最小化"信息搜集原则；在微观路径上则应当围绕实时披露、条款修正披露、支付用户个人信息保护以及建立信息披露民事责任制度等方面展开。

一、第三方电子支付平台信息披露制度设计的基本原则：充分信息披露与最小化信息收集

第三方电子支付平台信息披露必须要遵循一定的规律，即在整个信息披露行为过程需要原则性规范的指引。笔者将第三方电子支付平台信息披露制度的原则性规范划分为两个面向。第一个面向是第三方电子支付平台的"输

---

① 唐旭. P2P 平台债权拆分转让模式在民商事审判中的定位 [J]. 重庆社会科学，2018（4）：77.

② 中共中央文献研究室. 习近平关于全面深化改革论述摘编 [M]. 北京：中央文献出版社，2014：32.

出"面向，即支付平台向支付用户的信息传递应当是充分的。第二个面向是第三方电子支付平台的"索取"面向，即第三方电子支付平台向支付用户提取的信息是最小化的且符合支付服务的基本目的。

（一）确立充分信息披露原则

只有让一切美好的事物沐浴在阳光之下，才能杜绝腐朽与黑暗①。第三方电子支付平台信息披露制度的构建应当强调充分披露原则。充分披露原则蕴含着四重意蕴。第一重意蕴，充分披露原则强调第三方电子支付平台信息披露制度的体系完整。通过上文论述可知，在第三方电子支付平台信息披露制度的立法规范与商业实践上，我国已经形成了较完整的信息披露制度，但是仍然存在一些不足与缺陷。例如没有对实时披露、条款修正时之信息披露等内容做出精准的界定与有力的管控，以致某些支付平台利用这些"灰色地带"实现"监管逃逸"并损害支付用户的合法权利（权益），在一定程度上阻碍了第三方电子支付行业的发展。而在充分披露原则的视域下，第三方电子支付平台信息披露制度将围绕着体系化、全面化的方向进行改良，尽可能地满足充分披露原则所提出的明确要求，形成较为科学的第三方电子支付平台信息披露制度。第二重意蕴，充分披露原则强调第三方电子支付平台信息披露内容具备"真实、准确以及完整"的特质。"真实、准确以及完整"一方面旨在使信息披露的内容充分反映支付过程与支付结果的真实状况，即支付平台需要将搜集支付用户遗留的支付痕迹并按照相关规定以较为有逻辑的形式披露给支付用户，同时还应当确保该信息的客观性、准确性以及完整性，使支付用户对披露信息的认知呈现全面、客观的特质；另一方面信息披露内容也要着重突出支付行为存在合法有效的基础性法律关系，这便于支付用户再次确认付款方与收款方交易的相关要素，从而维护支付用户的交易安全，同时也能起到反洗钱的作用。需要说明的是，此种要求并不是要求第三方电子支付平台要对支付行为的基础法律关系进行合法有效之判断，而是对其进行简略的形式审查并仔细记录（如简单标记该支付行为产生的原因），使得每笔支付行为能够存在清晰的路径，能被溯源到产生支付行为的基础法律关系上，形成完整的交易链条。第三重意蕴，充分信息披露原则强调信息披露的内容

---

① 袁晓波，杨健. 上市公司收购中的中小股东保护原则探析 [J]. 齐齐哈尔大学学报（哲学社会科学版），2008（1）：64.

具有较强的可读性与可被理解性。实际上第三方电子支付是利用电子技术对支付用户的资金进行划拨，整个划拨过程中技术性是电子支付的固有本质，这导致基于电子支付所形成的信息披露具有较强的专业性，有些内容难以被支付用户充分理解，这在第三方电子支付平台公布的协议文件尤其是介绍保障支付用户隐私安全的条款中体现得较为明显。例如，在《支付宝隐私政策》中就有很多 Cookie、Beacon、Proxy 等专业技术性词汇。在充分信息披露原则的指导之下，第三方电子支付平台要细致思考如何将这些专业词汇以简单明了的方式向支付用户进行传达与表述，使支付用户能够较容易地理解这些词汇。第四重意蕴，充分信息披露原则强调信息披露途径具有合理性，即第三方电子支付平台信息披露的内容通过合理的渠道传达给支付用户并能够被支付用户准确接收。第三方电子支付平台的信息披露，其渠道不应当仅仅局限在支付平台网站上，而应当呈现多元化的趋势。例如可以依据信息披露内容的不同性质，采用邮件、短信以及支付平台网站进行公布。

（二）坚守"最小化"信息搜集原则

任何信息披露都不是没有边界的，尤其针对支付用户的信息披露更是需要树以"藩篱"。对第三方电子支付平台信息披露而言，其只有坚守"最小化"信息搜集原则才能更好维护支付用户的合法权益。需要注意的是，"最小化"信息搜集原则并不只是狭义的采集行为还包括储存、使用以及传输行为。笔者认为"最小化"信息搜集原则的构成要素主要体现在以下三个方面。其一，在支付用户信息采集方面，规制主体应当严格限定支付平台采集用户信息的范围。第三方电子支付平台应当严格按照监管之规定采集支付用户在支付过程中遗留的支付痕迹，因为此类用户信息的采集主要是满足监管机关金融安全之规制需求。当然，第三方电子支付平台亦可以采集除监管规定外的支付用户信息，该种信息的采集则主要是满足支付平台基本运营之需求，但是必须预先获得支付用户的授权且该信息的采集应当合乎支付用户授权采集之目的。其二，在支付用户个人信息使用方面，第三方电子支付平台采集支付用户的个人信息以及支付信息除了满足反洗钱、支付平台的基本运营等需求之外，支付平台还存在向支付用户提供更好的支付服务以及找到支付平台新的盈利增长点之目的。基于此，支付平台有动力将支付用户的信息提供给第三方机构，利用第三方机构的大数据挖掘技术提炼出支付用户的支付习惯、性格特征并形成"用户画像"，支付平台可以凭借"用户画像"设计出个性化的支付服务产品。进一步说，在"最小化"信息搜集原则的指导下，支付平台对支付用户信息使用应当遵循两条标准。第一条标准，第三方电子支付平台提交给第三方机构的用户信息内容不得超越支付用户授权之范围。例如支付平台不得将支付用户的信息贩卖给第三方机构进而获得直接收益。第二条标准，第三方机构通过信息挖掘得出的用户特征分析报告只能用于实现本支付平台服务该支付用户之目的，而不得另作他用。因为"虽然数据采集者、数据开发者在信息收集与处理方面投入了劳动，但不代表其能够随时共享用户的信息，即个人的信息权利并不可能全部予以转让。"① 所以基于支付用户所形成的"用户画像"仍具有"专属性"，仍属于支付用户，第三方电子支付平台对其使用不得侵害支付用户的合法权益。例如第三方数据挖掘机构未经支付用户授权不具有用户性征分析报告的使用权、第三方电子支付平台未经支付用户授权不得将用户性征分析报告转让给第三人。其三，在支付用户信息储存与传输方面也需要遵循"最小化"原则的指导。例如除满足监管要求之外，某些支付用户的敏感信息是不允许第三方电子支付平台予以保存的（即使支付用户预先授权亦不得保存）。另外用户在个人信息传输的过程中，也应当尽量精简传输路径并且尽可能选择安全性能高的传输途径。

二、第三方电子支付平台信息披露制度的具体建构

第三方电子支付平台信息披露应当以充分披露与最小化搜集作为原则性指引规范，在该原则性规范的指引下细化第三方电子支付平台信息披露的具体规则，主要体现在建立完善的实时披露规则、细化条款修正时的披露规则、保障支付用户的个人信息权以及明确第三方电子支付平台信息披露的民事责任四个方面。

（一）建立完善的实时披露规则

建立实时披露规则主要是保证支付用户能够实时通过支付平台再次确认基础法律关系中的基本信息以及支付信息，以此满足交易的真实性、交易信息的完整性、交易的可追溯性以及整个交易流程的一致性，不得篡改、隐匿交易信息等监管要求，进而维护交易以及支付安全。事实上，早有学者提出

---

① 王利明. 数据共享与个人信息保护 [J]. 现代法学，2019（1）：49-50.

支付机构应当建立完善的实时披露规则。例如有学者提出网上支付在披露内容方面，仅规定了支付服务收费和格式条款的披露义务，而未对消费者的账单信息披露义务做出规定[①]。还有学者认为我国法律应当借鉴美国以及澳大利亚的法律规定，应当要求支付机构提供纸质或者电子收据，并规定收据应该包含的具体事项[②]。笔者认为要建立完善的第三方电子支付平台实时披露规则应当把握这几个方面的问题。其一，精准提炼出实时披露要素的几个关键节点，包括交易金额、交易日期、交易类型、交易身份以及交易终端位置五个基本要素，这是各类型第三方电子支付平台向支付用户实时披露必须包含的核心要素。当然第三方电子支付平台为满足行政机关规制要求或者基于支付平台业务的特殊性还可以在必备要素的基础上更为细致地搜集相关信息并设计出更为详细的信息披露目录。其二，实时披露规则对于第三方电子支付平台应当具有强制性。该强制性体现为第三方电子支付平台对支付用户每一笔支付所产生的信息都应当实时披露给支付用户，同时披露的内容必须包含实时披露的五大基本要素，这就在一定程度上使 2015 年《非银行支付机构网络支付业务管理办法》第十四条与第二十七条在披露内容上实现了衔接，为所有的第三方电子支付平台制定了一份实时披露的简要框架。其三，实时披露规则还要强调披露的及时性或同时性。实时披露不同于其他类型的信息披露，及时性或同时性成为该类信息披露的特点，因为实时披露规则的重心在于使得支付用户能够在交易之后及时（同时）核实其支付的基本信息，以此维护交易以及支付的安全。例如若该笔支付是错误的，及时（同时）的支付信息反馈将给予支付用户充分的时间与机会止损。因此实时披露规则的制定必须含有及时性或同时性的特征。

（二）细化条款修正时的披露规则

信息披露规则是解决金融市场上交易双方严重信息不对称问题的有效路径[③]，尤其是当第三方电子支付平台的法律协议文本规则发生变化时，信息披露的制度设计更为重要。换句话说，法律协议文本的变更直接关涉支付用户

① 任超. 网上支付金融消费者权益保护制度的完善 [J]. 法学, 2015 (5)：85.
② 钟志勇. 电子支付服务监管法律问题研究 [M]. 北京：中国政法大学出版社, 2018：125.
③ 罗传钰. 金融危机后我国金融消费者保护体系的构建：兼议金融消费者与金融投资者的关系 [J]. 学术论坛, 2011 (2)：110.

的核心利益，没有完善的法律协议文本修正时之信息披露规则会造成支付用户无法获取法律协议文本的变更信息，可能会致使支付用户行使权利困难和正当权利受损。基于此，笔者认为对第三方电子支付平台法律协议文本条款修正时之披露规则应在如下方面进行完善。

第一，将法律协议文本中的条款分为一般性条款与重要性条款，根据修订条款的性质决定向支付用户披露的形式。对于一般性条款的修订，支付平台只需要将修订的内容在支付平台官网进行公示即可，公示期满该修订条款自动发生效力。而针对重要性条款的修订（如法律协议文本条款的修订涉及排除、限制支付用户的权利、免除支付平台责任、合同签订主体发生变化、支付平台收费标准发生变化等情形），第三方支付平台则需要向支付用户点对点通知。例如，通过短信、邮件等书面方式进行通知。

第二，按照第三方电子支付平台公布的法律协议文件之规定，修正后的条款或者协议若是在平台网站上予以公示，则应当在网站的"显著位置"进行公示。"显著位置"应当细化为修订后的法律协议本书应当放置在第三方电子支付平台网站首页，修订条款的文字、符号以及字体等都应达到足以引起支付用户注意的程度，尤其针对重要条款的修订，更应当使用醒目的方式提请支付用户注意（如加黑、加粗、下划线等方式），并让支付用户逐条点击确认。

第三，任何条款修正都需要给予支付用户必要的解释说明，对于重大条款的修正则需要提供详细的论证说明。支付用户基于有限理性等因素，实际上无法通晓该条款被修订的缘由，第三方电子支付平台应当主动公开法律文本修订的缘由。对于一般条款的修订，第三方电子支付平台只需要将修订该条款的具体内容以及原因进行简要介绍，而对于重要条款的修订，第三方电子支付平台披露内容除需要满足一般条款修订的要求外，还需要提供更详细的论证过程，提炼出具有客观说服力的理由。

第四，通常支付平台会在协议中规定，发生变更的条款会在规定时间发生效力，若支付用户不接受该条款之修订，可以立即终止与支付平台签订的服务协议，停止接受支付平台提供的支付服务。但此种规定却未说明若支付用户因为条款修正的原因停止接受支付平台的支付服务，由此产生的费用由谁承担。笔者认为，在现有的披露制度项下，支付平台还应当向支付用户细化披露：若协议条款发生修正，支付用户可以在条款公示期内关闭其支付账户，而不必额外付出因为关闭账户所产生的利息与费用。

（三）保障支付用户的个人信息权

任何信息披露都要有一定的限度，尤其是对支付用户的个人信息安全更是要给予足够的重视。正如上文所述，支付平台对支付用户的信息既存在授权意义上的侵害（第三方电子支付平台超越支付用户授予的权限对支付用户的个人信息进行披露），亦存在直接非法泄露支付用户个人信息的问题（第三方电子支付平台没有获得支付用户的授权直接披露支付用户个人信息）。基于此，我国学界对支付用户个人信息保护的路径主要有两种观点：①一种是强调第三方电子支付平台的内部管控。例如，有学者指出第三方支付产业应当按照金融机构的标准，对客户的个人信息以及交易资料采取必要的管理举措以及技术举措①。另有学者认为为防止用户信息被泄露，第三方电子支付平台必须要对内部员工培训并制定严格的管理制度，采取多环节制约，多人负责的模式，保护好消费者的基本信息②。还有学者认为支付机构应采取相应措施，如建立符合标准的平台、潜在风险预警与提示、风险评估、安全控制装置、保障计划等，防范他人未经授权访问消费者账户信息，以此确保支付用户资料的安全性和保密性③。②另一种是强调对支付用户个人信息保护的外部规制。有学者认为对第三方电子支付平台用户个人信息的保护重点仍在于强化立法、加强行业自律以及服务商的自我监管④。甚至有学者直接提出我国要针对个人信息制定一部综合性立法，短期内可以通过对《非金融机构支付服务管理办法实施细则》的修订进行过渡，一方面扩展保护客户信息的范围；另一方面，将用户隐私权细化为获取权、反对权、修正权、遗忘权等具体内容并明确侵害用户权利应当承担的责任⑤。结合支付用户个人信息权的现实问题，笔者认为要系统保障第三方电子支付平台支付用户信息权的可能路径如下。

---

① 容玲. 第三方支付产业规制研究 [J]. 上海金融，2012（11）：70.
② 李响. 第三方网络支付平台消费者权益保护对策 [J]. 人民论坛，2015，A07：89.
③ 莫万友，万磊. 为移动支付守住安全防线 [N]. 学习时报，2017-11-27（3）.
④ 赵园园. 互联网支付领域个人信息保护制度探析 [J]. 学习与探索，2016（8）：93-94.
⑤ 唐琼琼. 第三方支付中的消费者权益保护问题研究 [J]. 河北法学，2015（4）：122.

第一，需要通过规范性文件明确支付用户信息权的具体范围，将支付用户信息权的内容限定在支付用户利用支付平台进行支付所留有的所有信息。支付用户的个人信息应当不仅仅局限在实施支付行为所产生的信息，还包含支付用户"注册支付账户—利用支付账户进行实际支付—支付完成"三个阶段所关涉支付用户的所有信息。

第二，支付平台对这些信息应当在监管政策的指引下遵循"最小化"原则进行收集，并且对敏感信息不得予以保存。例如支付用户绑定银行卡的芯片信息、密码等信息不得进行保存。具体而言，在明确支付用户信息权之后，第三方电子支付平台对支付用户的信息搜集应当在信息权界定的范围内最小化搜集，即采集、储存、使用以及传输支付用户个人信息都应当最小化，对支付用户敏感信息建立负面清单制度。

第三，强化第三方电子支付平台对支付用户个人信息的管理，实行多环节制约模式，着重把控支付平台内部查询、传输、使用支付用户个人信息的情形，任何查询、传输、使用行为都应当留痕。同时要求第三方电子支付平台加快大数据安全保障技术的推广与更新，防范支付用户个人信息被非法盗取。

第四，第三方电子支付平台将支付用户个人信息提供给第三方机构必须经过支付用户书面同意，且支付平台应当向支付用户承诺该用户信息不会用于支付用户书面同意以外的用途。第三方电子支付平台即使将经过授权的支付用户个人信息提供给第三方机构进行信息挖掘，但基于保护支付用户个人信息的需要，此种预先授权也只有单次效力。也就是说只要第三方电子支付平台再次提供支付用户个人信息（无论该项信息是新出现的信息或是已经提供过的信息）都应当重新获得支付用户的书面同意。另外，第三方机构对支付用户的支付行为进行大数据分析所得结论（分析报告）仅允许支付用户所授权的支付平台独自使用，若支付平台欲将该分析结论（分析报告）转移给第三方机构或者个人使用，则需要支付用户的书面同意。

第五，支付用户个人信息超过监管政策期限或者支付平台无需保留支付用户个人信息情形出现时，第三方支付平台应当将支付用户个人信息按照性质分类处理。对于一般的支付用户信息，采用普通的删除或匿名化方式进行处理，而对于支付用户的敏感信息，则采用不可逆转的方式进行删除。例如对于支付用户账户名以及支付记录采用删除或者匿名化处理，而对于较为敏感的信息如身份证号、住址以及银行卡号等信息则采用不可逆转的方式进行删除。

第六，明确侵害支付用户个人信息权的法律责任。规制规范应当明确第三方电子支付平台因故意或者重大过失泄露支付用户个人信息的民事赔偿程序、赔偿范围等内容。

（四）明确第三方电子支付平台信息披露的民事责任

诚然，基本的立法与行政干预对市场的良性发展确有必要。但当市场发生问题时，人们可以清晰地感知到，大陆法系国家更加倾向于使用制定政策的方式来扩大政府干预市场的范围，而英美法系国家则采用市场支持型和争议解决型策略来重新恢复市场的稳健运转，如改进诉讼规则，便利投资者起诉等①。因为第三方电子支付平台的特性致使其信息披露民事责任构建有别于一般的信息披露民事责任，笔者认为对于第三方电子支付平台信息披露的民事责任应当从诉讼形式、诉讼动力以及赔偿数额三个方面进行探讨。在诉讼形式上，第三方电子支付平台中的支付用户较为广泛，一旦发生大规模的侵权，如果允许支付用户单独向司法机关提起诉讼，可能会造成该支付用户承担过高的诉讼成本。进一步说，受侵害人虽然按照实体法能够得到相应的补偿，但因为遭受损失的数额较小，不提起诉讼是多数人的理性选择②。是故对于第三方电子支付平台信息披露的纠纷应当鼓励采用诉讼主体人数不确定的代表人诉讼，即依据《中华人民共和国民事诉讼法》第五十七条之规定，对诉讼标的同类但人数不确定的共同诉讼，人民法院可以通过公告要求权利人向人民法院登记并确定诉讼代表人③。在诉讼动力上，因为支付平台信息披露不完整、不真实、不准确所侵害的极有可能不是单个支付用户，而是数额庞大的人群，而这些权利受到侵害的人普遍有着"搭便车"的心态，在此种角度上，诉讼人数与诉讼动力在一定程度上并不是正相关，甚至呈现负相关的

---

① 缪因知. 法律如何影响金融：自法系渊源的视角 [J]. 华东政法大学学报，2015（1）：101.

② 熊跃敏. 消费者群体性损害赔偿诉讼的类型化分析 [J]. 中国法学，2014（1）：203.

③ 《中华人民共和国民事诉讼法》第五十七条，诉讼标的是同一种类、当事人一方人数众多在起诉时人数尚未确定的，人民法院可以发出公告，说明案件情况和诉讼请求，通知权利人在一定期间向人民法院登记。向人民法院登记的权利人可以推选代表人进行诉讼；推选不出代表人的，人民法院可以与参加登记的权利人商定代表人。代表人的诉讼行为对其所代表的当事人发生效力，但代表人变更、放弃诉讼请求或者承认对方当事人的诉讼请求，进行和解，必须经被代表的当事人同意。人民法院作出的判决、裁定，对参加登记的全体权利人发生效力。未参加登记的权利人在诉讼时效期间提起诉讼的，适用该判决、裁定。

特征。因此为强化支付用户的诉讼动力，规制规范可以适当借鉴"赏金猎人"制度，规定胜诉方原告可以要求被告支付诉讼费、合理的律师费等费用的同时，诉讼代表人也可以在胜诉获得的费用之中提取一部分的费用作为奖励该诉讼代表人为该次团体诉讼所做的努力。事实上，"赏金猎人"制度在美国有着较好的理论与实践基础，我国已有学者将该制度运用在环境公益诉讼中来解决"零诉讼率"的困境①。在赔偿数额上，违反信息披露义务的第三方电子支付平台对支付用户通常不会造成较大损失，结合《美国联邦法规汇编》之相关规定，对每个支付用户的赔偿数额界定在 100~1 000 元较为合适，但若某个支付用户有相关证明文件证明其直接损失超过该赔偿额度，则司法机关可以按照直接损失确定支付平台对该支付用户的赔偿数额。

---

① 陈亮. 环境公益诉讼"零受案率"之反思 [J]. 法学，2014（7）：135.

第五章
第三方电子支付平台的支付差错处理制度

第三方电子支付平台在提供支付服务的过程中难免会出现资金划拨错误的情形，如何处理此种情形便是本章所要研究的内容。本章首先通过对第三方电子支付平台支付差错产生原因以及法律类型进行探究，形成支付平台支付差错的理性认知。其次在理性认知的基础上仔细检视支付平台支付差错处理制度的立法规范、商事实践与司法现状，梳理出目前我国第三方电子支付平台支付差错制度存在的问题。最后针对现存问题提出相应的对策。

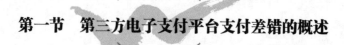

第一节　第三方电子支付平台支付差错的概述

支付用户在利用第三方电子支付平台进行支付时难免会遇到支付结果与支付用户的真实意思表示不一致或者支付用户根本没有支付意思却产生支付结果等情形。在此情形下，我们认为这就属于第三方电子支付平台支付差错的样态。现实生活中存在较多支付差错的现象，这些支付差错现象经过规制主体的有力管控获得了一定程度的疏解，但仍屡禁不绝。笔者认为要针对第三方电子支付平台支付差错制定高效合理的规制机制之前提，势必是类型化分析支付平台支付差错生成的原因并细致探究其背后隐含的法律关系，是故本节紧紧围绕支付差错的生成原因以及支付差错的法律类型展开探讨。

一、第三方电子支付平台支付差错产生的原因

中国银联 2022 年 1 月 25 日发布的《2021 年移动支付安全大调查研究报告》指出，受骗人群人均损失金额下降，但受骗人群范围有所扩大；非法买卖账户暴露新风险，风险账户治理挑战显现。同时该机构研究发现，数据显示曾遭遇过网络直播诈骗的受访群体占比约为 11%，平均损失金额超过 3 500 元，其中老年群体遭遇大额欺诈损失比例较高。在参与虚拟币活动群体中，45 岁以上人群、小微企业主、自主创业者、学生等群体的占比排名靠前。上述群体因此而发生损失的比例高于平均水平[①]。总的来说，目前规制主体对于第三方电子支付平台支付差错主要有两种防范手段：一种为强化支付用户自身的安全意识，另一种为设置支付平台多元多层的安全举措。支付平台采用多层多元的安全保障措施包括面部识别、指纹解锁、支付密码、手机验证以及数字证书等。但支付用户具备再强的风险防范意识，支付平台设计再先进的风险防范系统，支付平台都存在着天然的缺陷以及漏洞。由于钓鱼网站、计算机病毒、账户密码的遗失以及网络稳定性等因素，支付差错导致支付用

---

① 《2021 年移动支付安全大调查研究报告》，参见 https://cn.unionpay.com/upowhtml/cn/templates/newInfo-nosub/7885004da382485e8bde5a0ba000fdd3/20220125112643.html，2022 年 10 月 8 日访问。

户损失之情形依然时有发生。基于此，有学者对第三方电子支付平台产生支付差错的原因进行研究，期望通过对支付差错产生的原因进行深度分析来制定相应的规制制度，防范此类风险再次发生，维护支付用户的支付安全。例如有学者认为支付差错产生的原因有以下三种①：①用户丢失相关设备或者泄露相关的验证信息。此种情形通常表现为支付用户丢失未加密的手机或者泄露支付平台发送给支付用户的验证密码进而造成支付差错。②支付平台内部工作人员泄露了支付用户的账户密码。③第三人采用伪造、变造以及欺诈的手段获得支付用户的姓名、手机号、身份证号等信息，并在支付用户的开户银行预留自己的手机号，然后在第三方电子支付平台上开设新的支付账户进行划转支付他人财产。还有学者认为第三方电子支付平台支付差错产生的原因在于：①第三方电子支付平台或平台内部职员造成的支付差错。②基于第三方电子支付平台客观必要的原因造成的支付差错。例如第三方电子支付平台公告其内部系统需要更新升级，因为平台系统更新升级的原因发生支付差错。③第三方电子支付平台以外的机构或者个人造成支付差错。例如供电局突然断电、黑客利用计算机病毒入侵电脑造成支付差错。④不可抗力造成的支付差错。例如洪水、台风、海啸等原因造成支付差错②。同时，笔者针对五家第三方电子支付平台公布的法律协议文本进行审视发现，支付平台针对支付差错产生的原因重点"着墨"在遗失设备、盗用、冒用情形之上。例如《快钱平台用户服务协议》就规定支付用户同意当支付用户发现存在第三人实施非授权支付之行为，应当立即通知本平台公司并要求停止提供支付服务并采取相应的防范措施。本平台公司在收到该通知之前（该通知不存在任何迟延情形），对已经发生的非授权支付的效力和后果，除非可以证明本平台公司对非授权支付的发生有故意或者重大过失，否则本平台公司不承担任何责任。若支付用户的通知存在迟延之情形，基于迟延期间发生的损失，本平台公司也不承担任何责任。还如《全民付服务协议》也规定，"全民付"用户名称是银联商务识别支付用户身份的依据，请支付用户务必妥善保管，使用其进行的任何操作、发出的任何指令均视为支付用户本人或本单位做出。因支

---

① 郭琼艳. 第三方支付机构非授权支付的责任承担机制研究［J］. 金融法苑, 2017（1）: 114-115.

② 李莉莎. 第三方电子支付法律问题研究［M］. 北京: 法律出版社, 2014: 80.

用户自身的原因造成的"全民付"用户（账户）、密码等信息被冒用、盗用或非法使用，由此引起的一切风险、责任、损失、费用等皆由支付用户自行承担。当然对于第三方电子支付平台支付差错产生的原因可能并不会如上文所述之情形被一一单列出来，某些产生支付差错的原因还可能被隐藏在支付协议的限制责任、免除责任或者不可抗力条款当中。

综合学界与第三方电子支付平台公布的平台法律协议范本，笔者赞同对第三方电子支付平台支付差错产生的原因进行研究有助于对支付差错现象进行类型化分析并深刻理解支付差错中的实质性法律关系，并以此为基础，体系性、逻辑性地提炼出法律层面支付差错的具体类型。笔者认为第三方电子支付平台支付差错产生的原因可以划分为四种：用户行为、平台行为、第三人行为以及不可抗力。用户行为主要是指因为支付用户自身原因造成支付差错。例如用户丢失支付设备、丢失支付账户密码导致支付用户的支付账户被他人盗用、冒用造成损失等情形。支付平台行为则是指由于第三方电子支付平台内部人员或者平台系统造成的支付差错。例如支付平台内部工作人员或者平台系统的原因并未执行支付用户的支付指令或者错误执行支付用户的支付指令等情形。第三人行为主要是指由于第三人利用黑客技术或者诈骗手段等原因产生支付差错。例如第三人利用病毒软件攻击用户的支付账户，划转支付用户的资金。不可抗力是指不能预见、不能避免、不能克服之情形造成的支付差错。例如洪水、台风等自然灾害造成支付平台无法准确执行支付用户的支付指令。需要注意的是，从表面上看，这四种造成第三方电子支付平台支付差错的原因是由不同当事人或者意外事件引起的，但对这四种原因进行深度分析可以发现，该四种原因可以通过支付用户的支付意志进行串联，这就为归纳第三方电子支付平台支付差错的法律类型奠定了较好的基础。例如用户行为、平台行为、第三人行为以及不可抗力导致支付差错的实质缘由既有可能是支付指令不具备支付用户的真实支付意图或者支付意志而发生资金划转的支付差错，也可能是支付指令具备支付用户的支付意图或支付意志但因为非支付用户之原因致使支付用户的支付意志无法被贯彻而造成的支付差错。

二、第三方电子支付平台支付差错的法律类型

在法学研究当中，逻辑推理、规范演绎、形而上思辨是传统的研究方法，用量型化研究方法描述法治现象、分析法律问题是新兴研究方法[①]。通过理论界以及实务界对支付差错具体表现形式的细致研究，结合产生第三方电子支付平台支付差错的四大原因（包括用户行为、平台行为、第三人行为以及不可抗力）的微观审视，我们可进一步推导出支付平台支付差错的法律类型。即以支付用户的支付意志作为支付差错的核心，第三方电子支付平台支付差错可以细化为支付用户授权支付下的支付瑕疵以及支付用户非授权支付下的支付两大法律类别。

（一）支付用户授权支付下的支付瑕疵

经过支付用户授权的支付是指支付用户通过与第三方电子支付平台签订授权文件允许支付平台将支付用户的划款请求以指令的形式通过网联清算平台发送给支付用户绑定的商业银行或支付平台备付金存管银行，以此完成资金的划拨。因为该过程完整地体现了支付用户平等、真实意思表示等原则，因此我们认定支付用户发送出的资金划拨指令为有效指令。但现实生活中，在支付用户有效指令下，第三方电子支付平台仍会出现支付迟延或者支付失误造成支付用户损失的情况，我们称之为支付瑕疵。支付瑕疵主要分为以下三种情形[②]：第一类因第三方电子支付平台工作人员的过错造成支付的延迟与中断。第二类为第三方电子支付平台自身系统问题造成支付的延迟与中断。第三类为第三方的原因造成支付的延迟与中断。总体来说，授权支付下支付瑕疵的法律关系可以进行如下表达与分析，即支付用户是依据自己的真实意思表示，授权第三方电子支付平台通过网联清算平台向支付用户绑定的商业银行或备付金存管银行发出划拨指令，但由于支付平台、支付平台内部工作人员或第三方（包括不可抗力）的因素，该支付行为并未按照支付用户的真实意思表示以及协议的相关规定予以执行。通过对第三方电子支付平台运行流程进行观察可以发现，支付用户授权支付下的支付瑕疵多发生于支付平台

[①] 钱弘道，王朝霞. 论中国法治评估的转型 [J]. 中国社会科学，2015（5）：96.

[②] 马新彦，戴嘉宜. 第三方电子支付中的责任归属问题研究 [J]. 东北师大学报（哲学社会科学版），2014（3）：84.

执行支付用户指令这一环节。例如《支付宝服务协议》中规定，"当您向商家付款时，商家会将您的支付金额、支付对象传输给我们以确认是否是您的真实意思表示。"这一确认的过程很容易出现支付迟延以及支付失误等问题。对于第三方电子支付平台授权支付下的支付瑕疵，目前法律并没有建立严格健全的规制规范，以致在第三方电子支付平台商业实践中，第三方电子支付平台利用其规则制定权对支付瑕疵责任进行减轻与免除，支付平台完全逸出支付瑕疵责任体系。例如《支付宝服务协议》就明确规定，"您理解，我们的服务有赖于系统的准确运行及操作。若出现系统差错、故障或我们不当获利等情形，您同意我们可以采取更正差错、扣划款项等适当纠正措施。"

（二）支付用户未授权支付下的支付

第三方电子支付的理想预设是，第三方电子支付平台通过互联网传递支付用户的支付指令，该指令应当属于支付用户的真实意思表示。然而在指令（数据）传输和处理的过程中，往往会存在他人利用互联网技术恶意攻击或利用计算机病毒侵害支付用户电子设备等情形，第三方电子支付平台就极有可能在支付用户并没有实际授权支付之时依照此种"假指令"完成支付，将支付用户的账户资金划拨出去。由此可知，未授权支付下的支付行为实质上并不存在支付用户的意思表示，而完全是由他人违法利用网络技术或者计算机病毒等向第三方电子支付平台发出指令从而完成支付的行为，从法律行为效力层面来说，该支付指令应当是无效指令。具体而言，常见的未授权支付下的支付主要有以下两种类型：第一类是基于支付用户的过错造成的未授权支付。例如支付用户遗失银行卡、产品或设备，且遗失的银行卡、产品或设备被第三人拾得，第三人利用银行卡、产品或者设备发出资金划拨的指令。第二类是第三人主观故意造成的未授权支付。例如支付用户的电子设备被非法的第三方采用互联网技术或者计算机病毒的方式侵入，导致支付用户的账户、密码泄露、被破解，造成支付用户的资金被非法划拨。

第二节　第三方电子支付平台支付差错处理制度的现状检视

本节主要通过梳理国内第三方电子支付平台和国外电子支付机构支付差错的处理制度的立法规范以及检视我国第三方电子支付平台在商业实践、司法实践中支付差错的处理规则，进而指出目前我国第三方电子支付平台支付差错处理制度存有的不足之处，旨在为构建更加完善的第三方电子支付平台支付差错处理制度指明方向。

一、第三方电子支付平台支付差错处理制度的立法规范检视

第三方电子支付平台支付差错处理规范应当是一项被精细化设计的规范，而该规范的精细化程度主要体现在立法规范中。对比分析我国第三方电子支付平台支付差错处理制度的立法规范与国外电子支付平台支付差错处理制度的立法规范的异同，有助于我们在规制规范层面找出我国第三方电子支付平台支付差错处理制度的待完善之处。

（一）我国第三方电子支付平台支付差错处理制度的立法规范检视

笔者认为对第三方电子支付平台支付差错处理制度立法规范的检视应当在较为宏观的场域中进行，即对银行的支付差错处理制度→第三方电子支付平台支付差错处理制度的迭变进行统合考察，这将有助于我们深刻理解现有第三方电子支付平台支付差错处理制度的立法规范。1999 年《银行卡业务管理办法》第五十二条第二款规定，发卡银行对持卡人关于账户情况的查询以及改正要求应当在 30 天内给予答复。这是较早我国支付机构对银行卡错误处理程序的明确规定，但内容非常简单且不利于持卡人。随着互联网技术的普及，以银行为核心的电子支付平台顺利崛起，支付差错的现象不仅仅停留在线下支付当中，线上支付出现支付差错的情形更加频繁。基于此，中国人民银行 2005 年颁布的《电子支付指引（第一号）》第十三条就明确要求客户与银行签订的电子支付协议应当包括差错处理规则①，并在第五章专章规定电子

---

① 《电子支付指引（第一号）》第十三条。

支付差错处理。该章主要提出支付差错处理应当遵循据实、准确、及时的原则[①]，明确了因为银行系统原因造成支付差错，应当承担赔偿责任，甚至因为第三方服务机构的原因给支付用户造成损失，会承担先行赔付的责任[②]。另外，该章还对支付客户遗失支付工具造成的非授权支付、用户自身操作不当以及不可抗力造成的支付差错进行程序化规定，但这些支付差错处理之规定实质上并不关涉责任的实际分担[③]。随后淘宝网等电子商务平台迅速崛起，第三方电子支付平台作为电子商务交易的辅助媒介应运而生。为规制第三方电子支付平台在运营过程中的相关行为，明确第三方电子支付平台的责任，中国人民银行在 2010 年发布了《非金融机构支付服务管理办法》和《非金融机构支付服务管理办法实施细则》，但两份规范文件实际上是对第三方电子支付平台的宏观规制，并没有过多提及第三方电子支付平台的支付差错处理规范。需要特别提及的是，2020 年两部文件的修订版仍未较多提及支付差错处理规范。2015 年中国人民银行深化对第三方电子支付平台的规制并出台了《非银行支付机构网络支付业务管理办法》，但是在该规范文本中也没有对第三方电子支付平台支付差错处理制度做出细致明确的规定，只是重申了需要在支付用户与支付平台的协议中明确差错争议的处理规则[④]，以及部分明确了支付差错的责任分担机制。例如若不能有效证明是客户原因造成的资金损失，第三方电子支付平台应当承担先行赔付责任[⑤]。随着电商领域的进一步扩张，第三方电子支付市场形成了支付宝平台、微信支付平台"二元割据"的局面，规制机关 2018 年适时出台《中华人民共和国电子商务法》，在该法中，对第三方电子支付平台支付差错进行了更为具体的规定。例如该办法规定，若指令发生错误，电子支付服务提供者应当查找原因并采取相关的举措予以修正，若造成损失应当承担赔偿责任，除非能够证明该支付错误并非自身原因造成的[⑥]。又例如支付用户发现安全工具遗失、被盗用或发生未授权支付之情形，应当立即通知电子支付服务提供者。未经授权产生的损失应当由支付服务提

---

① 《电子支付指引（第一号）》第三十八条。
② 《电子支付指引（第一号）》第四十二条。
③ 《非银行支付机构网络支付业务管理办法》第四十三—四十七条。
④ 《非银行支付机构网络支付业务管理办法》第七条、第二十八条。
⑤ 《非银行支付机构网络支付业务管理办法》第十九条。
⑥ 《中华人民共和国电子商务法》第五十五条。

供者承担，电子支付平台能够证明未经授权的支付是由支付用户的过错造成的，不承担责任。与此同时，电子支付提供者发现未授权支付或者经过支付用户通知发现未授权支付之情形，应当采取措施避免损失的扩大①。

　　总的来说，从线下金融支付机构（银行）→以银行为核心的电子支付机构→第三方电子支付平台的支付差错处理制度立法规范的演变来看，支付差错处理制度呈逐渐完善的动态发展过程。我国在宏观上确立了支付差错处理制度的基本原则。该原则的确立深刻体现出规制主体对支付差错处理的基本立场。在具体规则布置上，我国明确了支付差错处理的基本程序以及责任的分配方式，如规定了发生支付差错后支付用户的通知义务、支付差错的举证责任以及支付差错造成损失的具体分配。需要提及的是，在第三方电子支付平台支付差错处理规则当中并没有对支付瑕疵和非授权支付分别进行规定，而是形成以非授权支付为主的混合立法规制样态。

　　（二）国外电子支付平台支付差错处理制度的立法规范检视

　　《美国法典》在"错误的处理规则"章节②首先对"错误"进行了界定：①未授权的资金支付；②在支付用户的账户上不正确地划入以及划出资金；③在定期对账单中遗漏了对支付用户账户产生重大影响的电子资金的支付；④金融机构的计算错误；⑤电子终端发出的支付用户的收据金额不正确；⑥消费者要求就电子资金转账或本分章要求的任何文件提供更多信息或澄清的要求；⑦或其他本局规例所述的其他任何错误。美国相应金融机构应当对这些所称的错误进行调查并以此确认是否发生错误，然后通过报道或者邮件的形式将完成的错误调查结论在 10 个工作日之内通报给支付用户。金融机构若确认存有错误则应当立即纠正这些错误，时间可限定在确认错误之时的一个工作日内。若金融机构发现错误并不存在，金融机构应当在 3 个工作日内将相关的解释发送给支付用户。此外，金融机构并没有基于善意进行调查，或者明知现有的证据并不能合理推断出错误不存在却故意作出错误不存在的结论，支付用户有权得到 3 倍的赔偿。

　　此外，美国的《电子资金转移法》《真实信贷法》以及相应配套的 Z 条例以及 E 条例都对电子支付平台非授权支付有着相应的规定。用户（借记卡、

---

① 《中华人民共和国电子商务法》第五十七条。

② United States Code Annotated, Title 15 § 1693f.

存款账户）应当对非授权支付承担相应责任，但需要满足以下三个条件：第一，借记卡或者其他可利用来支付的工具被用户普遍接受。第二，支付工具的提供者有能够辨认发出指令的用户的方法，如可以通过用户的签字、图片、指纹以及其他可以进行辨认的方式。第三，支付机构已经向用户披露过非授权支付所产生的用户责任与应对的方法①。发生非授权支付之后，从支付用户得知发生非授权支付情形之时起，两个工作日内通知支付机构发生非授权支付的相关情况则不承担责任，由支付机构对支付用户进行退款，但支付机构有权向支付用户针对每一笔非授权支付收取不超过 50 美元的费用。若支付用户在知道发生非授权支付之日起二到六十个工作日内才向支付机构予以披露，那么支付用户承担的损失以 500 美元为上限。若超过六十个工作日才通知支付机构或者根本没有通知支付机构非授权支付的相关情况，则不对支付用户的损失设定限额②。《真实信贷法》与 Z 条例则进一步限制了支付机构的责任，将信用卡非授权支付的情形作为其规制对象，规定无论用户是否及时通知支付机构，其支付责任都不超过 50 美元③。

澳大利亚《电子支付守则》（2016 年版）第 10.1 条规定④，支付工具持有者如果符合下列情形，则支付机构并不需要为非授权支付承担责任：①本守则签署者之代理人或员工、网络安排的第三方当事人、商户（包括其代理人或员工）的欺诈或者过失；②设备、标识符以及密码是伪造的、错误的、过期的或者作废的；③在同一设备上不止一次交易借记出现错误；④在支付服务接收方已经告知其设备丢失、密码被盗之后仍发生非授权支付；⑤在支付用户接收支付设备、密码以前就出现了要求使用支付设备以及密码。当然，本条还对其他情形也做出列举，这些情形也不需要支付用户承担非授权支付的责任。而该守则第 11 条主要是对支付工具持有者承担责任的情况进行了描述，即若第 10 条不能适用，则支付工具持有者应当承担非授权支付造成的损失。不过该条也明确指出了支付工具持有者承担非授权支付责任的核心原因是支付工具持有者对非授权支付的产生存在一定的"贡献"。需要说明的是，

① United States Code Annotated, Title 15 § 1693g（a）.

② Code of Federal Regulations, Title 12 § 205.6（b）（1）（2）.

③ United States Code Annotated, Title 15 § 1643（a）（1）；United States Code Annotated, Title 15 § 1661i；Code of Federal Regulations, Title 12 § 226.12（b）（c）.

④ Epayments Code, article 10.

虽然第 11 条规定了支付工具持有者应当承担非授权支付损失的相关情形，但在该条之中仍规定了非授权支付的某些情形应当限制或者减轻责任。此外，《电子支付守则》对支付差错和非授权支付作了程序性的规定。例如第 38 条规定①，用户应当在知道或者应当知道支付差错之日起 6 年内提起申诉。如果用户投诉的是非授权交易，则支付机构需要尽最大的努力提供相关信息：①设备的型号；②相关地方的标识符；③执行事务的设备或者传递代码的类型；④设备持有人的姓名与地址；⑤用户的名称；⑥其他用户的名称；⑦支付用户是否在执行支付的设备进行了签署；⑧是否设备存在遗失、遗忘等情况。在接到投诉后的 21 天以内，签署者应当完成调查或者以书面的形式告知客户需要更多的时间，在特殊情况下应当在接到投诉的 45 天内完成调查。如果支付机构没有遵循该守则导致对支付用户不利或者造成争议解决的迟延，受损一方可以请求将争议金额的一部分或者全部作为赔偿金。

从美国和澳大利亚关于电子支付机构支付差错处理制度的规定来看，其应当说已经较为体系和细致。美国首先对错误进行定义，明确了支付差错处理适用的领域，同时规定了支付差错处理的程序性规定以及支付用户责任承担的要件。而澳大利亚则是对支付用户承担或不承担非授权支付的责任与承担非授权支付的具体责任分别进行规定，还将支付差错和非授权支付的调查义务赋予电子支付平台并明确其责任。总体来说，美国与澳大利亚的电子支付机构支付差错处理制度从体系上已经形成概念界定—处理程序—实体责任分配的逻辑自洽的立法规制规范，对我国第三方电子支付平台支付差错处理制度的建构与完善具有较大的借鉴意义。

二、第三方电子支付平台支付差错处理制度的商业运作与司法实践检视

第三方电子支付平台支付差错处理制度的商业运作与司法实践检视主要涵盖两个方面：一方面是研究支付平台支付差错处理制度在支付法律协议文本中的相关约定；另一方面是梳理支付平台支付差错处理制度在司法实践中的案例。

---

① Epayments Code，article 38.

（一）第三方电子支付平台支付差错处理制度的商业运作检视

第三方电子支付平台作为目前新型的"准金融机构"，早已关注非授权支付的相关问题。以支付宝为例，其历时八年研发风控大脑 CTU，通过位置、行为、偏好等六大类共一万条策略对支付行为进行分析，以此判断交易风险。为了向支付用户提供更加安全的支付服务，各大第三方电子支付平台纷纷建立起相关的安全规则。支付宝主要通过《支付宝安全保障规则》[①] 这一协议文本界定非授权支付引发的相关风险，架构非授权支付造成损失的分担机制。其首先在《支付宝安全保障规则》第二条指出了"未经本人授权的支出"的内涵并实际限定了"直接损失"的范围。例如"直接损失"将孳息、收益等排除在外。第三条提出了适用《支付宝安全保障规则》的具体范围，该条具体分为4款。第一款提出了《支付宝安全保障规则》得以适用的前提条件，即支付用户必须没有违反《支付宝服务协议》的相关规定且属于直接损失。第二款提出了若支付用户想获得此种保障，必须要求支付用户在发生非授权支付后的 180 天内通知支付宝且支付用户通过实名认证以及支付用户正确使用了支付宝的安全产品或绑定了支付用户自己的手机号码。第三款强调单次补偿或理赔金额不得超过支付用户本次未经本人授权被他人支出而造成的直接损失金额。第四款陈列了 8 种不予保障的情形，如用户故意、重大过失或违法行为造成的损失或者是除盗用以外其他第三人原因造成支付用户资金损失等情形。第四条到第七条主要围绕保障方式、风险控制措施、操作流程等方面展开。除此之外，需要特别注意的是，《支付宝服务协议》第四条第二款规定，身份要素是支付宝识别支付用户身份的依据，请支付用户务必妥善保管。使用身份要素进行的操作、发出的指令视为支付用户本人做出。因支付用户的原因造成的账户、密码等信息被冒用、盗用或非法使用，由此引起的风险和损失需要由支付用户自行承担。

笔者通过对我国第三方电子支付平台支付差错处理制度商业实践的检视，发现第三方电子支付平台在处理非授权支付的过程中，支付用户处于"被压制"的状态，支付用户的权益并没有得到很好的保护。例如商事实践中支付差错处理制度体现出过度规避支付平台风险、违法免除或者限制支付平台责任等特征，将风险与损失过度强加给支付用户。另外支付差错处理制度的内

---

① 参见 https://render.alipay.com/p/f/fd-iztoadjr/index.html，2019 年 9 月 10 日访问。

容也存在一定程度的模糊以及不合理之处，容易引发支付用户与支付平台对差错处理制度理解与适用的分歧。例如很难区分支付用户的一般过失与重大过失。

（二）第三方电子支付平台支付差错处理制度的司法实践检视

诚如上文所述，第三方电子支付平台与支付用户之间呈现"合同束"的状态，合同的主要内容是支付平台向支付用户提供资金转移的服务，两者的权利义务都是通过平台协议予以确定。于是支付平台与支付用户发生支付差错纠纷之时，在缺少科学、缜密、体系化的支付差错处理制度之指引下，人民法院对支付差错的处理仍主要依据《中华人民共和国民法典》对案件进行裁判。不过笔者发现对于第三方电子支付平台与支付用户的支付差错纠纷，人民法院主要采用过错责任归责原则认定非授权支付造成损失的实际承担者。基于此，笔者列举两份司法判例予以说明。

案例一。在杨××与中国农业银行股份有限公司广州站西路支行、支付宝（中国）网络技术有限公司合同纠纷案中[①]，原告杨××主张其支付宝账户被盗转 5 万元，请求支付宝（中国）网络技术有限公司与中国农业银行股份有限公司广州站西路支行承担赔偿责任。而被告支付宝（中国）网络技术有限公司辩称，原被告双方签订《支付宝服务协议》与《快捷支付服务协议》，两份协议均约定原告可以通过协议约定的方式（如通过账户名、登录密码和支付密码验证后）向支付宝发出支付指令，我公司依据该指令通过银行代为支付。我公司依据原告指令进行的支付，理应由原告自行承担相应责任。被告中国农业银行股份有限公司广州站西路支行抗辩的主要原因在于原告的整个划款流程是支付宝账户对支付宝账户，实质上资金划拨并没有通过银行，故银行不应当承担责任。

据此，法院整理出三个争议焦点。即是否存在原告款项被盗转的事实？被告中国农业银行股份有限公司广州站西路支行对"支付宝转账"过程是否有违约或过错？被告支付宝公司对"支付宝转账"过程是否存有违约或者过错？

---

① 《杨荣林与中国农业银行股份有限公司广州站西路支行、支付宝（中国）网络技术有限公司合同纠纷一审民事判决书》，（2013）穗越法民二初字第 4981 号，资料来源：https://law.wkinfo.com.cn/judgment-documents/detail/MjAwNDQ3NjA4M，2019 年 9 月 11 日访问。

最后法院驳回了原告杨××的诉讼请求，理由有以下三点：首先法院认为原告并不能证明 5 万元的转款并不是本人所为。其次法院认为支付用户负有密码的保管义务以及支付转账过程中安全保障义务，原告不应将原告的两项义务强加于被告中国农业银行股份有限公司广州站西路支行。最后原告与支付宝（中国）网络技术有限公司签订相关协议，支付平台公司依照原告的支付指令支付款项并向支付用户发送过支付校验信息，故被告支付宝（中国）网络技术有限公司亦不承担赔偿责任。

案例二。在张××与支付宝（中国）网络技术有限公司（以下简称支付宝公司）、浙江淘宝网络有限公司（以下简称淘宝公司）网络服务合同纠纷中①，被告支付宝（中国）网络技术有限公司被判以败诉。原因在于法院认为《支付宝服务协议》是第三方电子支付平台提供的格式条款，其中免责条款因为触犯法律行政法规的强制性规定而无效。与此同时，第三方电子支付平台也没有尽到安全保障义务以及注意义务，具有过错，支付用户的损失理应由第三方电子支付平台承担。

可以看出，法院对于支付用户与支付平台的支付差错纠纷，过错责任归责原则仍是法官做出裁判时考虑的关键性问题。这也与《中华人民共和国电子商务法》中关于非授权支付处理以过错作为判定责任归属的总体思路一致，只是在《中华人民共和国电子商务法》将过错的证明责任倒置给了支付平台。

三、第三方电子支付平台支付差错处理制度问题之发现

将国外电子支付平台支付差错处理制度的立法规范与我国第三方电子支付平台支付差错处理制度的立法规范、商业运行、司法实践相比对，笔者发现我国第三方电子支付平台支付差错处理制度存在以下问题。

第一，我国第三方电子支付平台支付差错处理制度并没有对"差错"进行界定并做出区分。美国虽然亦没有对"差错"进行概念性界定，但是却对支付"差错"以列举的方式予以区分，反观我国第三方电子支付平台支付差错处理规范，在立法上既没有对"差错"进行界定也没有对"差错"进行类

---

① 《张世鹏与支付宝（中国）网络技术有限公司（以下简称支付宝公司）、浙江淘宝网络有限公司（以下简称淘宝公司）网络服务合同纠纷一审民事判决书》，（2014）凉民初字第 2986 号，资料来源 https://law.wkinfo.com.cn/judgment-documents/detail/MjAwMzg2MTEzNj，2019 年 9 月 11 日访问。

型化区分，甚至实践中的平台协议范本也将支付瑕疵与非授权支付进行混同，这造成两种不良后果。其一，容易出现规制漏洞。目前支付差错的立法规范与司法实践对非授权支付存在倾向性规制，而对于支付瑕疵则规制不足。这对支付用户的权益保障大为不利，因为规制漏洞会使得支付用户的损失难以补救，是故对第三方电子支付平台支付差错的规制应该着眼于规制规范内容的完整性以及体系性。其二，难以形成合理的责任分担机制。支付用户授权支付下的支付瑕疵与支付用户非授权支付所造成的损失承担机制是不一样的，即不同的支付差错类型应配比不同的责任分担机制。若没有明确界定并区分支付差错的类型则无法对两种支付差错类型进行分别规制并设计不同的责任分担机制，甚至还极有可能出现将授权支付下支付瑕疵纳入支付平台免责条款之中，而将非授权支付产生的损失责任完全分摊给支付用户等较为极端的情形。

第二，我国第三方电子支付平台支付差错处理制度采用过错责任作为归责原则不符合效率理念且与第三方电子支付领域的发展规律相悖。在第三方电子支付平台的市场运作与司法实践中，我们均可以看到过错责任归责原则的"身影"。在过错责任归责原则的视域下，无论是支付机构客观行为违约或者存在过错，由支付用户进行证明都极其困难，因为支付用户对支付平台运作的具体流程、采用的支付技术都不甚了解，实难证明支付机构是否已经按照服务协议全面履行相关协议或者支付平台对支付差错的出现存有过错，此时将该举证责任分担给支付用户实在是"强人所难"，支付用户也往往因为对支付机构未全面履行协议或存有过错"举证不能"而承担败诉的后果。相同，《中华人民共和国电子商务法》将过错的举证责任倒置给支付机构亦不合适。互联网时代所具备的匿名性特征，使得人们很难确定使用支付账户的人的真实身份，即使支付账户归属于申请该账户的特定人，但是否就能确定（证明）该账户是由该特定人在使用，支付机构要对此进行证明，在互联网时代是异常困难的。在此前提下，支付机构无法防范支付用户谎称非因自身过错原因造成支付差错的道德风险。虽然支付机构对交易流程以及技术较为熟悉，但是对于支付用户客户端的过错证明难度不亚于支付用户证明支付机构存有过错的难度。这时若采用过错原则进行归责并将举证责任强行倒置给支付机构，只能使支付机构在金融效率与金融安全的抉择中，更加倾向于支付的安全性问题，进而设计出更多更复杂的身份验证举措，这有碍支付用户的支付体验，提高了支付用户使用支付账户的成本，打破了金融安全与金融效率动态平衡的理想设定，也不符合第三方电子支付平台的客观发展规律。

第三，我国第三方电子支付平台支付差错处理制度的程序性规范付之阙如。纵观美国与澳大利亚关涉支付差错处理制度的立法规范，支付平台发生支付差错之后存在一套完整的处理程序。例如发生支付差错后，支付用户应当向支付机构提交相应的信息，支付机构需要在规定的期限内对支付差错进行相应的处理等。目前我国第三方电子支付平台支付差错处理制度缺乏程序性规定。例如立法规范并没有明确出现支付差错之后，支付用户通知支付机构时应当提交什么材料？支付机构应当在什么时候对支付差错进行调查并在一定期限内出具调查结论？支付机构若未尽到调查义务应当承担何种责任？支付差错处理制度程序性规定的欠缺会导致支付用户的权益无法得到有效保护。具体表现为：一方面支付用户不能得到公平合理的程序规则的指引。支付用户无法通过明确的程序规则对支付差错作出及时有效的反应并在最短的时间里做出止损的决定，甚至支付用户在支付差错发生后对整个应对流程"一头雾水"，这不利于支付差错纠纷的解决。另一方面支付平台也无法得到有效的羁束。例如虽然在支付平台支付协议以及立法规范中明确规定，支付差错发生之时，支付平台应当及时对支付差错进行修正并防止损失的扩大，但支付协议与立法规范对该"合理时间"或者"及时"一词并没有作出明确的限定，倘若此时发生支付差错纠纷则对支付用户权益保障十分不利，因为支付用户根本不知道支付平台多久能对支付差错做出妥善处理。

第三节　第三方电子支付平台支付差错处理制度的完善

检视第三方电子支付平台支付差错处理制度已存在的问题，镜鉴他国电子支付平台支付差错处理的经验，笔者认为制定科学合理的第三方电子支付平台支付差错处理制度需要从宏观原则性规范与微观规则性规范分别进行设计。

第三方电子支付平台支付差错处理制度应选择据实、准确与及时作为其原则性规范，这实际上与《电子支付指引（第一号）》中以银行为核心的电子支付平台支付差错处理制度的原则性规范一脉相承。随着互联网技术的深入发展，以银行为核心的电子支付平台与具有"准金融"属性的第三方电子支付平台在很多特征上逐渐重合，基于此第三方电子支付平台支付差错处理制度采用据实、准确与及时作为原则性规范有相当大的现实意义。不过第三方电子支付平台支付差错处理制度的据实、准确与及时原则在新经济新技术背景下有着新的内涵，需要进一步对其解读。

（一）据实原则：设计第三方电子支付平台支付差错处理制度的基石

据实原则是指在对第三方电子支付平台支付差错进行处理时，应当严格依照已生成之事实进行处理。该原则对第三方电子支付平台支付差错处理制度的具体设计提出以下标准。其一，发生支付差错后，支付用户以及第三方电子支付平台应当按照各自掌握的信息提供关涉支付差错的相关事实。进一步说，在发生支付差错时，根据不同的支付差错类型，支付用户以及支付平台应当分配不同的提供相关事实的义务。其二，支付用户与第三方电子支付平台提供的支付差错的相关事实信息应当确保其具备真实性、合法性以及关联性。申言之，支付用户与支付平台提供的支付差错的事实应当是全面、客观、准确的事实，而非伪造、变造或者片面性的事实。该标准的提出明确了支付用户与支付平台各自提供事实之基本义务，在一定程度上缓解了支付用户与支付平台在提供事实证据方面所存在的道德风险。其三，第三方电子支付平台支付差错的处理应当依据足够充分的事实。这意味着第三方电子支付平台对支付差错的处理应当有相应的事实依据，即充分考量支付用户与支付平台提供的事实，这也是判断第三方电子支付平台是否尽到尽职调查义务、处置结论是否具有妥当性的评判标准之一。

（二）准确原则：设计第三方电子支付平台支付差错处理制度的核心

当第三方电子支付平台出现支付差错之情形，准确配置支付用户与第三方电子支付平台的义务与责任是支付差错处理制度的核心内容。针对前者，正如据实原则所强调的对于支付差错发生后支付用户与支付平台被赋予了不同的提供事实的义务，而此种义务的分配应当在准确性原则的指导下进行更加精细化的设计。在授权支付下的支付瑕疵与非授权支付进行区分的前提下，针对支付用户与支付平台配置不同的义务。例如，在授权支付下的支付瑕疵，支付用户提供关涉支付瑕疵的事实义务比支付平台提供关涉支付瑕疵的事实义务要轻，而在非授权支付下，则应当根据非授权支付产生的原因（根据支付平台或者支付用户对支付差错产生所做"贡献"之大小）恰当地分配支付用户与支付平台需要提供的事实。针对后者，对第三方电子支付平台支付差错的责任分配则应在准确性原则的指引下根据支付差错的法律类型"分门别类"地进行设计。例如，对于支付瑕疵，因为支付用户存在真实的支付意愿，但由于支付用户之外的原因致使支付存在延迟与中断进而造成支付用户的损失，此时支付用户对损失责任的实际承担理应要轻于直接导致支付瑕疵的当事人的责任承担或者支付用户直接免除承担相应的损失责任。对于非授权支付，发生非授权支付后，支付用户的具体行为决定了支付用户损失责任承担的大小。

（三）及时原则：设计第三方电子支付平台支付差错处理制度的重要保障

支付差错产生会形成两种损失：一种因为支付差错已经造成的直接损失，另一种为对支付差错没有及时采取措施而造成的扩大损失。无论哪种损失，支付用户都期望该损失能够获得及时处理，尽可能弥补自身遭受的损失。基于此，及时原则成为第三方电子支付平台支付差错处理制度的重要保障。及时原则在支付差错处理制度中体现为两个方面：一方面，无论是支付瑕疵或者是非授权支付，支付用户应当知道支付差错发生之时，按照已经确立的完善的事实提供义务，及时地通知第三方电子支付平台；另一方面则是第三方电子支付平台针对支付用户的通知或者自行发现支付差错之时，及时对支付差错进行查证及补救。而两个"及时"都需要赋予一个确切的时间节点，并且针对逾期之行为确定责任。

二、第三方电子支付平台支付差错处理制度的具体规则建构

我国学术界目前对于第三方电子支付平台支付差错处理制度主要聚焦于非授权支付之情形，对支付瑕疵研究得较少。对于非授权支付的处理规则，有学者认为应当对第三方电子支付平台附加要求其提供先进的安全程序义务，

并认为此种做法能够起到良好的实践效果。若该指令被安全程序认定是安全的，那么非授权的责任应当由支付用户来承担；反之，若第三方电子支付平台没有检测出来该指令的真实发出主体，那么平台将会承担所有的责任和法律后果①。当然也有学者对建立安全程序存在不一样的见解，认为可以将安全程序规则分为法律程序规则和约定程序规则，若没有法定程序规则或者约定程序规则，则应当借鉴美国和欧盟的立法思路，主要将责任聚焦于支付用户是否履行通知义务之上②。但基于人类的"有限理性"，支付平台技术性安全程序理论无法保证该类安全程序的"安全性"，即第三方电子支付平台无法保证其设计的安全程序的"绝对安全"，仅寄希望于安全程序作为支付差错处理制度的"平衡器"并不现实。而仅聚焦于支付用户的通知行为对支付差错的修正面太窄，无法对支付差错实现全面高效的规制。基于此，笔者认为目前对第三方电子支付平台支付差错处理制度的具体规则建构研究并不完整，现有的规制规范存在一定的缺漏，故此笔者认为需要重新思索支付平台支付差错处理制度的具体规则建构，尝试设计一套完整、系统的支付差错处理规则。

（一）明确第三方电子支付平台支付差错的内涵与外延

目前我国的立法规范与实践规范并没有对第三方电子支付平台支付差错的内涵与外延做出明确规定。我们可以借鉴美国相关立法，将第三方电子支付平台支付差错抽象描述为，支付用户在接受第三方电子支付平台资金划拨服务期间，第三方电子支付平台的划拨指令结果不符合支付用户的真实意志，进而造成支付用户损失之后果；同时通过列举的方式将第三方电子支付平台支付差错的外延分为支付用户授权下的支付瑕疵和非授权支付两类。我们可将前者界定为支付用户对该资金划拨指令具备明确授权，但是因为平台原因或第三方原因使得该指令延迟或错误造成支付用户的损失；将后者界定为支付用户对该资金划拨指令并没有授权，而是因为账户被盗、黑客病毒等原因进而发送了资金划拨指令，使得第三方电子支付平台错误地完成了支付指令，造成支付用户的损失。对第三方电子支付平台支付差错内涵与外延的界定是构建支付差错处理制度具体规则的前提，支付差错内涵与外延的准确界定为分类制定程序性规定以及责任配置奠定了基础。

---

① 陈波. 第三方支付民商事法律制度研究［M］. 北京：法律出版社，2018：141.
② 郭琼艳. 第三方支付机构非授权支付的责任承担机制研究［J］. 金融法苑，2017（1）：123.

（二）架构第三方电子支付平台支付差错处理规则中的程序性规定

目前第三方电子支付平台支付差错处理程序呈现缺漏的状态。综合美国以及澳大利亚关于电子支付平台支付差错处理的相关规定，笔者认为第三方电子支付平台支付差错处理程序应规定为，第三方电子支付平台应当在接到支付用户通知（明确告知发生支付差错）之日或者第三方电子支付平台自行发现发生支付差错之日起 30 天完成调查，最长期限不得超过 90 天。需要提及的是，若是支付用户向支付平台发送的是非授权支付的通知，支付用户还应当提交造成非授权支付的相应信息。例如因为支付用户手机丢失遭受非授权支付，用户应当向支付平台提供手机型号、手机号码、支付账户号码、遗失手机的时间、发生非授权支付的时间、发生非授权支付的金额等基本信息。若支付用户向支付平台发送的是支付瑕疵的通知，支付用户仅需将发生支付瑕疵的现状以及自身遭受的经济损失向支付平台描述即可，如支付用户发出支付指令的时间、支付指令的内容、支付指令的执行结果、自身遭受的损失等信息。若支付平台首先发现发生支付错误，可以按照相应差错类型要求支付用户提供相应信息。当然，调查期间，若支付平台发现支付用户提交的支付差错类型不正确（如本来是非授权支付，支付用户却向平台提供的是发生支付瑕疵之相关事实），支付平台也可以要求支付用户提供正确的支付差错类型所需要的相关信息。完成调查后，第三方电子支付平台应当以书面形式将调查结论以及将采取的补救举措一起通报给支付用户。若在 30 天内并未完成调查，需要延长调查的期限，必须书面通知支付用户并且说明相应的理由。

（三）健全第三方电子支付平台支付差错处理规则中的责任配置

在第三方电子支付平台支付差错的处理中会遇到第三方电子支付平台未做善意调查做出错误处置之情形（包括认定未发生错误时没有充分的依据或者故意认定错误不存在）。对于第三方电子支付平台对调查存有的过失，笔者认为可以借鉴美国的立法，规定支付用户可以请求按照支付差错争议金额的 3 倍要求赔偿。在第三方电子支付平台的业务活动中，多以小额支付为主流，支付用户遭遇支付差错后提起诉讼的动力不足，所以支付差错金额的 3 倍可以在一定程度上解决起诉的动力问题，更为重要的是 3 倍赔偿能够给予第三方电子支付平台巨大的压力，督促其认真负责地进行调查。对于支付用户实际损害的责任承担，笔者认为应当对第三方电子支付平台支付差错类型进行分类分析。若属于支付瑕疵，除支付用户怠于通知造成扩大损失之外，支付用户不对支付瑕疵产生的损失承担责任。若属于非授权支付，摈弃按照过错责任进行归责的方式，可以参照国外的相关规定，非授权支付之后，支付用户得知非授权支付情形之时，两个工作日内通知支付机构则不承担责任，由支付机构对支付用户进行退款，但支付机构有权向支付用户每一笔非授权支付收取不超过 50 元的费用，若支付用户在知道非授权支付之日起二到六十个工作日内才向支付机构进行通知，那么支付用户承担的损失以 500 元为上限，若超过六十个工作日才通知或者根本没有通知，则不对支付用户的损失设定限额。

第六章
第三方电子支付平台的备付金管理制度

第三方电子支付平台备付金通常被认为是支付用户的资金在支付平台账户中的沉淀。目前对第三方电子支付平台备付金采取何种规制举措一直以来是学界与实务界较为关注的话题。本章从第三方电子支付平台备付金的形成机理出发，着眼于备付金性质的理性定位，通过对备付金管理制度的现状检视发现备付金管理制度存有的问题，针对备付金管理已有之问题提出宏观与微观的制度设计构想，以期对备付金实现高效治理。

第一节　第三方电子支付平台备付金的概述

　　支付用户利用第三方电子支付平台进行支付，实际上是一个资金划拨的过程。目前监管机关对该过程的监管日趋严厉，深层原因可能在于第三方电子支付平台备付金的特殊形成机理需要采取特别的监管举措以及大量沉淀于支付平台的备付金可能会造成较大的资金风险。本节主要围绕第三方支付平台备付金的形成机理与备付金的性质定位进行阐释。

一、第三方电子支付平台备付金的形成机理

　　备付金的形成与第三方电子支付平台的运营模式是分不开的[①]，甚至可以说运营模式各异的第三方电子支付平台造就了不同种类的备付金。在支付网关的时代，所谓"备付金"实际上是支付用户在商业银行的存款，此时支付用户利用电子技术进行付款，相当于支付用户直接将商业银行的存款取出予以支付法律关系当事人约定的价款。进一步说，此时的支付网关只是第三方电子支付平台提供给支付用户一个渠道使支付用户的银行存取行为实现电子化。随后，淘宝等新的电商平台出现，其衍生的第三方电子支付平台对支付网关进行了一定程度的革新，第三方电子支付平台在买卖双方之间搭建了桥梁，提供货币支付与货币代管的服务，此时的备付金已经不仅仅处于支付媒介的地位，更是起到担保的作用。正如有学者指出，与直接进行资金流转的传统方式不同，此时的备付金是"信用缺位"条件下补位的产物[②]，该类备付金最大程度避免了交易双方的违约行为，这对于培育交易双方的高度互信，提高交易效率具有重要的正向作用。具体而言，此种备付金的形成机理是，付款方与收款方先存在一个基础法律关系，该基础性法律关系既可能关涉商品亦可能关涉服务，而后支付用户（付款方）将资金打入第三方电子支付平台账户之中，待付款方确认收款方已然按照基础法律关系之约定履行相应义

----

① 刘晓纯，刘雅秋. "集中存管"下第三方支付中沉淀资金的法律监管［J］. 天津法学，2019（1）：75.

② 杨国明，李保华. 第三方支付法律问题刍议［J］. 金融经济，2006（8）：141.

务之时，第三方电子支付平台再将沉淀于支付平台的备付金划拨给收款方。付款方确认收款方是否已经按照基础法律关系履行约定之义务的时间，与支付用户将资金支付给第三方电子支付平台的时间往往相差几天，货款延时的情形较为普遍，大量的交易备付金被存于第三方电子支付平台账户之中。正如《iResearch-2021 中国第三方支付市场监测报告》所显示：2020 年，第三方移动支付与第三方互联网支付的总规模达到 271 万亿元支付规模①。当然淘宝网与支付宝相结合的方式只是现代电子科学技术发展的侧面写照，在第三方电子支付平台账户滞留的具有"担保"功能的沉淀资金也只是第三方电子支付平台备付金的一种形式，另一种形式是支付用户向第三方电子支付平台账户"充值"所形成的备付金。例如支付宝账户的余额以及微信钱包的余额就是典型的商事例证。该种模式的形成机理是，支付用户将商业银行中的存款划入其在第三方电子支付平台开设的个人账户中，以便付款方直接将个人平台账户中的"货币"转移至收款方的个人平台账户之中。此时，第三方电子支付平台账户中的余额亦形成备付金。需要提及的是，此种备付金形成机制与前两种备付金的形成机制略有不同，尤其体现在个人平台账户备付金互相转让之情形。个人平台账户备付金之间发生转移，会在个人平台账户中以数字增减的方式有所体现，但实际上都不会流入原有支付用户绑定的银行卡之中，不会使支付用户绑定银行卡内的存款余额发生增减。

二、第三方电子支付平台备付金的性质认定

对第三方电子支付平台备付金性质的认定在学术界以及监管实践中存在较多的问题，而对第三方电子支付平台备付金性质的准确认定又是一个非常重要的问题。一方面学界与实务界对第三方电子支付平台备付金性质的认定较为混乱，备付金性质的明确辨析与定位有助于学界与实务界形成统一认知并达到"正本清源"之效果；另一方面规制主体实现高效规制之前提在于对被规制事物的准确认知，备付金性质的明确辨析与合理定位又进一步帮助规制主体全面、合乎逻辑地设计出科学、具体的针对备付金的规制举措。笔者试图通过对学界以及实务界备付金性质不同观点的梳理，从而理性定位第三

① 参见 https://report.iresearch.cn/report_pdf.aspx？id=3785，2022 年 10 月 8 日访问。

方电子支付平台备付金的性质。

（一）第三方电子支付平台备付金性质的认知困境

第三方电子支付平台备付金性质的认知在学界与实务界并不是耦合的状态，甚至在学界和实务界各自内部对备付金的认知也各有不同。换言之，在学界对于第三方电子支付平台备付金性质的认识存在诸多学说，这些学说无一例外围绕着备付金的本源属性进行探究，而监管实践对于备付金性质的认定则更多倾向于监管便利与防控风险的角度，而对备付金本源属性探究较少。

1. 第三方电子支付平台备付金性质学理认定混乱

学界内部对第三方电子支付平台备付金性质的认识并不统一，更未形成"主流"学说。目前对于第三方电子支付平台备付金的性质的学说主要有虚拟货币说、电子货币说以及谱系说三种学说。

赞同虚拟货币说的学者认为第三方电子支付平台备付金属于虚拟货币，将其纳入虚拟货币范畴的理由主要有三。其一，第三方支付实际上采用的是虚拟数据替代真实的货币进行网上支付，在此基础上第三方支付与虚拟货币并没有区别。换句话说，第三方支付的支付媒介属于电子数据的范畴，虚拟货币形成的技术支撑亦是电子数据，二者具有技术层面的相似性。其二，虚拟货币仅能支付购买一定范围的商品，第三方支付能够购买的商品也被限定在一定范围内。第三方支付只能在特定的网站上使用，这与虚拟货币不谋而合，二者在适用范围层面具有相似性。其三，虚拟货币与第三方支付的运行模式相同，二者都是用真实货币购买虚拟货币，在虚拟账户或者第三方账户中拥有一定数额的财富后，才能购买商品[①]。有学者更进一步指出，虚拟货币能通过第三方支付平台与其他渠道进行双向兑换，也能进行购买实体商品的行为，已经具有实体货币的职能[②]。于是在二者与法定货币的关联层面，第三方支付、虚拟货币与法定货币都具有一定的关联关系。但是该学说并没有合理解释以下几个问题。其一，若将第三方电子支付平台备付金作为虚拟货币，为何备付金实际能够购买的商品范围与法定现金货币能够购买的商品范围逐渐重合？其二，若备付金已经具有实体法定货币之职能，那么其是否已经脱离了虚拟货币的范围？这是否也意味着，备付金的性质更偏向法定货币而远

---

① 朱烨辰，马雨祺. 第三方支付的运营过程与风险分析［J］. 新金融，2011（11）：46.
② 刘建伟. 第三方支付平台风险控制问题探讨［J］. 金融理论与实践，2010（12）：65.

离虚拟货币之范畴？其三，该学说虽然承认作为虚拟货币的备付金与法定货币存在一定的兑换关系，但是该学说并没有对这一兑换关系进行详细解析，即并没有解释备付金和法定现金货币的强关联关系与虚拟货币和法定现金货币的关联关系之间的区别。

支持电子货币说的学者则认为，货币的概念存在三次跃变。第一次跃变是代表中央银行和商业银行信用的纸质货币转向电子支付的形式。第二次跃变是代表特定商户信用的电子货币。第三次跃变是直接脱离现实中的真实货币，在虚拟空间中按照现实货币已有的特征创造出来的一种支付用具，被称为虚拟货币，该学者在一定程度上认为第三方电子支付属于电子货币的范畴[1]。还有学者直接指出第三方电子支付介质本质是电子货币，而电子货币的出现使得传统的货币需求理论对不同层次货币的确定性界限划分造成了极大冲击[2]。电子货币说从货币发展形态的角度对备付金的性质进行了定位，应当说较为深刻地解释了备付金的生成机理以及备付金的本质属性，但是电子货币说是以货币发行主体的变更作为论证起点，自成一系地对备付金的性质进行定位，却没有对学界其他学说进行相应回应，以致形成"各学说皆有理"的困境，不利于规制理论与实践举措的架构。

谱系说则认为，第三方电子支付平台的支付介质性质应当采用具体问题具体分析的方式进行界定，即单用途卡、多用途卡和账户类第三方支付属于递进关系，其属性向电子货币不断靠近。前两类属于虚拟货币的范畴，账户类是电子货币，属于货币的范畴。从逻辑上看，虚拟货币与电子货币并没有交集，但是从外延来看，虚拟货币与电子货币无法明确的区分，它们之间是一种谱系式的过渡关系[3]。谱系说以类型化的视角对各个新生支付介质进行区分处理，此认知方式与卡尔·拉伦茨在《法学方法论》中关于事物认知的方法不谋而合，但是该学说却认为虚拟货币与电子货币无法进行明确的区分，实际上认为虚拟货币与电子货币无法作为独立的类型化事物，这是对虚拟货币与电子货币客观认知的混淆。

学界除了上述三种主要的学说之外，还存在存款说以及负债说两种观点。

---

① 雷曜. 互联网语境下的货币概念 [J]. 中国金融, 2013 (17): 42.
② 刘达. 第三方互联网支付加快了货币流通吗？[J]. 中央财经大学学报, 2017 (2): 35.
③ 李琪, 李佩. 虚拟货币特征及其相关理论探析 [J]. 湖北社会科学, 2015 (9): 90-91.

存款说认为由于支付平台的账户实际由支付机构掌控，支付用户向支付平台充值实际上就是支付平台在吸收客户的资金，这与银行吸收存款并没有实质意义上的区别①。而负债说则认为支付平台的备付金是支付机构与支付用户基于合同关系形成的负债，与银行吸收的存款具有本质区别，美国联邦存款保险公司持此种观点。无论将备付金的性质界定或存款性质还是负债性质，它们都与我国现行立法规制实践以及规制目标相冲突，无法在我国找到"适法的土壤"。对于前者，若将备付金认定存款，那么第三方电子支付平台从事的是商业银行吸收存款的业务，这与《中华人民共和国商业银行法》的规定相冲突，即吸收存款业务属于被特别许可之金融业务，其他主体未经许可不得从事该类金融业务。对于后者，认为备付金的性质是负债的观点无疑将支付用户的合法权益放置于"高危"境地，这与金融安全理念相悖。例如将备付金列为债权，可能造成备付金债权与支付平台普通债权相混同，此时支付用户的备付金便丧失了优于普通债权的地位，这本身就是对支付用户权益的损害。总体来说，学界对于第三方电子支付平台备付金存在差异化的认知，聚焦点主要体现为备付金在"货币、电子货币、虚拟货币"维度上如何定位。可以说，差异化的备付金性质认知无法有效指导备付金规制制度的具体构建，同时也造成了第三方电子支付平台规制实践出现认知的偏移。

2. 第三方电子支付平台备付金性质实践认知偏移

中国人民银行颁布的《非银行支付机构网络支付业务管理办法》和第三方电子支付平台公布的法律协议范本中，并没有从本源意义上直接说明第三方电子支付平台备付金的性质，而是采用负面清单的形式，从备付金功能价值角度对第三方电子支付平台备付金的性质进行了层层限定，仅向支付用户描述了支付平台备付金几个较为突出的特征。《非银行支付机构网络支付业务管理办法》第七条和《财付通服务协议》中就一致规定，支付账户所显示的资金余额与客户本人的银行存款是不同的，支付账户所显示的资金余额不受《存款保险条例》保护，其实质是客户委托支付机构代为保管的、所有权归属于客户的预付价值。该预付价值对应的法定货币虽然属于客户的财产，但不以客户自己的名义存放在商业银行之中，而是以支付机构名义存放在商业银

---

① 参见 http://ithandbook.ffiec.gov/media/resources/3284/fdi-fil-59-96_store_value_card_other_e_pay_sys.pdf，2019 年 12 月 4 日访问。

行之中，并且由支付机构向商业银行发起资金调拨指令。由此可知，行政规制机关与第三方电子支付平台对备付金的性质限定体现出以下三层含义。其一，支付用户的备付金不属于商业银行的存款。此种规制规范实质上将支付用户的备付金性质与商业银行的存款完全区分开，再一次明确了第三方电子支付平台与商业银行之间的"泾渭"关系。其二，支付用户的备付金属于支付用户的预付价值。预付价值的解释充分体现了备付金形成之目的在于购买相应商品以及接受服务，强调备付金的交换价值属性。其三，支付用户的预付价值与法定货币资金存在对应关系。在第三方电子支付平台的备付金数额并不是支付平台随意形成，备付金的数额实际上与支付用户绑定的商业银行存款有一定的牵连关系。此外，中国人民银行 2020 年 4 月 3 日针对备付金发布的《非银行支付机构客户备付金存管办法（征求意见稿）》中第二条将备付金限定为支付机构为办理客户委托的支付业务而实际收到的预收待付货币资金。总体来说，这与《非银行支付机构网络支付业务管理办法》和第三方电子支付平台公布的法律协议范本中备付金的性质界定"一脉相承"。

虽然行政规制机关与第三方电子支付平台对备付金性质从本源上不作明确规定，而采用负面清单以及功能定位式的规制举措实现对第三方电子支付平台备付金的治理，这一定程度上在维护支付用户备付金安全方面起到积极作用。不过此种对备付金性质认知的偏移却是对备付金风险防控"治标不治本"的短期行为。换句话说，该种备付金的认知偏移并没有从正面角度揭示备付金的本质属性，无法根据其本质属性设计出适宜的规制举措，更无法准确概括所有第三方电子支付模式视域下备付金的性质。更为重要的是，此种备付金性质的认知偏移，极有可能导致治理结果不符合第三方电子支付平台法律规制的理想预设。

（二）第三方电子支付平台备付金性质的再认识

基于此，笔者认为从理论与实践的角度对第三方电子支付平台备付金性质的再认识十分必要。事实上要明确辨析第三方电子支付平台备付金的性质，笔者认为根本路径是在法定货币、电子货币、虚拟货币的"坐标轴"上找准支付平台备付金的定位。而定位之前提在于要恰当地区分法定货币、电子货币以及虚拟货币的外延。笔者认为法定货币主要指由国家发行具备国家信用的支付工具。法定货币之所以能够在社会中顺利流通，其核心是国家提供的"信用担保"，进而使该法定货币具有一般等价物的特性。而电子货币虽由商家发行蕴含商家信用，但与法定货币存有较强的内在关联。例如中国人民银行发行的纸钞、法定数字货币与电子货币存在一定额度的兑换关系。需要提及的是，电子货币虽与法定货币存在关联关系，但其发行商毕竟不是国家，电子货币的信用等级以及稳定性从理论上说仍弱于国家发行的法定货币。虚拟货币则是完全区别于国家法定货币体系，在互联网中形成独立的支付体系。例如网络游戏中按照游戏规则生成的货币。应当说，虚拟货币因为按照虚拟平台制定的规则得以形成，其稳定性及信用等级远远弱于法定货币、电子货币。

　　基于此，笔者认为将第三方电子支付平台备付金定位为电子货币更为准确合理。原因有以下几点：第一，第三方电子支付平台备付金的形成过程受制于法定货币的额度。第三方电子支付平台备付金实际上是支付平台利用电子技术在支付平台账户内形成的一段电子编码，但该电子编码并不像虚拟货币一样依据虚拟平台自行制定的运行规则生成或者由支付平台随意生成，而是与支付用户商业银行账户内的存款有极强的内在关联。第三方电子支付平台账户显示货币的数字与支付用户在商业银行中的存款属于"1∶1"的兑换关系。第二，第三方电子支付平台备付金的适用范围与法定货币的适用范围逐渐重合。现阶段虚拟货币的局限性在于虚拟货币只能在特定的领域范围内使用，而第三方电子支付平台备付金尤其是支付用户个人平台账户内备付金的适用早已不仅仅局限在互联网领域，线下商业领域亦得到广泛的适用，甚至中国人民银行在 2018 年发布 10 号公告[①]，明确指出在接受现金支付的前提下，鼓励采用安全合法的非现金支付工具，保障人民群众和消费者在支付方式上的选择权。例如"微信支付"在现实生活中被广泛运用，各大商家以及支付用户普遍能够用"微信支付"购买商品与服务，人类社会迎来了"无现金"时代。第三，将第三方电子支付平台备付金定位为电子货币利于对其设计"宽严相济"的规制举措。第三方电子支付平台并不是法定货币，无需对其按照中国人民银行发行法定货币的尺度进行严厉的规制与要求。与此同时，第三方电子支付平台备付金也不是与法定货币完全脱钩的虚拟货币，第三方电子支付平台备付金已然对现有法定货币产生了一定的冲击，是故依旧需要对第三方电子支付平台备付金设计缜密、适当的规制举措，进而实现对支付

---

① 《中国人民银行公告》〔2018〕第 10 号，第二条。

平台备付金进行"宽严相济"的规制的目标。

总而言之，笔者认为第三方电子支付平台备付金应当被界定为由第三方电子支付平台发行且与法定货币存有强关联的电子货币，其所有权归属于支付用户。

第二节　第三方电子支付平台备付金管理制度的现状检视

在对第三方电子支付平台备付金的形成机理以及性质进行定位后，对支付平台备付金设计相应的规制举措成为重要任务。学术界与实务界对备付金的治理做出了尝试，但是仍存在较多问题。本节主要将我国备付金立法规制与国外备付金立法规制进行对比检视发现相应的问题，以此提出优化建议。

一、我国第三方电子支付平台备付金管理制度的立法规范检视

2017 年以前我国第三方电子支付平台中的备付金都被存入第三方电子支付平台在各大商业银行开设的备付金专用账户之中，我们称之为"直连模式"。此阶段对第三方电子支付平台备付金的规制举措较为简略且存在诸多疏漏。例如 2011 年《支付机构客户备付金存管暂行办法（征求意见稿）》第三十四条与第三十五条规定，支付机构计提的风险准备金不少于备付金银行账户利息所得的 10%，剩余 90% 备付金银行账户利息归于第三方电子支付平台自有资金。该规定引发了法学界较大的反对意见，即其违反了备付金属于支付用户，备付金产生的孳息也应归属于支付用户的法律规定。于是 2013 年《支付机构客户备付金存管办法》第二十九条就规定仅计提 10% 风险准备金，而对备付金产生的孳息归属不做明确的规定。总体来说，此时的备付金规制规范凸显出两方面的问题。其一，备付金规制管理体系较为分散。分散的规制体系以及宽松的规制政策致使第三方电子支付平台备付金难以得到有效管理，并且第三方电子支付平台没有建立完善的内部风险控制制度，也没有建立独立的支付用户备付金规制部门，在人员配备、权限的问题上也没有相应

的规定，也缺乏相对应的先进的技术手段①，这使得第三方电子支付平台备付金领域稳定性较差，极易出现规制"空白"的领域。其二，没有对支付平台挪用支付用户备付金的风险形成有效处理。巨额的支付用户备付金以第三方电子支付平台的名义存入商业银行，但该种备付资金没有被定义为银行存款而不受《存款保险条例》的规制，同时这些备付金的存放银行皆由第三方电子支付平台自行选择，备付金存管协议是由第三方电子支付平台与商业银行共同协商确定，因此支付平台对支付用户的备付金有着很强的控制力，进而产生了支付平台挪用、占用支付用户备付金的风险。典型的案例是 2014 年 11 月中国人民银行突击检查上海畅购企业服务有限公司，发现其通过虚构交易、虚列开支等方式，将支付用户的备付金用于支付平台自身的开支和股东分红，出现了多种挪用支付用户备付金的情形。12 月，上海畅购企业服务有限公司出现平台备付金不足，资金的风险敞口高达 7.8 亿，严重损害了支付用户的权益②。

于是，规制机关为了预防此类风险给支付用户造成损失，在 2016 年 4 月发布《互联网金融风险专项整治工作实施方案》中，在第二条明确了对第三方电子支付平台备付金的四条治理方略：①加大对支付用户备付金问题的治理力度；②建立备付金集中存管制度；③逐步取消备付金孳息（利息）的支付；④支付机构的跨行支付业务必须通过中国人民银行或者具有法定资质的支付机构进行。

2017 年 1 月中国人民银行发布《关于实施支付机构客户备付金集中存管有关事项的通知》，提出为了满足"非银行支付机构不得挪用、占用客户备付金，客户备付金账户应开立在人民银行或符合要求的商业银行。人民银行或商业银行不向非银行支付机构备付金账户计付利息"的相关要求，中国人民银行决定对支付机构客户备付金实施集中存管。2017 年 8 月中国人民银行发布了《中国人民银行支付结算司关于将非银行支付机构网络支付业务由直连模式迁移至网联平台处理的通知》规定自 2018 年 6 月 30 日起涉及银行账户的网络支付业务均由网联清算平台予以处理。2017 年 12 月中国人民银行发布

---

① 方志敏. 完善第三方支付机构客户备付金管理的几点建议 [J]. 中国金融, 2010 (16)：57.
② 崔吕萍. 保护客户待付资金安全：央行重拳管理第三方支付客户备付金 [N]. 人民政协报, 2017-01-17 (5).

《关于调整支付机构客户备付金集中交存比例的通知》进一步明确第三方电子支付平台交存备付金的比例。例如 2018 年 1 月仍执行现行集中交存比例，2018 年 2 月至 4 月按每月 10% 逐月提高集中交存比例。2018 年 6 月中国人民银行发布《关于支付机构客户备付金全部集中交存有关事宜的通知》，中国人民银行决定将支付机构客户备付金集中交存比例逐步提高至 100%。

实际上，第三方电子支付平台备付金采取无息集中存管的方式。将第三方电子支付平台资金清算业务交由网联清算平台进行处理带来了三方面的积极效应。第一方面，能够彻底扭转备付金多头管理以及无人担责的尴尬现状。从现有的规范文件来看已然明确了网联清算机构的权义责，使得规制主体能够通过网联清算平台明确地追溯支付用户的资金流向，切实保障支付用户的备付金安全，同时也为反洗钱的规制目标提供了坚实基础。第二方面，有利于重构第三方电子支付领域的新格局。在第三方电子支付平台可以与商业银行自由磋商缴存支付平台备付金的时代，第三方电子支付平台往往选择存款利率高的商业银行，商业银行也会选择交易频次高且能够收到较高服务费的支付平台，于是第三方电子支付平台与存管备付金的商业银行之间的合作关系逐渐固定，这时中小支付平台想要进入支付市场难上加难，而集中存管制度使得支付平台与商业银行自由磋商的可能性大大降低，大中小型支付平台具有同等机会在支付市场上"同台竞技"，这能有效防范大型支付平台形成"割据"局面，充分激发第三方电子支付领域的市场竞争。第三方面，集中存管以及停止付息暂时规避了资金孳息归属的法律难题，利于规制主体将规制资源更多倾向于前两项备付金规制的"主题"当中。但是这并不代表第三方电子支付平台备付金无息集中存管制度不存在问题，无息集中存管制度是对目前备付金管理的现实问题的"应急反应"，是目前尚无完善规制举措的"无奈之举"。无息集中存管制度对备付金管理也带来了许多消极影响，形成了新一轮的现实问题，无息集中存管制度的消极影响和具体存在的问题将在后文详细论述。

二、国外电子支付平台备付金管理制度的立法规范检视

美国、欧盟等国家和地区对电子支付平台备付金有着较为完善的规制体系。笔者主要对美国、欧盟、新加坡以及日本的电子支付平台备付金规制规

范进行介绍与阐释。

纵观美国对于电子支付以及备付金的相关规定，可以明确两个问题。第一是电子支付机构的定性问题。该问题直接涉及电子支付机构能否作为联邦储蓄保险公司（FDIC）的被保险人的问题。第二是备付金的性质定位问题。美国对于电子支付机构的定性问题可以具体分为两种类型。一种为银行作为电子支付法律关系的当事人向支付用户提供支付服务，那么此时银行是典型的存款机构，支付用户的备付金处于银行开设的账户之中，此时该备付金自然可以获得联邦储蓄保险公司保险的保护。第二种为第三方电子支付平台作为电子支付法律关系的当事人向支付用户提供支付服务，美国将其定位为货币转移业务的支付中介人，即将支付机构定位为货币服务商（Money Services Business），此时第三方电子支付平台主要是给支付用户提供资金划拨的业务，而非银行的吸收存款的业务。因此，第三方电子支付平台备付金不能作为银行的存款，支付平台也无法被联邦储蓄保险公司（FDIC）列为被保险人。联邦储蓄保险公司将第三方电子支付平台备付金定性为负债，所以支付用户对支付平台内的备付金不享有所有权而是享有债权请求权。不过，为了实现对第三方电子支付平台备付金的规制，联邦储蓄保险公司对备付金设计了"延伸存款保险制度"，即存款保险可以延伸至资金的实际拥有者[1]。适用存款延伸保险必须要满足以下几项条件：①被存款延伸保险所保护的机构账户应当明确地体现出与用户之间的存管/代理的法律关系；②账户中资金的真正所有者可以被追溯或者识别（建立二级账户）；③名义账户由机构进行开设；④资金的名义所有人（机构）必须为了被代理人（用户）的利益行事[2]。需要说明的是，延伸存款制度不是指支付机构破产后支付给支付用户的赔偿，而是指银行破产后给予支付用户的赔偿。存款延伸保险制度的核心在于实质穿透支付机构与用户之间代理与被代理、存管与被存管的关系，向真实属于用户的资金提供保险保障。基于此，在银行发生破产风险后，FBO账户（FBO账户，记为"PayPal, Inc., as agent for the benefit of its customers"）中的每一位用户可以得到最高保险额度为25万美元的存款保险[3]。

---

① 苏盼. 第三方支付机构客户备付金性质及风险研究 [J]. 金融监管研究，2017（9）：75.

② Code of Federal Regulations, Title 12 § 330.5 和 Code of Federal Regulations, Title 12 § 330.7.

③ Code of Federal Regulations, Title 12 § 330.7（a）和 Code of Federal Regulations, Title 12 § 330.1（o）.

欧盟对于电子支付平台备付金同样存在支付机构的性质界定与备付金的性质定位等问题。不过欧盟对于电子支付平台备付金的规制体系与美国有所差异。欧盟对设立支付平台账户并可以向支付平台账户"充值"的电子支付平台定位为电子货币的发行机构，因此对此类电子支付平台的规制主要是通过对电子货币的监督和管理来实现的。从欧盟关于电子货币的立法来看，其将电子支付机构的备付金同样定位为负债而非存款。《支付服务指令》（2015年）对于支付用户的备付金的规制主要有两个方面。其一，不得与自然人或法人、支付平台自有资金或者支付平台用于其他商业活动的财产相混同。支付用户的备付金应当被存放在信贷机构的专门账户之中或者投资于安全的、低风险的资产。为了支付用户的利益，在支付平台资不抵债之时，支付平台的其他债权也应当与支付用户的备付金相隔离。其二，电子支付平台备付金应当被保险政策、保险公司提供的可被价值衡量的方式进行担保或者信贷机构的担保所覆盖。当电子支付机构不能履行其金融义务之时，以保险赔偿金或者其他保障金偿付用户。保险机构、信贷机构与支付机构不应当隶属于同一集团组织或者存在强关联关系[①]。

新加坡在 2019 年的《支付服务法令》[②] 中明确规定支付机构对支付用户平台账户资金的安全保障义务。电子支付平台备付金必须采用信托的方式，且备付金不能与其他资金混同。电子支付平台备付金不能用于支付平台偿还自身债务或者作为法院强制执行支付平台的标的。电子支付平台发行的电子货币不能实际超过支付用户在银行实际拥有的法定货币余额。而新加坡 2006 年《储值工具指南》（Stored Value Facility Guide-line）对储值做出了相应规定。例如储值机构应当审慎管理储值，现金流量应当与储值工具模式相适应，以满足储值工具使用人的需求。储值机构应当将储值与机构自由资金相分离或为储值设立独立的信托账户。储值机构使用该储值进行投资之时，应当投资于高流动性以及低风险的项目，如定期存款或者国债，以保证储值工具使用人的资金安全，禁止将储值投资于高风险的投资项目当中[③]。

日本 2009 年《支付服务法案》规定资金的转移业务经营者必须采取资金

---

① Directive（EU）2015/2366 on Payment Services in the internal market，Article 10.

② Payment Services Act 2019，Article 23（2）（c）、23（5）（b）和 23（7）.

③ Stored Value Facility Guidelines，2.1.4，2.1.5，2.1.8.

安全保障措施。资金转移业务经营者应当在基准日 2 个月内将用户资金余额的一半资金，作为发行保证金委托距离其主营业场所最近的"供托所"保管并向主管部门报告①。日本的监管部门还规定支付用户的资产只能投资于储蓄机构的存款、金融机构签订保证协议的交易以及经过管理部门同意的具有高安全性的资产。支付业务终止之时，资金转移业务提供者有向支付用户退款的义务。

　　各国对电子支付平台备付金的治理主要从备付金的性质、备付金的利用、备付金的安全保障等方面展开。不过笔者对各国备付金管理举措进行更深层次的梳理发现，各国备付金管理制度存在逻辑链条紧密的治理思路。例如各国备付金管理制度的潜在观点认为备付金性质的定位是决定备付金利用方式的前提，而备付金的高效规制规范与建立完备的备付金安全保障制度相关。

三、第三方电子支付平台备付金管理制度问题之发现

　　通过梳理我国第三方电子支付平台备付金立法规制规范的演变，比对国外电子支付平台备付金成熟的规制制度，笔者发现我国第三方电子支付平台备付金规制规范仍存有两方面的问题。其一为对备付金流动性的规制严厉且僵化；其二是尚未建立完善的备付金保障制度。

　　（一）对备付金流动性的规制严厉且僵化

　　目前我国对第三方电子支付平台备付金采用的是"集中存管"以及"无息"策略，同时不允许合理"挪用"支付用户的备付金。应当说此等规制举措较为严厉且僵化，主要体现在以下几点。

　　首先，备付金规制规范过于严厉。备付金属于电子货币，但对现实中的法定货币存在一定的替代与冲击效应，理应受到规制，进而确保法定货币与电子货币的双向稳定运行。诚如上文所述，第三方电子支付平台形成的电子货币与中国人民银行发行的法定货币既有联系又有一定的区别。换句话说，目前电子货币的实际形成数量受制于法定货币的存量，电子货币的交换与流通功能仍或多或少需要依靠法定货币背后的国家信用予以"背书"。因而从被规制主体对金融市场和金融规制机构的重要性角度，法定货币应当优位于电

———————

① 資金決済に関する法律，第十四条。

子货币且属于监管机关规制的重点，对法定货币的规制力度与效度应当重于第三方电子支付平台备付金的规制力度与效度。从目前第三方电子支付平台备付金的规制来看，其对支付平台备付金的规制力度与法定货币的规制力度"不相上下"，甚至在某些方面对备付金的规制力度更强，主要体现在：一方面，规制措施过于严厉，对备付金的治理采取多重限制且限制多为禁止性举措；另一方面，严厉的备付金管理规范也使得电子货币虽作为货币却缺乏货币应有的"活力"。例如放置在统一账户内的备付金不允许计算资金利息，也不允许用于投资等。

其次，将第三方电子支付平台备付金"无息化"没有足够的理论支撑。我们通过解析第三方电子支付平台的资金划拨过程以及梳理我国备付金相应的立法规范发现，备付金并不属于支付平台的自有资金，而是属于支付用户的资金，支付用户将自有资金"无息"放置于第三方电子支付平台在特定银行开设的专门账户之中，每日却承受着资金的损失（包括资金因为通货膨胀发生的贬值损失等），实在有违效率之基本理念。换言之，由于市场经济具有极大的吸附效力，它可以把一切经济关系转变为以效益为最终目标的市场经济，把一切市场主体都改造为以营利作为行为导向的商人①，这也是马克思所说的"在文明社会中每个人都是商业，而社会则是商业社会"②。因而，规制主体将备付金（电子货币）的增值属性"一刀切"地排除在外，实际上否定了人性中的逐利本性，甚至是对"人人皆商"的社会发展规律的否定，该做法没有充足的理论依据。退一步说，即使规制主体将支付用户备付金无息化是为了实现规制安全理念，但是"矫枉过正"的规制举措也深层次伤害并阻碍了效率理念的实现，不符合金融安全与金融效率动态平衡的规制理念。

最后，第三方电子支付平台备付金流动性的欠缺不符合现实需求。如果说将第三方电子支付平台备付金"无息化"是对备付金静态的人为限制，那么禁止备付金流动则是动态的限制。实际上将第三方电子支付平台备付金放入专用存款账户中，不允许支付平台挪用备付金，从本质意义上是为了防止支付用户的备付金遭受损失，出现损害支付用户利益的情形，以此保证每一

---

① 赵万一. 中国究竟需要一部什么样的民法典：兼谈民法典中如何处理与商法的关系［J］. 现代法学，2015，37（6）：44.

② 马克思. 1844 年经济学哲学手稿［M］. 北京：人民出版社，1979：104.

笔资金的划拨行为得以顺利进行，此种规制目标值得肯定。但金融安全与金融效率动态平衡理念所需要的并不仅仅是绝对的安全，而是在所有金融风险能够处于规制主体可控的范围内实现事物本身所具备的最大经济价值。故而，如何有效区分"挪用"的性质并在此基础上分层设计相应的规制举措成为当务之急。目前备付金的规制规范并没有对此做出回应，甚至出现了对现有法律困境进行回避的状态。例如目前行政规制机关对备付金的管理采取暂停付息、禁止将备付金用于投资的做法就是典型的例子，其背后的动因之一是回避备付金利息、收益的具体分配。同时对第三方电子支付平台备付金不允许"流动"实际上也是"牵一发而动全身"的僵化做法，因为当备付金不具有"流动性"之时，那么就意味着备付金无法产生相应的收益，这导致很多利于支付用户权益的制度因为缺乏相应的资金而无法建立起来。进一步说，本来否定备付金"流动性"的核心目的在于保障金融安全，维护支付用户的合法权益，但事实上这种"一刀切"的做法很有可能阻碍了支付用户通过其他潜在渠道实现金融安全与维护其合法权益之目的，这与制度的理性预设背道而驰。

（二）尚未建立完善的备付金保障制度

现阶段我国第三方电子支付平台备付金性质的认定以及将备付金进行集中无息存管的具体举措对备付金保障制度的形成制造了实质障碍。其主要体现在以下几个方面。其一，目前第三方电子支付平台备付金性质的认定使得备付金存管机构发生破产时（尤指符合条件的商业银行作为备付金存管机构发生破产之情形），支付用户无法获得合理的救济。因为基于法律规定，若商业银行发生破产，存款用户可以按照《存款保险条例》获得最高限额 50 万元的偿付。但我国《存款保险条例》第四条限定了存款之性质，即被保险的存款仅包括银行吸收的存款，金融机构同业之间的存款除外。第三方电子支付平台备付金虽不属于金融机构同业之间的存款，但仍不能获得《存款保险条例》的保护，因为在《非银行支付机构网络支付业务管理办法》以及第三方电子支付平台公布的《支付用户服务协议》中明确规定，支付用户存于商业银行的备付金不等同于商业银行的存款，不受《存款保险条例》的保护。事实上，这只是从规范文件层面排除了支付用户的备付金获得银行存款保护的可能。备付金因为不属于存款，所以存管银行破产时支付用户无法通过《存款保险条例》获得相应的救济。退一步说，备付金即使可以以活期存款、单位定期存款、单位通知存款等方式存放，将其认定为支付机构的单位存款，但该单位存款在商业银行破产之时仍不能获得优先支付清偿，使支付用户获得充分的保护。因为按照《中华人民共和国商业银行法》第七十一条之规定，商业银行发生破产，在支付破产费用、职工工资以及劳动保险费用之后，优先支付个人储蓄的本息，此时我们将备付金认定为支付机构以自己的名义存放在存管银行的单位存款，仍无法获得优先救济。再退一步，即使其无法在《中华人民共和国商业银行法》中获得优先救济，那其是否能在《存款保险条例》中获得充分救济呢？答案同样是否定的。因为按照《存款保险条例》之规定，存款用户最高获赔金额是 50 万元。支付机构以自身名义将支付用户的备付金整体存放在商业银行，一旦商业银行发生破产，支付机构将获得最高额为 50 万元的保险赔偿，但是 50 万元针对的是支付机构开设的集合账户，但集合账户项下每个支付用户所遭受的损失总额可能远远高于 50 万元。基于此，支付用户依然无法按照《存款保险条例》获得充分的救济，势必遭受巨额的损失。是故，解决之道在于需要制定符合第三方电子支付平台备付金性质与实际运行现状的支付用户权益保障机制，但该机制并没有被建立起来。其二，对支付用户备付金免息、禁止流动的规定使得支付用户专项保护资金的设立变得困难。以支付差错中损失承担为例，目前，第三方电子支付平台对于支付差错产生的损失多是通过《支付服务协议》将损失后果分担给支付用户。即使个别第三方电子支付平台通过协议将支付用户的损失转嫁给保险公司，其也仅仅将赔付范围限定在某一或某几种支付差错类型之上。出现此种现象的根本原因在于第三方电子支付平台是理性自利的商事主体，以最小的成本追求最大的利益是其内在驱动力，支付平台对支付用户的损失自然是期望将其转嫁给第三方机构或者支付用户，但实际上无论是第三方保险机构、支付用户（指全体支付用户）还是第三方电子支付平台皆没有独自承担数额庞大的损失责任的能力，于是名义上的支付用户安全保障举措异化为大量支付用户的损失皆由支付用户独立承担的非正常现象。目前解决路径有两条，第一条路径是，增加第三方电子支付平台本身对支付用户的保护力度与保护义务（如支付平台利用盈利或者自有资金强化对支付用户的保护）。第二条路径则是利用支付用户的备付金所产生的资金孳息或投资收益设立支付用户专项保护资金。对于前者，支付平台理性自利的属性决定了该路径存有的阻滞较多，不具有现实可行性。对于后者，目前对备付金免息以及不允许备付金流动的严厉规制举措使得该类专项保护资金没有资金的来源。

第三节　第三方电子支付平台备付金管理制度的完善路径

　　针对第三方电子支付平台备付金管理路径的完善，学界进行了广泛的探讨，主要围绕如何发挥备付金的资金增值属性（备付金流动性）以及构建备付金保障制度两个方面，针对如何发挥备付金的资金增值属性方面，有学者提出，我国应当尽快建立高效灵活的备付金规制制度，借鉴欧盟对备付金的规制规则，允许第三方电子支付平台对支付用户的备付金进行投资，但需要对投资额度以及投资方向进行严格的限制，同时还可以建立相应制度对备付金实行动态监管①。有学者在此基础上进一步指出目前对备付金严格管制并采用无息化是治理备付金被挪用乱象的一剂"猛药"，从长远来看是对资源的浪费。鉴于此，规制部门应当对备付金的治理设计更加细化的规制举措，对备付金的投资领域进行限定，只允许其投向低风险、强流动的领域。例如规定第三方电子支付平台备用金像存款保险基金一样可以投向政府债券、央行票据等信用等级较高的证券。备付金的收入可以将其划入支付用户权益保护的专项资金来源，但是要保证该项资金的透明度②。对于架构完善的备付金保障制度方面。有学者提出要另行建构备付金保险保证金制度③，或者另行引入备付金保险制度，支付用户让渡部分收益，第三方支付平台让渡部分报酬，共同构成强制保险基金的来源，这对于降低支付平台运行风险、保障支付用户的合法权益以及增强社会公众对支付领域的信心具有强化作用④。当然，除却构建备付金保险制度以外，也有学者提出通过立法明确备付金既不属于支付机构的破产财产或清算财产，也不属于存管银行的破产财产或清算财产，在法律中规定当存管银行破产之时，支付用户的备付金应当与个人存款享有同等的优先被偿付的权利⑤。纵观学界以及国外立法对备付金管理之路径，从备

---

① 包红丽，封思贤. 第三方支付监管机制的国际比较及启示 [J]. 上海经济研究，2015 (11)：54.

② 张龄方. 论第三方支付中客户风险及其防范机制构建 [J]. 天津商业大学学报，2017 (4)：70.

③ 闫海，刘闯. 论非金融机构互联网支付中客户备付金的性质、归属及监管 [J]. 西南金融，2013 (9)：67.

④ 卜又春，赵其伟，李昊. 第三方支付沉淀资金及孳息的法律权属问题研究：基于财产权视野下的物权债权区分理论视角 [J]. 金融理论与实践，2013 (11)：68.

⑤ 张立艳. 破产对第三方支付机构客户备付金的影响 [J]. 金融法苑，2014 (2)：74.

付金的利用和备付金的保障角度，笔者认为对于我国备付金管理宏观上应当确立资源适度利用原则，微观上应当建立科学合理的备付金使用规则以及创设备付金安全保障制度。

一、第三方电子支付平台备付金管理制度设计的基本原则：资源适度利用

马克思指出：资本作为自行增殖的价值，不仅包含着阶级关系，包含着建立在劳动作为雇佣劳动而存在的基础上的一定的社会性质。它是一种运动，是一个经过各个不同阶段的循环过程……在这里，价值经过不同的形式，不同的运动，在其中保存自己，同时使自己增殖、增大。备付金同资本一样，同样存在"增殖增大"的"冲动"，只是目前被人为限制了。基于此，资源适度利用原则作为备付金的治理原则理论上具有正当性与合理性。资源适度利用原则作为备付金管理的原则性规范具有三重重要内涵。第一重内涵，资源适度利用原则从抽象规范层面重新确立备付金的治理思路，即逐渐改变目前备付金严厉且僵化的治理状态，盘活其作为资源内置的增值属性，将备付金从单纯归属于支付用户的"静态"财产权益视角转换到归属于支付用户的"动态"财产权益视角。例如允许备付金孳息的产生、允许支付机构对支付用户的备付金进行投资、允许对备付金产生的收益再次利用等。第二重内涵是，资源适度利用不是强调对备付金进行无节制的利用，而是以适度为限。具体来说，防控风险仍是备付金利用的底线，这符合我国传统的规制习惯。党的十九大报告中强调要"健全金融监管体系，守住不发生系统性金融风险的底线。"即在金融创新的过程中，我们也要将风险控制在安全阈值之内，这是底线也是红线。因此，将风险防控的底线思维与备付金利用思维相容，更加契合我国金融安全规制的习惯与思路。因此对于备付金的利用，我们应当充分分析备付金利用的范围、利用的方式以及利用的程度所蕴含的风险。第三重内涵，在对备付金进行管理时，我们应当明确"利用"与"适度"之间的顺位与张力。笔者认为目前备付金管理规范深刻体现出行政机关超强管控金融风险的性征，未来备付金管理方向则应当在制定风险防控的底线与红线之基础上，将一定规模的备付金通过适当的渠道进行流通进而实现价值增值。换句话说，未来备付金的治理应当明确风险防控是第一要义，但是仍要给备付

金有效利用、实现增值目的留有空间，进而达到备付金风险与收益配比的帕累托最优。

二、第三方电子支付平台备付金管理制度的具体建构

第三方电子支付平台备付金管理规则的具体构建应当在资源适度利用原则规范的指引下，重新思考适度利用备付金的具体制度构建。笔者认为备付金管理的具体制度构建主要体现在以下两个方面。

（一）建立科学合理的备付金使用规则

笔者基本赞同学界认为备付金应当被合理使用的观点，并且也肯定学界围绕实现备付金增值目标的制度设计具有相当程度的合理性。基于目前学界以及国外对备付金的现有研究，笔者认为备付金的使用规则应当紧紧围绕两个面向展开。第一，备付金的流动渠道应当被严格限定。备付金作为支付用户的预付价值，以电子货币的形态在民商事交易中进行流动，支付用户随时可能与交易相对方发生交易并进行资金划拨，于是在备付金投入市场增值的过程中，要保障备付金被投入的领域具有高度的流动性，确保在支付用户发起支付指令之时，支付平台账户内存有充足的资金满足支付用户的资金划拨需求，或者说当支付用户发起资金调拨指令，即使支付平台当时没有足够的备付金，支付平台仍可以从高流动投资领域之中将支付用户的备付金及时抽出用于满足支付用户的支付需求。同时，备付金所投入的领域还应当具备高安全性。即备付金所投领域不能是高风险的领域，如证券市场、期货市场等。备付金不能投资高风险领域的根本原因在于若备付金投入高风险领域，一旦发生亏损，那么将对支付用户造成巨大的经济损失，无法实现备付金所具备的资金划拨的目标。第二，投入市场进行增值的备付金规模也应被严格限制。如果说低风险与高流动性的投资领域是对备付金利用的基础性限制，那么对投资规模、投资策略的限定则是对备付金利用更高维度的限制，进一步分散了利用备付金产生的风险。也就是说，备付金虽具有增值属性，但鉴于备付金所具备的功能，也不宜将支付用户的备付金全部投入某一领域。理性的做法是将支付用户的备付金按照一定比例单独提出作为投资的专项资金，并将该资金分别投入某几个高流动性、低风险的领域。换句话说，只能提取一定比例的支付用户备付金进行投资，且用于投资的备付金不能投向某一个领域，而是需要将其分别投资于几个流动性高、低风险的领域，以此最大程度降低投资风险。综上，对于备付金的投资，笔者建议借鉴欧盟、新加坡以及日本的相关规定，允许将支付用户备付金按照一定比例分散投入国债、中央银行票据等低风险、高流动性的投资领域之中。

（二）创设备付金安全保障制度

正如资源适度利用原则所述及的那样，在利用备付金实现增值的同时，备付金安全保障亦是不可忽视的重要节点。备付金的"动态"利用和备付金的"静态"安全保障成为备付金管理的两大重要侧面。笔者认为，对于备付金安全保障制度，我们需要创设支付用户专项资金保障制度以及存款延伸保险制度。

1. 支付用户专项资金保障制度

从法理上看，沉淀资金属于支付用户，于是沉淀资金产生的孳息以及投资收益也应当属于支付用户并无任何问题。但对我国第三方电子支付平台而言，将备付金产生的孳息以及投资收益归属于支付用户存在具体操作上的困难。例如支付用户基数极其庞大，要将备付金产生的资金孳息以及投资收益分配给每一位支付用户将会产生巨大的经济成本，这是支付平台无法承受的。同时对每一位支付用户而言，其备付金所产生的资金孳息以及投资收益数额并不大甚至可以忽略不计，支付用户对备付金产生的资金孳息以及投资收益在实践中并没有强烈的需求。虽然根据我国现行规定，对备付金采用暂不计息的举措，回避了分配备付金资金孳息与投资收益给支付平台与支付用户带来的种种问题，但正如前文所论述，这只是"权宜之计"，从备付金管理的长远发展来看，我们需要建立支付用户保护专项资金制度，将备付金所生成的资金孳息以及投资收益作为专项资金的重要组成部分，规制主体对专项资金进行监管，进而保障整个支付服务体系的安全与稳定。例如支付用户因为支付差错发生损失，则可以用该项资金先行赔付。这样一方面能使得支付用户的权益获得充分的保障，符合支付用户的现实需求；另一方面也降低了第三方电子支付平台、第三方保险机构的赔付压力以及其他经济成本。更为重要的是，设立支付用户专项保护资金制度也直接避免了将备付金资金孳息以及投资收益分配给支付用户所引发的操作困难。另外，支付用户专项保护资金的收集、储存以及使用都必须透明，因而对于支付用户专项保护资金的搜集、储存以及使用，我们还应当配备相应的信息披露规则予以规制。

2. 存款延伸保险制度

　　未来在市场经济的指引下，第三方电子支付领域的竞争将会日益激烈，支付平台的数量以及支付平台中的备付金规模也将日益扩大，因此将支付平台中的备付金集中存管于某一家或某几家符合条件的商业银行之中，势必意味着资金风险过于集中。针对此项问题，笔者认为解决路径在于可以镜鉴美国的存款延伸保险制度，将支付用户的备付金放入存管银行的集合账户之中，在备付金集合账户之下针对每个支付用户建立二级账户，以此实现备付金账户的独立化与二级账户可识别的标准，使得存款保险延伸到备付金真正的所有人即支付用户，最大限度地保护支付用户的利益。在保险数额上，笔者认为应当参考《保险存款条例》第五条的规定，存款保险实行限额的偿付，最高偿付额为 50 万元。

　　总体来说，第三方电子支付平台备付金管理路径的核心要义在于盘活备付金"活力"的同时，防控备付金可能发生的资金风险。而在资源适度利用原则的指引下，构建备付金投资规则、保障规则是实现这一核心要义的可能路径。

第七章
第三方电子支付平台的退出制度

　　市场主体有序退出市场的制度是社会主义市场经济的重要组成部分。当前我国第三方电子支付领域已然被"主流"支付平台所占据，市场需求相对平衡，从目前支付市场整体局面来看，市场上支付平台的数量呈现恒定的趋势。暂不论未来应当对第三方电子支付平台准入制度进行"大刀阔斧"的改革，使更多的支付平台进入支付市场，加剧支付市场竞争，使得支付平台退出市场之情形日益频繁。即使按照目前第三方电子支付平台的市场格局，支付平台之间依然存在竞争关系，只要存在竞争就一定会存在企业兼并、重组以及解散①。例如2015年，我国出现的第一例第三方电子支付平台倒闭案例（上海畅购），该案例透露出我国第三方电子支付平台退出制度设计上的诸多漏洞，同时也引发了学界和实务界对支付平台退出市场时以及退出市场之后权义责分配的深入思考，不过这些问题并没有在现有的规制规范中得到充分有效的解决。本章主要围绕如何完善第三方电子支付平台退出机制这一核心问题展开深入论述，即围绕第三方电子支付平台退出制度的概述—退出制度现状检视—退出制度路径优化的思路进行推进。

---

①　张婧. 经济法对第三方支付价值实现维度的探究 ［J］. 经济问题，2018（12）：112.

第一节　第三方电子支付平台退出制度的概述

第三方电子支付平台退出制度作为市场经济制度的重要组成部分之一，重要性不言而喻。但与前述第三方支付平台准入、信息披露等规制模块一样，若想科学、完整、合理地设计出第三方电子支付平台退出制度，则势必要对第三方电子支付平台退出制度的类型以及理论证成进行必要的剖析，本节主要阐释第三方电子支付平台退出制度的类型以及理论依据。

一、第三方电子支付平台退出制度的类型

退出市场的原因与退出市场制度的法律类型在一定程度上呈现出正向关联，即第三方电子支付平台退出市场的原因可以进行分门别类并提炼出支付平台退出市场的法律类型。与此同时，第三方电子支付平台退出市场的法律类型又将深刻影响支付平台退出市场制度的具体构建，因此对第三方电子支付平台退出市场原因与法律类型的研究具有重要价值。

（一）第三方电子支付平台退出制度的类型划分

按照学界的一般说法，完整的市场体系应当包括市场主体、市场运行和市场保障几个方面。与此相适应的是，完善的市场法律体系也可以分为市场主体法、市场运行法以及市场保障法。其中市场运行法主要包括市场准入规范、市场交易规范以及市场退出规范①。第三方电子支付平台退出制度应当属于市场退出规范的重要组成部分，是支付平台平稳退出市场的重要指引。不过我们对第三方电子支付平台退出制度的类型划分不能直接从概念中作出明确的界定，而是需要通过众多引发支付平台退出市场的原因进行分析与阐释。

事实上，结合一般市场主体（商事主体）退出市场的原因可以看到，第三方电子支付平台退出市场虽存在诸多因由，但主要体现在行政处罚、司法解散以及平台章定解散、平台兼并重组四个方面。行政处罚主要是指第三方电子支付平台违反了行政机关发布的规章制度，致使行政机关对第三方电子

---

① 赵万一. 敬畏法律 [M]. 北京：法律出版社，2013：324.

支付平台采取注销（吊销）"支付业务许可证"之处罚行为，强制第三方电子支付平台退出支付市场。例如在《非金融机构支付服务管理办法》第四十三条就规定，若第三方电子支付平台出现转让、出租、出借"支付业务许可证"的、超出核准业务范围运营的或将业务外包的、未按规定存管或者使用客户备付金等情形的，行政机关认为情节严重则可以注销第三方电子支付平台的"支付业务许可证"。司法解散主要是指法院通过司法程序对第三方电子支付平台进行清算并终结其民事主体资格，致使支付平台发生退出市场之结果。例如第三方电子支付平台濒临破产边缘，支付平台的债权人等利益相关人可向人民法院提起诉讼，请求对该支付平台进行破产清算，最后法院针对支付平台做出破产清算的裁定，第三方电子支付平台就会被强制退出支付市场。支付平台兼并重组退出市场是指第三方电子支付平台在实际运营过程中遇到实质困难或其他市场因素致使支付平台被其他市场主体兼并重组，支付平台提供支付服务的资格被消灭进而退出市场之情形。需要说明的是，支付平台兼并重组时，虽然原支付平台市场主体资格发生灭失，但支付平台内部各种资源仍被相关兼并重组者所接受，其支付业务将以"新"的支付平台名义得以展开。章定解散是指第三方电子支付平台出现了章程约定［包括股东（大）会做出解散决议等］退出市场的情形，支付平台自行对平台进行清算并退出市场。我们从第三方电子支付平台退出市场的原因可以概括并描述出第三方电子支付平台退出制度的主要类型，即行政命令退出型、司法裁决退出型以及兼并重组退出型、章定退出型四种类型。

（二）第三方电子支付平台退出制度类型的性质界定及适用选择

行政命令退出型、司法裁决退出型、章定退出型主要是注销第三方电子支付平台的商事主体资格使其在市场上彻底消失，支付平台内部资源也被彻底清算分割，属于清算主义，而兼并重组退出型则是对第三方电子支付平台的资源进行整合使其再生，属于再建主义。是故，从全局来看，第三方电子支付平台退出制度并不是仅指第三方电子支付平台被清算后注销其商事主体资格之情形，而是指将支付平台彻底灭失与支付平台资源整合作为其两大重要内容的机制。换句话说，第三方电子支付平台退出制度包含了支付平台彻底退出市场和相对退出市场两种情形。前者是指第三方电子支付平台的内置要素被彻底解构并重新归入市场，成为市场中的稳定（不活跃）要素；后者是指第三方电子支付平台的内置要素被解构后并未立即归入市场之中，而是被另外的第三方电子支付平台内置要素所吸附以强化该支付平台的"机能"或者被其他市场主体吸附使该市场主体具备支付功能。实践证明，清算主义与再建主义之间无法划出一道清晰、明确的界限且无法对这两种主义做出极端的选择。正确的做法应当是一方面要看到两种主义存在的差异点，从整体的角度认知二者存有的区别；另一方面是要意识到在构建退出制度的过程中机械地在两种主义中做出非此即彼选择的危害，退出制度的设计者应当以理性的态度面对、动态平衡清算主义与再建主义之间的关系[①]。即在第三方电子支付平台退出制度类型的认定与适用选择上，我们虽然可以从理性预设的角度对清算主义与再建主义进行划分，但并不能机械地对这两者做出定义式的划分且在具体适用上做出极端选择，而是应当根据第三方电子支付平台的实际状况采取适宜的应对之策。正如哈罗德·J.伯尔曼认为，法律的运行与发展有其自身的逻辑：变化不仅是旧事物对新事物的适应，而且本身也是一种变化形式的一部分。变化过程本身是受某种规律所支配的，而且可以从事后推知，此种过程反映出一种内在需要[②]。

二、第三方电子支付平台退出制度设立的理论证成

第三方电子支付平台退出制度的存在与设计并不是"凭空捏造"的，而是有深厚的理论基础作为直接依据或者作为参照的。第三方电子支付平台退出市场制度的设计机理主要由公司债权人保护理论以及商事主体退出市场的社会心理环境理论作为支撑。

（一）公司债权人保护理论之镜鉴

在传统的民事法律体系中，对债权人的保护主要寄希望于"契约责任"进行救济。例如交易双方一旦出现纠纷，当事人第一反应是将交易契约交予裁判人员予以评判。但是公司有其特殊性和复杂性，采用一般的"契约责任"已经无法对公司债权人提供充分的保护，因此有必要在一般的"契约责任"救济基础上建立保护公司债权人的特殊规范体系。公司退出市场的法律制度，就是公司退出市场之前设立的保护公司债权人的最后屏障，是坚持公司营利

---

① 赵万一. 商法独立与独立的商法：商法精神与商法制度管窥［M］. 北京：法律出版社，2013：266.

② 哈罗德·J.伯尔曼. 法律与革命［M］. 贺卫方，等译. 北京：中国大百科全书出版社，1993：11.

性与社会责任并举之结果，其主要目的在于防止出现股东任意处分、转移以及提前分配公司财产的行为，最大限度维护债权人的合法权益，同时公司退出市场的法律制度也为公司债权人提供了可预期的法律救济途径。进一步说，导致公司出现退出市场的直接原因多样，但无论基于何种缘由，公司在退出市场之时都将对目前已拥有的财产进行分配。基于公司风险外溢的客观要求和公司内部人员具备较强的公司财产实际控制力之现实，一旦公司退出市场，公司债权人极有可能无法实现自身的债权。为了不给市场经济的发展带来较大的负面影响，确保债权人利益与公司股东利益、公司职工利益、社会利益实现相对平衡，势必需要构建一种制度对公司退出市场的类型、程序以及责任进行合理规范，对公司退出过程中关涉的各种利益进行妥善安排。

对于第三方电子支付平台退出市场机制而言，第三方电子支付平台除却与普通公司一样存在相同的利益相关者之外，还另行凸显出新的利益相关者（支付用户）。虽然支付用户并不与支付平台构成上文述及的债权债务关系，但公司债权人保护理论也具有重大的借鉴意义。支付用户与支付平台除了构成提供资金划拨服务与接受资金划拨服务的法律关系外，在整个资金划拨的过程中支付用户还与支付平台形成了资金存管、支付平台对支付用户个人信息搜集使用等法律关系。备付金的所有权以及支付用户的个人信息对于支付用户而言具备相当程度的专有属性，也就是说备付金无论如何流转，其形成的财产权益仍归属于支付用户；支付用户的个人信息无论被支付平台或第三方机构如何挖掘处理，其形成的个人信息产品仍不能与支付用户进行彻底分割。这在一定程度上表明，第三方电子支付平台与一般的公司企业有所不同，即支付用户的某些权益应当优位于支付平台的其他利益相关者，在第三方电子支付平台退出市场之时，也应当充分考虑或者优先考虑支付用户的权利与利益保护。更何况第三方电子支付平台在存续运营期间已然出现挪用支付用户备付资金、滥用支付用户个人信息之情形，更不必说在第三方电子支付平台退出市场之际可能会出现更加糟糕的情形。因此一旦第三方电子支付平台退出市场，其不仅需要对支付平台自身债权人、支付平台内部职员按照普通公司退出市场的法律法规做出普适性安排，还需要对支付用户的备付资金以及支付用户的个人信息做出专门的制度衔接，这也是第三方电子支付平台退出制度的重要组成部分。专门设立第三方电子支付平台退出制度还有一个重要的原因，即第三方电子支付平台"准金融属性"表明支付平台从事的业务不是单纯的民商事业务或者说数额较大的一次性商事交易，第三方电子支付平台业务的特征是支付平台使用者广、支付平台中的资金沉淀数额大、支付平台业务所蕴含的专业技术较复杂，任何一个环节出现错误，将会形成具有很大破坏力的金融风险，给支付用户造成难以估量的经济损失，影响整个社会的稳定。于是第三方电子支付平台的"准金融属性"决定了第三方电子支付平台的准入制度与一般公司准入制度不同，支付平台退出制度的设计与一般公司的退出制度也有所差异。基于此，我们需要单独针对第三方支付平台退出制度做出更加审慎且精准的设计，即既包括对于支付平台退出市场的程序性安排、利益相关者权益之分配，又包括若支付平台退出市场造成利益相关人损失所形成的责任分担。

（二）心理环境理论之支撑

制度的设计应当满足制度接受者的心理预期，这是制定良好制度的重要前提。正如有学者提出，对规则的社会文化心理认同或许是人们面临规则进行决策时最为重要的心理动因①。目前人们针对市场主体退出市场的心理接受程度已经十分成熟，这主要在于人们权利意识、利益意识、竞争意识以及效率意识之觉醒以及充分发展。权利意识体现在权利的享有者对自身享有的权利存在充分的认知与重视，他人对权利享有者的权利予以充分的尊重，国家对权利享有者的权利给予充分的保护。退出市场是市场主体的应然或者天然权利，市场主体应当对"退出市场权"抱有内心之"确信"，其他市场参与人员应当尊重此项权利并不得干扰该权利的正常实施，国家也应当为市场主体退出市场提供相应的规范并确保该规范的正常运行。利益意识又被称为经济利益意识，通常被认为是铭刻于人类基因的重要片段，因为金钱的历史与人类的历史一样古老②。但经济利益意识并不是指原始社会中采集狩猎式的剥夺和无规则指引下膨胀的贪欲，而是在自利理性的光辉下，符合"经济合理主义"的利益要求，它不是单个个体的自我意识的觉醒，而是一种社会群众的普遍心理现象，一种社会思潮。在历史上，合理利益要求出现时并没有迅速得到社会承认与接受，而是经过了漫长的发展阶段。中世纪的欧洲，利益

---

① 李安，王家国. 法律移植的社会文化心理认同 [J]. 法制与社会发展，2018（1）：149-150.

② 马克斯·韦伯. 新教伦理与资本主义精神 [M]. 于晓，陈维纲，译. 上海：生活·读书·新知三联书店，1987：7-8.

意识长期受到不合理的对待，统治者将其视为"卑贱""耻辱"或"不道德"的象征。在传统中国，"重义轻利"始终是中华传统文化的重要内涵，甚至将"义"和"利"作为评判"君子"与"小人"的基本标准，这显然对市场主体正当、合理、有秩序地退出市场不具有正向作用。18 世纪之后，资本主义精神开始将营利（盈利）作为其主导内容，此时市场主体正当、合理、有秩序地退出市场的情形时有发生，这与人们强烈的利益意识密不可分，因为在一个彻底的资本主义社会运行秩序中，无法营利的资本主义企业注定要消亡①，营利（盈利）逐渐成为市场主体的本质特征，若市场主体缺乏该特征，便存在退出市场的应然事由。竞争意识是利益意识的一种延伸，因此竞争意识对于市场主体退出市场的作用更为直接且具体，表现为竞争意识与市场主体退出市场存在较为密切的因果关系。人类社会的发展与进化本身就是竞争的结果，达尔文的进化理论就是例证。不过人们承认竞争的合理性并将其作为社会发展的重要因素也是一个动态的过程，这不仅是因为形成充分的社会竞争需要一定的客观物质基础，也是因为传统社会长期运用"天下大同"以及"共乐共苦"的思想理念来抚慰因为竞争遭受心灵创伤的人们，这在很大程度上抑制了人们的竞争意识。竞争的正当化也是近代才得以出现，竞争意识得到人们普遍的认可。竞争意识使得人们长期处于对峙的状态，此种对峙并不指身体上的对峙，而是经济利益的对峙，它对人们思想上温情与惰性的强烈否定，刺激着市场主体发挥自身一切能力去争夺市场的优势地位，并以最小的成本获取最大的收益。毫无疑问，市场的退出机制急需此种意识，此种意识的出现为退出机制的设计提供了正当性的证据，同时退出现象的频繁出现亦是竞争意识不断蓬勃发展之必然结果。效率意识是市场主体理解退出市场行为之基础。随着经济的不断发展，人们发现对资源的有效搭配以及技术的革新有助于经济效益的增长，此时效率意识在人们的心中逐渐萌芽，并发展为系统的经济学理论。当效率意识成为人们普适性的意识形态之时，有明确效率意识的人才知道不效率之市场主体对市场整体运行带来的消极影响，才理解市场主体退出市场符合社会经济运行的客观规律。与此同时，效率意识是市场主体主动且配合退出市场重要的精神驱动力，没有高度的效率意识，

---

① 马克斯·韦伯. 新教伦理与资本主义精神［M］. 于晓，陈维纲，译. 上海：生活·读书·新知三联书店，1987：7-8.

市场主体退出市场制度的设计与实现将举步维艰。

　　将权利意识、利益意识、竞争意识、效率意识与第三方电子支付平台退出制度的证立结合起来，笔者发现第三方电子支付平台退出制度的存在与演变依然契合整个社会的心理动因，顺应着社会心理环境的发展趋势，满足社会心理的实践需求。主要表现在：第一，第三方电子支付平台退出制度的建立符合权利意识的内涵要求。第三方电子支付平台退出市场的权利是支付平台作为市场经济商事主体固有、法定的权利，并不能因为其"准金融属性"需要采用一定强度的行政规制就不允许退出市场。实际上，无论事物的金融属性再强，社会影响力再大，若该事物不能推动市场经济良性发展，则其理应从市场中被清退出去，即体现出"符合法定准入条件的市场主体或经营项目，经政府的审批或核准得以进入相应的市场；不符合法定准入条件的主体或经营项目，则被拒绝进入相关市场；对进入市场后又不具备准入条件或者发生严重违法违规行为的市场主体，则驱逐出市场或者在一定期限或者永久禁止其进入市场"之基本逻辑①。揆诸众多金融机构，我国立法亦没有剥夺其退出市场的能力与资格。《中华人民共和国商业银行法》就规定，在一定条件下商业银行可以退出市场。退一步说，第三方电子支付平台具有"准金融属性"需要国家的强制干预与调控，但此种"干预与调控"的完整内涵既应当体现在第三方电子支付平台准入、信息披露、备付金管理等积极正向运行上，也应体现在支付平台退出市场的消极反向规制上。换言之，市场主体具有退出市场的权利，第三方电子支付平台作为市场主体的重要组成部分，应当完全承袭该权利且该权利不得被非法剥夺与侵害。

　　第二，第三方电子支付平台退出机制的建立符合利益意识以及效率意识。不能营利之商事主体在社会中不具有存在的正当性，这是利益意识、效率意识最直白的注脚。当第三方电子支付平台作为商事主体不能实现营利之时，退出市场实际上是对现存的资源组合进行拆分并根据灵活的市场机制重新配置，这是防止资源浪费，践行利益意识、效率意识最直接的体现。换句话说，利益意识与效率意识共同强调第三方支付平台进入市场时和进入市场后所具备的经济属性。倘若第三方电子支付平台自身已然不具备经济属性，不能使得支付平台为社会创造利润，继续允许其存在就是从根源上对人们利益意识

---

① 陈甦. 商法机制中政府与市场的功能定位 [J]. 中国法学，2014 (5)：48.

与效率意识的否定，此时第三方电子支付平台选择退出市场则是对客观经济规律的遵循与尊重。

第三，第三方电子支付平台退出机制的建立响应了竞争意识的内在需要。未来对第三方电子支付平台的规制将会跟随业务创新而不断变化，可以预见那时支付市场中支付平台数量会增加，支付平台的质量也将呈现差异化的特征，支付平台提供的支付服务也会体现出"同质化"与"异质化"的现象，毋庸置疑，支付平台之间的竞争状态应当是日趋激烈的。换句话说，目前第三方电子支付平台数量恒定的格局可能会被打破，在"优胜劣汰""供需博弈"的市场作用下，将会有大量支付平台逐渐退出市场，此时需要设计科学合理的退出制度予以规范支付平台的退出行为，以此保证支付市场的良性发展。

第二节　第三方电子支付平台退出制度的现状检视

在我国，第三方电子支付平台并没有完善的退出制度，这也是目前第三方电子支付领域出现支付用户信息泄露、支付用户备付金被挪用以及个别支付平台形成行业垄断等情形之重要原因。本节主要针对我国第三方电子支付平台退出制度立法规范之检视，并比对国外成熟的电子支付平台退出制度的立法规范，归纳出目前第三方电子支付平台退出制度存在的问题。

一、我国第三方电子支付平台退出制度的立法规范检视

基于第三方电子支付平台"准金融机构"之定位，采用商业银行退出制度与第三方电子支付平台退出制度进行比对梳理之方法，对我国第三方电子支付平台退出制度的立法规范进行检视，更具有现实意义。

《中华人民共和国商业银行法》第七章对商业银行退出市场予以规定。该章首先明确可能引发商业银行退出市场之结果的两种形式：接管与终止。对于接管而言，出现接管的情形并不代表商业银行一定发生退出市场之结果。该法第六十四条规定，当商业银行已经或者可能发生信用危机，严重影响存

款人利益之时，银保监会有权对其进行接管。第六十八条规定了银保监会接管终止的事由，即接管期限届满、被接管银行已经恢复正常的经营以及被接管银行被合并或被宣告破产三种情形。只有在接管期限届满被接管银行仍不能恢复正常经营或者商业银行被合并、被宣告破产才属于真正的退出市场。对于终止，从《中华人民共和国商业银行法》第六十九条到七十二条来看，其主要存在合并分立、章定解散、行政命令强制退出、司法程序宣告破产等使商业银行退出市场之情形。例如该法第六十九条规定，商业银行因为合并、分立或者章程约定需要解散的，需要向银保监会提出申请并且报送书面解散之理由及清偿支付存款本金、利息的计划，经过批准方能解散。还如第七十条规定，若商业银行被行政机关吊销经营许可证，银保监会将及时成立清算组，按照清偿计划偿还存款本金及利息等。

　　对于具备相当程度金融属性的第三方电子支付平台，我国并没有像《中华人民共和国商业银行法》一样对第三方电子支付平台退出制度以专章的形式进行规定，甚至对第三方电子支付平台的规制调整也没有像商业银行一样以法律的形式予以规制，而是以部门规章或者其他规范性文件的形式予以规制。目前对第三方电子支付平台进行规制的主要有两部部门规章，即《非金融机构支付服务管理办法》以及《非银行支付机构网络支付业务管理办法》。这两部部门规章对于第三方电子支付平台的管控主要采用行政权力的直接干预，极少体现市场本身存在的调控作用，关涉第三方电子支付平台的退出制度更是主要体现为行政机关对支付平台支付业务资格的吊销（注销）。例如《非金融机构支付服务管理办法》第四章罚则中明确规定，支付机构若没有履行反洗钱义务、以欺骗的形式获得《支付业务许可证》以及出现中国人民银行明确禁止之行为却拒不改正的，中国人民银行有权注销第三方电子支付平台的《支付业务许可证》。《非银行支付机构网络支付业务管理办法》第四十二条规定，若第三方电子支付平台出现为虚假交易、非法交易提供支付服务，未按照规定处理支付用户信息或未履行支付用户信息保密义务造成信息泄露，公开披露虚假信息等情形的，中国人民银行及其分支机构可以按照《非金融机构支付服务管理办法》第四十三条之规定注销支付平台的《支付业务许可证》。而对于支付平台合并、分立或者涉及支付平台申请终止业务而退出市场

必须获得中国人民银行的行政前置审批①。基于此，第三方电子支付市场成为
"难进难出"的特殊领域，尤其是支付平台退出制度呈现出"支离破碎"的
状态。所以实践当中多是第三方电子支付平台违反《中华人民共和国刑法》
等相关强制性规定或者第三方电子支付平台已经存在重大问题，对市场经济
造成较大破坏之时才被予以"清退"。而依照市场主体商业判断、正常市场运
营的需要而退出市场的支付平台相对较少。

二、国外电子支付平台退出制度的立法规范检视

欧盟 2015 年《支付服务法令》第 13 条②明确规定了若支付平台出现以下
情形，支付平台主管机构有权撤销支付平台支付业务的运营资格：①如果成
员国对授权的失效没有规定，支付服务平台在 12 个月内未使用该项授权、明
确放弃该项授权或已停止经营超过 6 个月；②通过欺骗或者不正确的方法获
得授权；③支付平台已经不再符合获得授权时的条件或者支付平台发生重大
变化使其不满足授权条件且支付平台未将发生的重大变化告知主管机关；
④支付平台的业务会对支付领域安全或者支付领域的信用产生威胁；⑤按照
所属国家法律应当撤销其授权的其他情况。

美国在金融领域进行了大刀阔斧的改革，通过了《多德-弗兰克华尔街改
革与消费者保护法案》。该法案充分吸收投资银行贝尔斯登、雷曼兄弟无序破
产以及保险巨头美国国际集团"大而不倒"的经验教训，该法案赋予了财政
部和联邦存款保险公司在紧急之时接管大型金融机构的权利以及明确规定了
美联储与联邦存款保险公司共同对其进行破产清算的程序③。而对于电子支付
平台，美国立法除对电子支付平台退出市场的事由以及对电子支付平台采取
退出市场的方式进行细化规定以外，还对电子支付平台退出市场的法律责任
进行了民事责任、行政责任与刑事责任的衔接设计。《统一货币服务法案》中
规定④，监管者若发现下列情形，有权注销支付平台支付业务运营资格或撤销
支付平台对其分支机构的授权：①支付平台违反本法或者依照本法发出的指

---

① 《非金融机构支付服务管理办法》第十四条与第十五条。
② Directive (EU) 2015/2366 on Payment Services in the internal market, Article 13.
③ 武翠丹.《多德法案》背景下美联储监管职能及启示 [J]. 人民论坛, 2015 (36)：252.
④ Uniform Money Service Act, Article 8 section 801.

令；②支付平台不配合监管机关的检查或侦查；③支付平台从事的业务存有欺诈、虚假陈述或者重大过失；④由于支付平台的故意误导致使授权的分支结构被裁定违反州或者联邦反洗钱法或者违反了依照本法发出的指令；⑤公共利益不允许该支付平台从事货币转移业务；⑥支付平台从事的支付业务不安全或者制度不健全；⑦支付平台存在被清算、暂停履行其支付义务或者对债权人的债权进行一般性转让之情形；⑧在监管机关发现支付平台分支机构违反本法并向其发布通知时，支付平台仍不解除对分支机构的授权。与此同时，该法还对电子支付平台违反本法及其依照本法发出的指令做出了民事责任、行政责任、刑事责任的衔接。例如民事责任主要是指每天不超过 1 000 美元的惩罚（包括调查侦查的费用以及合理地区检察官的费用）。

日本 2009 年《支付服务法案》[1] 对于支付平台退出市场也主要体现为撤销支付平台支付业务资格，不过额外增加了公告程序。例如该法第二十七条第二款对于不能查清支付平台营业地或者办事机构所在地的，经过通知支付平台在 30 天内仍不报告的，总理有权对其撤销。需要提及的是，根据第二十八以及二十九条之规定，不管是对支付平台进行中止或是撤销都应当通过公开通知或者公告的形式。日本对于撤销支付机构的支付业务资格要求公开通知与公告形式的最大功用是对支付用户有一定的预警功能。

新加坡规定了支付平台退出市场的原因以及支付平台退出市场的方式。需要提及的是，新加坡还对支付平台支付业务被撤销之时支付平台申请听证的权利做出了相应规定。新加坡 2019 年《支付服务法案》对于支付平台退出市场主要体现在失效、撤销与暂时吊销三种情形[2]。《支付服务法案》第十一条第一款规定，若发生下述情形，支付平台被授予的支付业务运营资格失去效力：①被授权的主体被清算或者解散；②自然人持牌人死亡或者被裁定为破产人。第十一条第二款规定主管当局可以撤销支付平台支付业务运营资格的情形主要有：①主管当局认为持牌人不再符合合适及适当准则指引的要求；②主管机关对持牌人财务状况或者经营方式不满意；③持牌人违反或者持续违反法律、不遵循或持续不遵循持牌的积极条件与消极限制；④不遵循或者持续不遵循主管当局依照新加坡法律发布的书面通知；⑤持牌人向主管机关

---

① 資金決済に関する法律，第二十七条、二十八条、二十九条。

② Payment Services act，Article 11.

提交的材料存在错误以及误导；⑥主管机构认为持牌人、持牌人中的合伙人以及持牌人的雇员没有诚实及公正依照本法案履行自己的职责；⑦持牌人的出现可能违背公共利益；⑧持牌人未能开展或者停止开展被授权的支付服务或者没有缴纳年费。当然主管机关亦可以在撤销支付平台支付运营资格的基础上，选择暂停支付平台支付运营资格而不选择撤销的方式，但是在撤销或者暂停持牌人支付业务运营资格之时，主管机关应当给予持牌人听证的权利，不过在该法案中也制定了不给予持牌人听证机会的情形。与此同时，该法还规定了不管持牌人的运营资格失效、撤销或者暂时吊销，都不影响第三人与支付平台签订协议所形成的权义责。

　　总体来说，欧盟、美国、日本以及新加坡对于电子支付平台退出制度都做出了较为完善的规定。共性体现在：其一，都细化规定了启动电子支付平台退出市场的原因。欧盟、美国、日本以及新加坡对于电子支付平台退出市场的原因都是以列举的方式进行规定。其二，都对电子支付平台退出市场的方式做出了规定，通常是资格的失效与撤销。欧盟、美国、日本以及新加坡关涉电子支付平台退出市场的方式更倾向于对其主体资格的消灭，电子支付平台退出市场的法律类型性质更靠近清算主义。异性之处（不同之处）在于：其一，每个国家对电子支付平台退出市场提供的救济渠道不同。有的国家是采用公告的形式，有的国家更偏向于听证的形式。公告形式核心在于规制主体已经做出电子支付平台退出市场之决定，通过公告的方式告知利益相关人，使得利益可能或已经受损的利益相关人能够及时采取措施预防损失的产生或弥补已经产生的损失。而听证形式的核心是规制主体在作出电子支付平台退出市场决定之前，听取该电子支付平台陈述、申辩以及历经质证之程序，再决定是否要求电子支付平台退出市场。其二，对电子支付平台退出市场后权义责的初步安排也有所不同。有的国家对电子支付平台退出市场的责任规定较为细密，尤其体现在民事、行政与刑事责任的协调方面。而有的国家在电子支付平台退出市场后，更加关注电子支付平台与其他主体之间法律关系的效力问题。换句话说，有些国家对电子支付平台退出市场后权义责的规定更为宏观，对其进行多层次多角度的评介。而有些国家在电子支付平台退出市场后主要着眼于民事行为效力的规管。

三、第三方电子支付平台退出制度问题之发现

习近平总书记指出，我们"要学习掌握事物矛盾运动的基本原理，以问题意识为导向，不断强化问题意识，积极面对和化解前进中遇到的矛盾"①。通过对我国第三方电子支付平台退出制度、商业银行退出制度与国外电子支付平台退出制度的分析比对，结合第三方电子支付平台规制理论以及支付平台的独特性质，笔者发现第三方电子支付平台退出制度仍存有以下几方面的问题：

首先，从我国第三方电子支付平台退出制度全局来看，行政机关干预色彩浓厚，欠缺市场机制的参与和调控。从目前规制第三方电子支付平台的部门规章以及实践来看，第三方电子支付平台退出制度主要由行政机关主导，但以行政机关为中心架构第三方电子支付平台退出制度对第三方电子支付领域的发展十分不利。原因在于：其一，第三方电子支付平台属于市场经济视域下的商事主体，第三方电子支付平台退出制度理应以市场作为导向的商事规范作为其主要内容。"商事规范以营利性的商事关系为调整对象，更注重和强调对经营性活动的确认和保护，因而也形成和贯穿着一系列富有特色的商事法律原则和法律机制，包括确认和保护营利、促进交易简便快捷、维护交易公平、保护交易安全、主体法定、公示主义、外观主义、严格责任等"②。行政机关无法替代市场做出判断，也无法直接衍生出商事规制规范，这是以行政机关为主导的退出制度无法替代市场化退出制度的重要原因。其二，以行政机关为中心架构第三方电子支付平台退出制度抑制了第三方电子支付市场应有的"活力"。经济法的制度设计逻辑与商事法的制度设计逻辑存在较大的差异。经济法的制度安排主要体现的是国家治理体系与国家治理能力③，经济法实现的是国家、政府对市场经济的宏观调控，实现宏观意义上的公平，规范内容多以强制性规范为主。而商事法的制度设计逻辑则不相同，商事立法更加倾向于微观商事主体权义责的设计，有学者提出"民法典主体制度为商事主体制度提供了制度基础，民法典的法律行为制度满足了商事制度的基

---

① 习近平. 坚持运用辩证唯物主义世界观方法论 提高解决我国改革发展基本问题本领 [N]. 人民日报, 2015-01-25 (1).

② 赵旭东. 民法典的编纂与商事立法 [J]. 中国法学, 2016 (4)：42.

③ 刘春山, 江之源. 论经济法与国家经济治理 [J]. 社会科学战线, 2019 (6)：206.

本需要。"① 我们在商事规范中要给予商事主体更多的选择模板，规范内容以任意性规范为主，商事主体可以结合自身业务特征，筛选出符合自身发展的规制规范，促进自身"又快又好"的发展。换句话说，第三方电子支付平台退出制度若主要采用行政命令的方式予以强制退出，而不充分运用其他含有市场自由意志的多元化退出渠道，那么第三方电子支付平台退出只存在命令与服从的样态，这不符合市场经济发展的趋势与规律，同时也无法实现"充分发挥市场力量，在政策设计上对新技术、新产业和新业态采用积极支持、打破垄断、鼓励创新、高度宽容的态度，鼓励市场主体的创新动能，为中国新经济创造宽松友好的政策环境"的理想预设②。其三，以行政机关为中心架构第三方电子支付平台退出制度不符合金融安全与金融效率动态平衡、行政规制与行业自治均衡的发展理念，也不契合规制主体协同共治的规制模式。目前第三方电子支付平台退出市场的规制规范实质上过于偏向金融安全，过于强调行政规制，压制了金融效率之实现。同时从现行的规范文本来看，行政机关规制措施较为单一且规制措施的严厉程度并未体现为层层递进之样态，这很容易提高第三方电子支付平台的合规成本，支付平台通过较高合规成本的支出以降低支付平台被行政规制主体强制退市的风险。换句话说，行政机关撤销支付平台运营资格情形的相关规定较多，但是对于第三方电子支付平台市场化的退出方式以及衔接规定较少且适用严格，这造成不同类型的规制主体所拥有的规制权力失衡，无法实现协同共治。

其次，市场化方式退出市场的事前行政审批并无明确的标准，极大压制第三方电子支付平台退出市场的自由"意志"。现有部门规章规定第三方电子支付平台退出市场的方式主要有行政机关注销（撤销）支付平台许可证、经过行政机关批准的自行终止或经过行政机关批准的兼并重组等情形。可见在第三方电子支付平台退出之时，行政机关规制占据重要位置。需要指出的是，对于需要行政机关前置审批的自行终止和兼并重组等支付平台退出市场之情形，部门规章并没有对行政机关前置审批行为进行合理的规制，即并没有针对支付平台自行终止与兼并重组在满足何种标准或要素之时，行政机关应当

---

① 柳经纬. 编纂一部商事品格的民法典 [J]. 比较法研究，2016（1）：163.
② 胡鞍钢，王蔚，周绍杰，等. 中国开创"新经济"：从缩小"数字鸿沟"到收获"数字红利" [J]. 国家行政学院学报，2016（3）：10.

予以批准退出或者不批准退出做出明确规定。因此，当第三方电子支付平台的退出制度由此种模糊不清的行政机关审批作为前置条件之时，势必会对支付平台退出市场的"自由意志"进行压制，这会带来一系列负面效应。一方面，第三方电子支付平台退出市场的行政审批前置程序阻碍了支付平台在最佳时间做出最优的选择。按照通常的理解，当市场主体决定退出市场之时，应当是该主体生产经营面临巨大困难已然无法营利之时，此时该市场主体退出市场符合市场经济发展之基本规律。因为"经营失败，经营不审慎退出市场是防止道德风险、维护优胜劣汰机制，发挥市场约束作用的现实需要。"[①]不过此时除却行政命令撤销以及司法解散等强制退出市场情形之外，第三方电子支付平台仍可以选择以效益最大化的形式实现市场退出，即第三方电子支付平台有权对兼并重组或者章定解散等退出市场方式所产生的社会效益、经济效益作出衡量。第三方电子支付平台在理想预设下，是能够在诸多利益的平衡与博弈下选择最有效率的退出路径的。行政机关对兼并重组以及章定解散设定前置审批的规定实际上是压制了第三方电子支付平台退出市场的自由意志和减少了支付平台选择效益最大化路径的可能。进一步说，行政机关针对支付平台退出市场的事前审批制度，增加了支付平台能否顺利退出市场的不确定性以及支付平台较高的合规成本、时间成本，支付平台退出市场所产生的成本与通过退出市场欲实现的最大效益无法达到合理配比，这给支付平台退出市场设定了不合理的禁锢。另一方面，目前第三方电子支付平台退出市场方式的限制性规定又增加了行政规制主体的负担，主要表现为：当退出渠道变得愈发狭隘且单一之时，存在一定问题的支付平台退出市场将变得相对困难，此时不论允许存有一定问题的支付平台继续停留在市场中，还是将存有重大问题的支付平台通过注销（撤销）的方式强制退出市场，都造成了行政机关不能承受的额外负累。换言之，行政机关不能承受此种负累的核心原因是行政机关在规制市场之时存在一定的局限性，如行政机关远离市场，对于市场出现问题的症结往往缺乏全面、及时、准确的把握，所采取的规制举措往往没有针对性等[②]。行政机关需要对存有一定问题的支付平台进行考

---

① 何德旭，钟震. 系统重要性金融机构与宏观审慎监管：国际比较及政策选择 [J]. 金融评论，2013 (5)：8.

② 董新凯. 市场规制的社会化：以行业协会为例 [J]. 江苏社会科学，2006 (5)：130.

察，对支付平台退出市场的原因、具体程序安排、具体利益分配进行实质性判断，甚至行政机关有时还不得不实质介入支付平台退出市场的事务性工作，这实际上也在不断提升自身工作的难度。此外，当存有一定问题的支付平台难以退出市场的情形与支付平台存有重大问题必须退出市场的情形同时存在时，行政机关规制这两类支付平台将面临数量庞大的工作，其所付出的规制成本将会十分高昂。例如，行政机关既需要事前审批（实质判断）那些存有一定问题的支付平台退出市场的相关问题，与此同时，行政机关还要做好严重违规的支付平台强制退出市场的工作，因此行政机关的工作量十分庞大。

第三，第三方电子支付平台退出制度未对支付用户设计特殊的权益保障举措。无论第三方电子支付平台采用何种方式退出市场，对支付平台自身进行清算则属于大概率事件。《非金融机构支付服务管理办法》第三十九条只是简要地述及了支付平台清算的相关规定，即支付机构解散、撤销或破产的清算事宜按照国家有关规定办理。对第三方电子支付平台的清算进行如此简要的规定很难充分保障支付用户的相关权益。其一，现有的支付平台退出制度未充分保障支付用户知情权。通常第三方电子支付平台已经开始着手退出市场之时，支付用户才知晓支付平台面临着退市的重大危机，此时支付用户再着手维护自身权益将变得十分的困难。原因在于给予支付用户应对支付平台退出市场的时间太短，支付用户没有充分的时间思考应对举措或者支付用户的权益可能已经遭受不可挽回的损失。解决的路径是建立支付平台退出市场的风险预警制度，但该制度并没有在现有规制规范中得以体现。其二，现有的退出制度对于支付用户财产权与个人信息权缺乏完善的保障。正如上文所述，第三方电子支付平台与一般的公司、企业不同，第三方电子支付平台支配着数额庞大的支付用户备付金以及支付用户个人信息，备付金以及个人信息的专有属性势必要求在建构第三方电子支付平台退出制度之时对支付用户备付金以及个人信息作出特殊安排。目前第三方电子支付平台退出制度只是按照普通组织的清算规定对支付平台进行清算，并未对支付用户备付金以及个人信息保障重点着墨，不符合构建具有第三方电子支付平台特色的退出制度的要求，同时也极容易发生侵害支付用户财产权与个人信息权的情形。例如现有的退出机制并没有很好地解决以下两个方面的问题，即当第三方电子支付平台退出市场时，支付用户账户中的备付金如何处理？当第三方电子支付平台退出市场时，支付平台如何处理支付用户的个人信息？

第四，第三方电子支付平台退出制度中的法律责任并不完善。从理性应然预设的角度，第三方电子支付平台退出市场法律责任的设计可以分为两个部分。第一个部分当第三方电子支付平台因为违法行为退出市场之时，针对该"违法行为"第三方电子支付平台理应承担的法律责任（包括民事责任、行政责任与刑事责任）。此阶段设计法律责任最为核心的目的在于划定第三方电子支付平台的行为底线，使支付平台依法依规地稳健运营，同时致力于对该"违法行为"形成民事赔偿责任、行政处罚责任、刑事惩罚责任全方位的立体规制闭环。不过从目前的部门规章来看，第三方电子支付平台基于违法行为而被强制退出市场的法律责任主要涵盖了行政责任与刑事责任，而对于民事责任则提之甚少[①]。第三方电子支付平台作为商事主体，此等规制方式存在明显的瑕疵，一方面因为对于商事主体而言，民商事法律规范应当处于基础性规制地位。另外民事责任的缺乏对支付用户的权利保护亦十分不利，支付用户因为支付平台的不法行为遭受损失却没有直接的支付法律规范予以直接救济（经济补偿）。另一方面民事责任板块的遗漏缺失将会成为公权力失控的诱因，同时也会固化一种"条件反射性思维"，即只要国家出现了任何金融风险和因为金融造成了损失，行政机关第一反应就是运用行政执法权以及刑事惩罚来遏制该行为，并且认为该应对措施能够以最快的速度治理或者根绝出现的风险和减少损失[②]。此种错误的"条件反射性思维"以及规制规范赋予公权主体拥有极大自由裁量空间之现实，让公权力全方位"滑进"具体民商事领域之中，挤占了私权自治的空间，对第三方电子支付平台以及第三方支付行业发展不利。第二部分则是指第三方电子支付平台退出市场之时的法律责任。此时支付平台退出市场所引发的法律责任主要是指支付平台在退出市场时，没有履行退出规制规范所明确的"作为"义务而承担的责任。此部分退出行为的法律责任与造成退出市场后果之行为的法律责任发生时间节点与评价对象是不同的。例如前者主要包括第三方电子支付平台没有配合风险

[①] 例如《非金融机构支付服务管理办法》第四十五条规定，支付机构超出《支付业务许可证》有效期限继续从事支付业务的，中国人民银行及其分支机构责令其终止支付业务；涉嫌犯罪的，依法移送公安机关立案侦查；构成犯罪的，依法追究刑事责任。但是并没有针对超出有效期限支付平台非法运营如何补偿支付用户造成的损失作出明确的规定，这体现出对支付用户的权益保护并不全面。

[②] 唐旭. P2P 平台债权拆分转让模式在民商事审判中的定位 [J]. 重庆社会科学，2018（4）：77.

退出预警机制的要求做出相应行为所产生的法律责任，又或者第三方电子支付平台没有依照相应的规范对支付用户的备付金、支付用户个人信息进行妥善的安排以致发生备付金被挪用、支付用户个人信息被泄露等严重损害支付用户利益的后果而应当承担的法律责任等情形。

第三节　第三方电子支付平台退出制度的完善

实践思维是马克思主义哲学的一种科学的思维方式，它与其他思维方式最大的不同之处在于以人为主体和中心，是一切从实践活动本性和方式出发并把握和解决问题的哲学思维方式①。第三方电子支付平台退出制度的完善路径也应当紧跟问题，针对实践中出现问题提出相应的解决路径。笔者认为对于第三方电子支付平台退出制度完善的可能路径体现在，明确第三方电子支付平台退出制度的设计应当以事中、事后的退出行为规制为主，建构支付平台退出市场的风险预警机制、备付金隔离机制、支付用户个人信息处理确认制度以及健全支付平台退出市场的法律责任体系五个方面。

一、第三方电子支付平台退出制度设计的基本原则：以规制事中、事后退出行为为主

虽然政府在规制市场参与主体上存有一定不足之处，但是行政规制的作用在中国市场经济视域下不可或缺。随着改革的不断深入，现在行政规制的作用是政府履行职责转向政府担保职责的关键，进一步说目前的行政规制主要着力于建立行政规制的公私协力关系，构建普适性服务规则、持续性给付规则、相关质量规制以及合同公法义务规制等体现新型内容的行政实体规制机制②。据此，未来的行政规制也主要转向为政府规制与市场规制协同之样态。可以说，第三方电子支付平台退出制度的原则性规范以事中、事后退出

---

① 陈辉，严墨. 马克思主义民族理论中国化的内在逻辑：以实践思维方式为视角 [J]. 中南民族大学学报（人文社会科学版），2019（1）：23.

② 满鑫，李淮. 新时代行政法学的新使命：中国法学会行政法学研究会 2018 年年会综述 [J]. 华东大学学报，2019（1）：95.

行为规制为主具有以下几方面的优势。

第一，深度契合第三方电子支付平台的性质定位。第三方电子支付平台"准金融"属性的定位决定了其与一般的民商事主体不同，其退出制度无法完全采用行政监管或完全采用市场化方式予以设计。因为第三方电子支付平台退出市场面临的是对已占据的资源的清算和再分配，关涉较多市场主体相关者之利益，特别是需要对具有一定人身专属性的支付用户备付金与个人信息、个人信息产品进行再分配，是故行政规制主体应当在第三方电子支付平台退出制度中设定行政规制规范，对第三方电子支付平台退出行为做出适当的行政管控，以此保障第三方电子支付平台利益相关者的合法权益。但是第三方电子支付平台现阶段毕竟不是金融机构，公共利益并不是规制制度追求的唯一目标，事实上支付平台仍是以营利为核心目的的商事主体，规制规范仍需要尽可能促进支付平台效益最大化，而在支付平台退出市场过程中给予支付平台意思自治的空间便是促进支付平台效益最大化的可能路径。因此，对第三方电子支付平台退出制度的设计要遵循市场化的原则，进而辅助第三方电子支付平台自主决策并实现经济效益最大化。

第二，能够形成"规制力度适中"的支付平台退出制度。正如有学者指出，商主体的营运资格实际体现了营业自由与国家行政干预之间的博弈与较量，在我国市场经济长期处于"强国家行政干预"束缚的历史背景下，现在亟需从权力结构到权利结构的转化，以此维护商事主体的营运自由[①]。第三方电子支付平台退出制度以规制事中、事后支付平台退出行为为主，实质上也是对行政机关"强干预"支付平台退出市场行为的否定，削减行政机关对支付平台的支配权，转为行政规制与市场规制相协调的规制路径。退出制度采用以事中、事后支付平台退出行为规制为主的策略既充分赋予了第三方电子支付平台在退出市场方式上更多的选择自由，为支付平台退出市场时实现效益最大化提供了可能，又为支付平台退出市场划定了规制底线，进而形成了"宽严适中""宽严相济"的规制体系。以第三方电子支付平台退出市场的方式为例，第三方电子支付平台除采用行政撤销的方式退出市场外，按照相关规定，自行终止和兼并重组退出市场必须得到行政机关的审批，在金融安全

---

① 顾功耘，胡改蓉. 营业自由与国家干预交织下商主体营业资格之维度分析 [J]. 政治与法律，2011
(11)：74.

与金融效率动态平衡、行政监管与行业自治均衡理念和机构监管与功能监管并举、规制主体协同共治规制模式的指引下，放开行政审批的前置设置，而采取对支付平台退出行为规制的方式，将行政规制主体对支付平台退出市场的规制从事前转移至事中与事后，一方面迫使行政规制主体的行政权力被尽可能压缩，另一方面在行政权力收缩的同时市场主体的权利、权力范围得到了相应扩大，市场的活力便得到了释放。

第三，确立事中、事后退出行为规制为主的原则规范能促进第三方电子支付平台退出规制体系更为完善。对第三方电子支付平台退出市场行为的事中规制主要是指对支付平台退出市场时行为的规制或者说是针对支付平台退出市场程序性规范的遵循，包括一般企业按照《中华人民共和国公司法》《中华人民共和国破产法》等相关法律法规需要普遍遵守的规定，还包括对第三方支付平台备付金、支付用户个人信息处理需要遵守的相关规定。事后规制主要是指第三方电子支付平台承担的民事、行政以及刑事责任（包括造成支付平台退出市场结果的"违法行为"的法律责任以及不履行退出市场强制性义务产生的法律责任）。在事中规制逐渐完善之时，事后规制亦得到相应的完善。例如事后规制的具体内容会依据支付平台在退出市场的过程中备付金隔离、个人信息处理等具体规定的确立而获得相应的完善。同时在事后规制内部还可以形成民事责任、行政责任以及刑事责任的互相补充与协调。例如以往造成支付平台退出市场结果的"违法行为"的法律责任仅只规定行政责任、刑事责任的情形则可以变更为将民事责任补充在其中，以往支付平台退出市场的原因在于其违反了行政、刑事法律法规，未来在支付平台退出市场部分还应增加民事责任。至此可以得出的结论是，将第三方电子支付平台退出市场自由决策与退出市场时、退出市场后的强制性规制规范相结合，最终可以实现整个退出市场机制的"自由—规制"的较完美的融合。

二、第三方电子支付平台退出制度的具体建构

第三方电子支付平台退出市场以事中、事后退出行为规制为主，主要体现的是对第三方电子支付平台退出市场的程序性规则的塑造，以及对不符合强制性规定的法律责任体系的构建。基于此，笔者认为对于第三方电子支付平台退出机制的具体规则构建主要体现在以下四个方面。

（一）建构支付平台退出市场的风险预警机制

虽然对第三方电子支付平台退出市场制度主要规制其事中与事后的行为，但并不代表在第三方电子支付平台退出市场之前不采取任何作为。相反，规制主体应当对第三方电子支付平台退出市场之前进行适当的规制，即建构支付平台退出市场的风险预警机制。第三方电子支付平台退出市场的风险预警机制是指，相关规制部门采用一定的技术手段，在支付平台向规制主体提交退出市场的相关材料之后，对支付平台提交的材料并结合从其他多种方式、从多种渠道获得的指标信息进行全面分析，从而针对支付平台退出市场的相关情况做出早期预警。建立第三方电子支付平台退出市场的风险预警机制具有较大的实践意义。一方面既可以对第三方电子支付平台退出市场的行为及可能引发的后果进行监测，进而满足规制主体对整个支付领域宏观把控的需要；另一方也可以将相关分析结果告知支付用户，向支付用户做出风险预警提示。笔者认为对于支付平台退出市场的风险预警机制具体构建分为两个部分：其一为设立多元分层的风险预警机制；其二为明确风险预警指标体系。

对于多元分层的风险预警机制而言，由于第三方电子支付所具备的互联网服务的特征，同时考虑到我国幅员辽阔，各个地区经济发展悬殊的特性，风险预警机制应当从宏观、中观以及微观三个层次予以构建。宏观层面的风险预警机制应当由独立的支付系统监管局负责，对全国范围内第三方电子支付平台退出市场的情况进行总体的监测和预警，并通过中观层次对支付平台退出市场信息的预警与处理结果进行归纳与梳理，实现对中观、微观层次风险预警机制的正确领导与有效管理。中观层次的风险预警机制应该由各省级人民政府的地方支付系统监管局负责，对分布在管辖范围内的第三方电子支付平台退出市场行为进行规制，并对微观层次风险预警机制进行有效管理和准确指导。微观层次的风险预警机制则是由第三方电子支付平台自身负责。支付平台应当构建自身退出市场的风险预警机制，将发现的自身退出市场所引发的所有情况如实报告给中观与宏观层次的风险预警机制。宏观、中观与微观三级预警机制的构建，有效减少第三方电子支付平台退出市场带来的负面影响，同时也有助于弥合监管空白，支付用户也能够通过三级预警机制及时了解支付平台退出市场的实时动态信息，为支付用户及时止损奠定良好的基础。此外，三级预警机制还能帮助潜在的支付用户挑选出优质的支付平台。

对于明确风险指标体系而言，成功的第三方电子支付平台退出市场风险预警机制离不开有效的风险预警指标，这是及时准确识别和评估支付平台退出市场产生何种影响之关键。笔者认为可以从以下几个方面构建一个较为全面的退出机制预警指标。第一，支付平台退出市场提交的材料。从第三方电子支付平台退出市场提交的材料可以看出支付平台退出市场的方式以及支付平台退出市场之时所做出的制度安排（如支付平台债权人、职工、支付用户备付金、支付用户个人信息等要素的处理），规制主体从支付平台提供的材料中就可以整理出此次支付平台退出市场可能面临的问题及风险。因而笔者将其作为支付平台退出市场风险预警机制的首要指标。第二，资产风险预警指标。从会计与审计的角度，资产是所有者权益和负债的总和，其中资本具体数额的多少对于企业和企业利益相关者都有着十分重要的意义。在第三方电子支付平台退出市场时，无论是章定解散、兼并重组退出市场或者行政机关、司法机关强制要求退出市场，支付平台的资本很有可能发生变动，规制主体对支付平台资本的核查以及对支付平台负债比的计算亦可以在一定程度上反映出支付平台在退出过程中可能遇到的风险（如负债比例较高所引发的诉讼风险等）。第三，管理风险预警指标。第三方电子支付平台退出市场时企业内部管理人员（董监高）可能会发生一定的变化，此种变化对支付平台利益相关者的影响是重大的。因为管理人员本身的专业能力、职业道德的欠缺可能会导致支付平台退出市场时的成本上升、收益下降或者出现损失，如第三方电子支付平台更换高级管理人员之后，该高级管理人员不履行其忠实与勤勉义务，致使支付平台在退出市场的过程中，支付平台退出成本以及支付用户合法权益被侵害的风险显著增加。故此应当将支付平台管理风险作为预警指标之一。

（二）设计备付金隔离机制

学界对于第三方电子支付平台退出市场时，如何对支付用户备付金进行规制存在诸多讨论，主要有两种观点。一种观点是，但凡经过中国人民银行批准的第三方电子支付平台必须参加保险，可按照备付金一定比例提取保险费用，当第三方电子支付机构发生退出市场之情形，保险公司可以按照保险协议进行相应的赔付[①]。另一种观点是，应当针对第三方电子支付平台退出市

---

① 朱虹. 支付机构监管现状及改进思路 [J]. 西南金融，2017（4）：49.

场的方式设计备付金的保护举措。例如支付平台采用兼并退出市场则主要着重对于客户备付金采用有效措施进行划拨；支付平台因为破产退出市场，若客户备付金造成损失的，应该用支付平台在商业银行的风险准备金进行补偿[①]。由此可知，两种学界观点的核心在于保障第三方电子支付平台退出市场时备付金的安全。结合第三方电子支付平台法律规制的基本理论，笔者认为，第三方电子支付平台退出市场之时，也应当根据支付平台退出市场的方式设计不同的备付金保障举措。当第三方电子支付平台被行政撤销、司法解散、章定解散退出市场之时，第三方电子支付平台的备付金应当立即被冻结并且与支付平台的自有资金相隔离，待到支付平台清算完毕进行注销的阶段再将支付用户备付金逐一退还给支付用户。需要说明的是第三方电子支付平台的备付金属于支付用户的财产，故而不应当列入支付平台关涉的债权债务之中，不得将支付用户的备付金用于清偿支付平台的债务。对于第三方电子支付平台采用兼并重组的方式退出市场则应当对维持支付业务平稳过渡制定相应的举措。换句话说，第三方电子支付平台被兼并重组并不是完全退出市场，而是对支付资源的重新配置，支付平台将以"新"的身份开展支付业务，故针对此种退出市场类型并不需要冻结支付用户的备付金，而是由存管银行以及地方支付系统监管局对兼并重组期间支付平台的支付业务进行"强干预"或者部分"接管"，即对支付平台备付金实现适当程度的隔离，但在规制主体强规管下不停止支付用户的支付业务。"强干预"或部分"接管"的过程一直延续到兼并重组完成，以保证支付业务顺利进行以及保障支付平台备付金的安全。需要提及的是，倘若在上述两种退出情形之下支付平台备付金仍遭受损失，笔者认为仍可以利用支付用户专项资金保障制度所聚集的资金对支付用户提供补偿。

（三）制定支付用户个人信息处理规则

当第三方电子支付平台退出市场时，支付用户个人信息安全的保护将成为必须直面的重大问题，因为第三方电子支付平台具有特殊性，如果仅采用普通公司破产清算的方式退出市场，则极易产生支付用户金融信息泄露的

[①] 杜亚涛，董佳佳. 我国互联网金融第三方支付法律监管制度探析［J］. 商业经济研究，2017（21）：154.

问题①。笔者认为在第三方电子支付平台退出市场时支付用户个人信息安全仍需要依据支付平台退出市场的类型进行区分处理。第三方电子支付平台被行政撤销、司法解散、章定解散退出市场之时，该支付平台将不再继续向社会、支付用户提供支付服务，支付平台内部各个要素也不会被支付市场其他支付平台吸收并继续向社会、支付用户提供支付服务。此时应当如前文所述，将支付用户信息分类处理。例如对于支付用户的账户名以及支付记录采用删除或者匿名化处理，而对于较为敏感的信息如支付用户的身份证号、住址以及银行卡号等信息则采用不可逆转的方式进行删除。对于第三方电子支付平台采用兼并重组的方式退出市场的情况，虽然第三方电子支付业务将继续得以发展，但支付用户的个人信息是支付用户基于对原支付平台的信任而提供的，当支付平台以兼并重构的形式得以存续时，相当于支付用户面临的是新的支付服务提供商，基于此，倘若新的第三方电子支付平台需要搜集支付用户的信息或者接受原支付平台支付用户的个人信息，则其需要得到支付用户的书面同意或者书面授权。

（四）完善第三方电子支付平台退出市场的法律责任体系

有学者指出平台责任分为平台积极作为义务和消极不利后果的承担②。但法学意义上的责任主要指消极不利后果的承担。责任的确定既有可能源于对法定、约定义务的违反，如按照目前规范性文件的规定，平台行使权力违反正当程序的要求而产生的民事、行政与刑事责任，则是法定责任的典型表现。对于本书探讨的第三方电子支付平台退出市场的责任而言，主要是针对支付平台退出市场时违反相关规定以及造成支付平台退出市场结果之"违法行为"所产生的法律责任。基于目前第三方电子支付平台退出制度中法律责任的衔接尚有欠缺之现实，笔者认为可以在以下几个方面进行完善。第一，配置第三方电子支付平台法律责任时，要注重法律责任配置的合理性。即第三方电子支付平台的法律责任配置必须站在成本与收益的角度进行重置。成本与收益的比较分析属于经济学常用的分析方法之一，是指经营者判断一个项目或方案是否可行，主要是依照相关标准评估该项目或方案可能带来的成本与收

---

① 刘澈，蔡欣，彭洪伟，等.第三方支付监管的国际经验比较及政策建议 [J].西南金融，2018 (3)：46.

② 解志勇，修青华.互联网治理视域中的平台责任研究 [J].国家行政学院学报，2017 (5)：104.

益的具体数额以及比差，从而做出肯定或否定的决策过程。这要求对支付平台退出市场的法律责任设计应细致分析每一项法律责任背后成本与收益之现状，为支付平台法律责任的认定与分配提供正当性的证成，并实现最优的效益配比①。第二，强化民事责任在第三方电子支付平台退出市场规制规范中的地位。第三方电子支付平台的规制不是仅仅是行政执法或者刑事惩处，而应当形成以民事责任为主，行政责任与刑事责任为辅的责任闭环。突出强调第三方电子支付平台退出市场时各个环节民事责任的配套，针对每个支付平台退出市场的具体规则设计契合实践现状的民事退出责任，提升民事责任在"造成支付平台退出市场结果之'违法行为'"生成的法律责任中的地位。同时对第三方电子支付平台行政责任与刑事责任应当保留一定的"谦抑性"，主要围绕民事责任进行设计，凸显出对支付用户民事权益的倾斜性保护。第三，对第三方电子支付平台退出市场法律责任的具体设计。一方面围绕第三方电子支付平台退出市场新增义务设定民事、行政与刑事责任。例如支付平台在退出市场之时出现没有按照规制要求对支付平台备付金进行隔离，没有按照支付平台退出市场时支付用户信息处理规则的相关规定对支付用户的信息进行处理等情形，支付平台应当承担民事、行政以及刑事责任。进一步说，对于第三方电子支付平台没有按照要求对备付金实行隔离的，民事责任应当是对支付用户造成的直接经济损失承担赔偿责任，行政责任在于规制机关可以比照《非金融机构支付服务管理办法》第四十二条规定对支付平台以及支付平台的直接管理人员处以 1 万到 3 万元的罚款，刑事责任方面若支付平台没有对备付金进行隔离，而是将其挪用至他处，若符合挪用资金罪的构成要件则按照此罪定处。若第三方电子支付平台没有按照相应规则在支付平台退出市场时对用户个人信息进行处理，造成支付用户的信息泄露。那么民事责任方面，支付用户可以要求支付平台立即停止侵害，要求支付平台协助删除"公之于众"的支付用户信息，如果信息泄露给支付用户造成直接经济损失，支付平台对该损失承担赔偿责任或者泄露的信息对于支付用户而言属于敏感信息并造成支付用户精神痛苦的，支付平台还应当对支付用户承担精神损害赔偿责任。行政责任也可以比照《非金融机构支付服务管理办法》第四十二

---

① 唐旭. 第三方电子支付平台法律监管制度的完善 [J]. 重庆社会科学，2019（8）：71.

条之规定对支付平台以及支付平台的直接管理人员处以 1 万到 3 万元的罚款。刑事责任方面，若支付平台退出市场时未按相关规定处理支付用户的个人信息，造成用户个人信息的大范围泄露，可以转介到《中华人民共和国刑法》泄露个人信息的相关罪名之上；另外，对目前第三方电子支付平台退出市场的法律责任进行完善。例如《非金融机构支付服务管理办法》第四十三条之规定，对符合本条规定之行为作出了行政处罚以及刑事惩处，但针对这一类型的条款还应当将民事责任添加进去，即规定若给支付用户造成直接经济损失应当承担相应的民事赔偿责任。

互联网时代下，商品流、信息流、货币流、物流以及支付流作为一个完整的生态经济链不断推动我国市场经济的发展。结合当前我国国情，可以肯定地说这"五流"还无法进一步"异化"催生出新的商业交易模式，进而促进生产力的大幅度提升。若此时我们想更深层次助推我国的经济发展，那么只能将目光从对"五流"的创新搭配转移至对目前"五流"中各"流"内部进行检视，发现问题并解决问题，进而提升各"流"的运行效率。相较于商品流与信息流结合形成的电商平台、货币流形成的商业银行系统以及物流形成的运输公司，支付流所形成的第三方电子支付平台发展速度最快，甚至变革了我国的支付模式，使我国迎来了无现金时代。此时对支付流，对第三方电子支付平台进行研究，如何打破现行支付流（第三方电子支付平台）存有的禁锢使其发挥出更高的生产效率有着重大的现实意义。通过研究发现，第三方电子支付平台法律规制的完善程度与第三方电子支付领域的良性发展密不可分，对第三方电子支付平台法律规制得愈完善，第三方电子支付领域的运行效率则愈高、第三方电子支付市场则愈成熟。于是本书以第三方电子支付平台的认识论作为规制研究的起点，以马克思主义金融理论为指导，重新科学设计第三方电子支付平台的规制理念、规制模式与规制框架等规制理论，明确提出了承载规制理论的硬法与软法相混合的规制方法，进而架构出体系化规制第三方电子支付平台的宏观图景，并且还从微观层面对第三方电子支付平台市场准入制度、信息披露制度、支付差错制度、备付金管理制度以及退出制度等基础性制度进行实践检视并提出修正建议。

本书属于对第三方电子支付平台的体系性研究，试图通过转换规制理论，修正基础性制度进而实现第三方电子支付平台法律规制之完善，但实际的规制效果仍需要通过实践进行检验。需要指出的是，未来第三方电子支付平台的业务可能出现复杂化的趋势，支付平台向支付用户提供的服务将会越来越综合，支付服务金融化的程度也会越来越高，这需要法学界以及金融学界予以更多的关注与研究。

参考文献

一、中文类参考文献

（一）著作类

［1］王勇，戎珂.平台治理：在线市场的设计、运营与监管［M］.北京：中信出版社，2018：17.

［2］朱晓明，宋炳颖，等.数字化时代的十大商业趋势［M］.上海：上海交通大学出版社，2014：67.

［3］李莉莎.第三方电子支付法律问题研究［M］.北京：法律出版社，2014：21，80.

［4］刘然.互联网金融监管法律制度研究［M］.北京：中国检察出版社，2017：62，73-74.

［5］陈波.第三方支付民商事法律制度研究［M］.北京：法律出版社，2018：67，141.

［6］高在敏.商法理念与理念的商法［M］.陕西：陕西出版社，2000：6.

［7］王忠生.中国金融监管制度变迁研究［M］.长沙：湖南大学出版社，2011：67-74.

［8］冯科.金融监管学［M］.北京，北京大学出版社，2015：39.

［9］钟志勇.电子支付服务监管法律问题研究［M］.北京：中国政法大学出版社，2018：67，80-82，125.

［10］马梅，朱晓明，周金黄，等. 支付革命：互联网时代的第三方支付［M］. 北京：中信出版社，2014：56.

［11］卡尔·拉伦次. 法学方法论［M］. 北京：商务印书馆，2018：338.

［12］罗豪才，宋功德，姜明安，等. 软法与公共治理［M］. 北京：北京大学出版社，2006：6，65，243.

［13］苏力. 法治及其本土资源［M］. 北京：北京大学出版社，2015：77，51.

［14］刘庆飞. 多重背景下金融监管立法的反思与改革［M］. 上海：上海人民出版社，2015：211.

［15］张维迎. 博弈论与信息经济学［M］. 上海：上海人民出版社，2004：239-240.

［16］曼昆. 经济学原理（微观经济学分册）（第七版）［M］. 梁小民，等译. 北京：北京大学出版社，2015：4-5.

［17］刘剑文. WTO 与中国法律改革［M］. 北京：西苑出版社，2001：168.

［18］初玉岗，王旗. 微观经济学［M］. 北京：北京师范大学出版社，2010：258.

［19］阿马蒂亚·森. 伦理学与经济学［M］. 王宇，王文玉，译. 北京：商务印书馆，2001：24.

［20］博登海默. 法理学：法律哲学与法律方法［M］. 邓正来，译. 北京：中国政法大学出版社，2001：454.

［21］罗纳德·德沃金. 认真对待权力［M］. 信春鹰，等译. 北京：中国大百科全书出版社，1998：43-44.

［22］张维迎：理解公司［M］. 上海：上海人民出版社，2017：92，78.

［23］赵万一. 民法的伦理分析［M］. 北京：法律出版社，2011：136.

［24］陈文君. 金融消费者保护监管研究［M］. 上海：上海财经大学出版社，2011：128.

［25］中共中央文献研究室. 习近平关于全面深化改革论述摘编［M］. 北京：中央文献出版社，2014：32.

［26］赵万一. 敬畏法律［M］. 北京：法律出版社，2013：324.

［27］赵万一. 商法独立与独立的商法：商法精神与商法制度管窥［M］. 北京：法律出版社，2013：266.

［28］哈罗德·J. 伯尔曼. 法律与革命［M］. 贺卫方，译. 北京：中国大百科全书出版社，1993：11.

［29］马克思·韦伯. 新教伦理与资本主义精神［M］. 于晓，陈维刚，译. 上海：生活·读书·新知三联书店，1987：31.

［30］哈耶克. 致命的自负［M］. 刘戟铎，译. 上海：东方出版社，1991：71.

［31］艾里克·拉斯缪森. 博弈与信息：博弈论概述［M］. 姚洋，译. 北京：北京大学出版社，2003：14.

［32］戴维·M. 克雷普斯. 博弈论与经济模型［M］. 邓方，译. 北京：商务印书馆，2018：22.

［33］王泽鉴. 民法思维：请求权基础理论体系［M］. 北京：北京大学出版社，2009：157-158.

［34］马克思. 资本论：第二卷［M］. 北京：人民出版社，2004：67，68.

［35］王国刚. 马克思的金融理论研究［M］. 北京：中国金融出版社，2020：82.

［36］黄奇帆. 结构性改革中国经济的问题与对策［M］. 北京：中信出版社，2022：83

［37］马克思. 资本论：第一卷［M］. 北京：人民出版社，2021：378-379.

（二）论文类

［38］杨世宏，任厚升.“本质”新探［J］. 湖北大学学报（哲学社会科学版），2008（3）：50-54.

［39］王勇，邓涵中. 论企业的交易属性［J］. 经济学家，2017（2）：67-75.

［40］张云秋，唐方成. 平台网络外部性的产生机理与诱导机制研究［J］. 北京交通大学学报（社会科学版），2014，13（4）：39-45.

［41］赵吟，唐旭. 论互联网非公开股权融资平台的行为规制［J］. 证券法律评论，2018（00）：139-158.

［42］容玲. 第三方支付产业规制研究［J］. 上海金融，2012（11）：65-70，118.

［43］李莉莎. 第三方电子支付风险的法律分析［J］. 暨南学报（哲学社会科学版），2012，34（6）：51-57，162.

［44］蔡秉坤. 我国网络交易中的电子支付法律关系分析与法制完善思考［J］. 兰州学刊，2013（3）：171-176.

［45］叶姗. 系统性金融危机的经济法应对［J］. 经济法论丛，2011，20（1）：158-181.

［46］张军建，余蒙. 第三方支付的信托法研究：兼论央行《非金融机构支付服务管理办法》对支付机构的法律定性［J］. 河南财经政法大学学报，2015，30（5）：104-113.

［47］李建星，施越. 电子支付中的四方关系及其规范架构［J］. 浙江社会科学，2017（11）：52-60，156-157.

［48］于颖. 第三方支付之定性：试论托付法律关系［J］. 法律适用，2012（6）：51-55.

［49］陈志，贺亚华. 电子商务中第三方支付法律问题探析［J］. 金融法学家第五辑，2013：269-275.

［50］刘淑波，李雨旋. 论第三方支付的法律监管［J］. 电子科技大学学报（社科版），2018，20（4）：94-99.

［51］邢会强. 相对安全理念下规范互联网金融的法律模式与路径［J］. 法学，2017（12）：22-28.

［52］梁东. 国际支付结算体系监管改革走向与启示［J］. 甘肃金融，2012（7）：30-33.

［53］翟啸林. 博弈论视角下的互联网金融创新与规制［J］. 经济问题，2018（2）：57-61，86.

［54］黄韬. 我国金融市场从机构监管到功能监管的法律路径：以金融理财产品监管规则的改进为中心［J］. 法学，2011（7）：105-119.

［55］王春丽，王森坚. 互联网金融理财的法律规制：以阿里余额宝为视角［J］. 上海政法学院学报（法治论丛），2013，28（5）：66-70.

［56］张承惠. 中国互联网的监管与发展［J］. 金融论坛，2016，21（10）：13-17.

［57］包红丽，封思贤. 第三方支付监管机制的国际比较及启示［J］. 上海经济研究，2015（11）：47-54.

［58］江必新，王红霞. 社会治理的法治依赖及法治的回应［J］. 法制与社会发展，2014，20（4）：28-39.

［59］王浦劬. 论转变政府职能的若干理论问题［J］. 国家行政学院学报，2015（1）：31-39.

［60］张斌. 互联网金融规制反思与建议：基于信息不对称视角［J］. 经济与管理，2017，31（5）：27-34.

［61］刘斌. 浅谈激励相容理论在金融监管中的运用［J］. 新西部（理论版），2015（1）：47，44.

［62］廖岷. 原则导向监管真的失效了吗？［J］. 中国金融，2008（21）：27-30.

［63］董红苗. 制度套利：金融套利的又一种形式［J］. 浙江金融，2003（11）：34-36.

［64］王立. 金融创新时代的监管重构："原则导向监管"探析［J］. 学术探索，2016（8）：105-111.

［65］刘媛. 金融领域的原则性监管方式［J］. 法学家，2010（3）：83-97，178.

［66］欧阳卫民. 非金融机构支付市场监管的基本原则［J］中国金融，2011（4）：28-30.

［67］巴曙松，杨彪. 第三方支付国际监管研究及借鉴［J］. 财政研究，2012（4）：72-75.

［68］刘轶. 金融监管模式的新发展及其启示：从规则到原则［J］. 法商研究，2009，26（2）：152-160.

［69］寇俊生. 关于金融监管法原则的思考［J］. 金融研究，2003（4）：69-74.

［70］蔡跃洲. "互联网+"行动的创新创业机遇与挑战：技术革命及技术-经济范式视角的分析［J］. 求是学刊，2016，43（3）：43-52.

［71］张革. 中国服务贸易市场准入之法律问题研究［J］. 南京大学法律评论，2000（1）：28-41.

［72］盛世豪. 试论我国市场准入制度的现状与改革取向［J］中共浙江省委党校学报，2001（3）：35-40.

[73] 徐涛. 论我国市场准入负面清单的完善: 基于草案文本限制条款的考察 [J]. 甘肃政法学院学报, 2018 (3): 90-99.

[74] 杨立新. 网络交易平台提供者民法地位之展开 [J]. 山东大学学报 (哲学社会科学版), 2016 (1): 23-33.

[75] 孟凡良. 中央企业经营者道德风险行为监管概念模型 [J]. 管理世界, 2012 (6): 1-7.

[76] 关保英. 论行政主体义务的法律意义 [J]. 现代法学, 2009, 31 (3): 3-14.

[77] 许昆林. 逐步确立竞争政策的基础性地位 [J]. 价格理论与实践, 2013 (10): 5-7.

[78] 谢晖. 论法律体系: 一个文化的视角 [J]. 政法论丛, 2004 (3): 5-16.

[79] 钟志勇. 电子支付市场准入制度完善论 [J]. 上海金融, 2018 (6): 81-86.

[80] 聂林海. "互联网+" 时代的电子商务 [J]. 中国流通经济, 2015, 29 (6): 53-57.

[81] 张婧. 经济法对第三方支付价值实现维度的探究 [J]. 经济问题, 2018 (12): 112-116.

[82] 陈一稀, 李纳. 互联网金融下第三方支付的发展及对策建议 [J]. 新金融, 2014 (8): 50-54.

[83] 胡鸿高. 商法价值论 [J]. 复旦大学学报 (社会科学版), 2002 (5): 82-87.

[84] 刘为勇. "营业自由": 一个不应被忘却的宪法性词语 [J]. 东方法学, 2013 (3): 91-100.

[85] 宋晓燕. 国际金融危机后十年监管变革考 [J]. 东方法学, 2018 (1): 190-197.

[86] 信春鹰. 中国特色社会主义法律体系及其重大意义 [J] 法学研究, 2014, 36 (6): 19-26.

[87] 迟颖. 我国合同法上附随义务之正本清源: 以德国法上的保护义务为参照 [J]. 政治与法律, 2011 (7): 128-139.

[88] 周军杰. 社会化商务背景下的用户粘性: 用户互动的间接影响及调节作用 [J]. 管理评论, 2015, 27 (7): 127-136.

[89] 张驰. 中国预付式消费法律规制问题探讨 [J]. 财经理论与实践, 2017, 38 (3): 140-144.

[90] 唐旭. P2P 平台债权拆分转让模式在民商事审判中的定位 [J]. 重庆社会科学, 2018 (4): 72-80.

[91] 袁晓波, 杨健. 上市公司收购中的中小股东保护原则探析 [J]. 齐齐哈尔大学学报 (哲学社会科学版), 2008 (1): 63-65.

[92] 王利明. 数据共享与个人信息保护 [J]. 现代法学, 2019, 41 (1): 45-57.

[93] 任超. 网上支付金融消费者权益保护制度完善 [J]. 法学, 2015 (5): 82-91.

[94] 罗传钰. 金融危机后我国金融消费者保护体系的构建: 兼议金融消费者与金融投资者的关系 [J]. 学术论坛, 2011, 34 (2): 108-112.

[95] 李响. 第三方网络支付平台消费者权益保护对策 [J]. 人民论坛, 2015 (21): 87-89.

[96] 赵园园. 互联网支付领域个人信息保护制度探析 [J]. 学习与探索, 2016 (8): 90-95.

[97] 唐琼琼. 第三方支付中的消费者权益保护问题研究 [J]. 河北法学, 2015, 33 (4): 115-124.

[98] 缪因知. 法律如何影响金融: 自法系渊源的视角 [J]. 华东政法大学学报, 2015, 18 (1): 92-102.

[99] 熊跃敏. 消费者群体性损害赔偿诉讼的类型化分析 [J]. 中国法学, 2014 (1): 196-210,

[100] 陈亮. 环境公益诉讼 "零受案率" 之反思 [J]. 法学, 2014 (7): 129-135.

[101] 郭琼艳. 第三方支付机构非授权支付的责任承担机制研究 [J]. 金融法苑, 2017 (1): 113-123.

[102] 钱弘道, 王朝霞. 论中国法治评估的转型 [J]. 中国社会科学, 2015 (5): 84-105, 205.

［103］马新彦，戴嘉宜. 第三方电子支付中的责任归属问题研究［J］. 东北师大学报（哲学社会科学版），2014（3）：82-86.

［104］刘晓纯，刘雅秋. "集中存管"下第三方支付中沉淀资金的法律监管，天津法学，2019，35（1）：75-81.

［105］杨国明，李保华. 第三方支付法律问题刍议［J］. 金融经济，2006（8）：141-142.

［106］朱烨辰，马雨祺. 第三方支付的运营过程与风险分析［J］. 新金融，2011（11）：44-47.

［107］刘建伟. 第三方支付平台风险控制问题探讨［J］. 金融理论与实践，2010（12）：64-67.

［108］雷曜. 互联网语境下的货币概念［J］. 中国金融，2013（17）：42-44.

［109］刘达. 第三方互联网支付加快了货币流通吗？［J］. 中央财经大学学报，2017（2）：32-42.

［110］李琪，李佩. 虚拟货币特征及其相关理论探析［J］. 湖北社会科学，2015（9）：86-91，125.

［111］方志敏. 完善第三方支付机构客户备付金管理的几点建议［J］. 中国金融，2010（16）：57-58.

［112］苏盼. 第三方支付机构客户备付金性质及风险研究［J］. 金融监管研究，2017（9）：66-77.

［113］赵万一. 中国究竟需要一部什么样的民法典：兼谈民法典中如何处理与商法的关系［J］. 现代法学，2015，37（6）：41-58.

［114］张龄方. 论第三方支付中客户风险及其防范机制构建［J］. 天津商业大学学报，2017，37（4）：67-73.

［115］闫海，刘闯. 论非金融机构互联网支付中客户备付金的性质、归属及监管［J］. 西南金融，2013（9）：65-67.

［116］卜又春，赵其伟，李昊. 第三方支付沉淀资金及孳息的法律权属问题研究：基于财产权视野下的物权债权区分理论视角［J］. 金融理论与实践，2013（11）：65-68.

［117］张立艳. 破产对第三方支付机构客户备付金的影响［J］. 金融法苑，2014（2）：60-74.

［118］李安，王家国. 法律移植的社会文化心理认同［J］. 法制与社会发展，2018, 24（1）：149-165.

［119］陈甦. 商法机制中政府与市场的功能定位［J］. 中国法学，2014（5）：41-59.

［120］武翠丹.《多德法案》背景下美联储监管职能及启示［J］. 人民论坛，2015（36）：250-252.

［121］赵旭东. 民法典的编纂与商事立法［J］. 中国法学，2016（4）：40-54.

［122］刘春山，江之源. 论经济法与国家经济治理［J］. 社会科学战线，2019（6）：204-211.

［123］柳经纬. 编纂一部商事品格的民法典［J］. 比较法研究，2016（1）：162-168.

［124］胡鞍钢，王蔚，周绍杰，等. 中国开创"新经济"：从缩小"数字鸿沟"到收获"数字红利"［J］. 国家行政学院学报，2016（3）：4-13, 2.

［125］何德旭，钟震. 系统重要性金融机构与宏观审慎监管：国际比较及政策选择［J］. 金融评论，2013, 5（5）：1-11, 122.

［126］董新凯. 市场规制的社会化：以行业协会为例［J］. 江苏社会科学，2006（5）：129-134.

［127］陈辉，严墨. 马克思主义民族理论中国化的内在逻辑：以实践思维方式的视角［J］. 中南民族大学学报（人文社会科学版），2019, 39（1）：23-27.

［128］满鑫，李淮. 新时代行政法学的新使命：中国法学会行政法学研究会 2018 年年会综述［J］. 行政法学研究，2019（1）：93-105.

［129］顾功耘，胡改蓉. 营业自由与国家干预交织下商主体营业资格之维度分析［J］. 政治与法律，2011（11）：74-81.

［130］朱虹. 支付机构监管现状及改进思路［J］. 西南金融，2017（4）：45-49.

［131］杜亚涛，董佳佳. 我国互联网金融第三方支付法律监管制度探析［J］. 商业经济研究，2017（21）：152-154.

［132］刘澈，蔡欣，彭洪伟，等. 第三方支付监管的国际经验比较及政策建议［J］. 西南金融，2018（3）：42-47.

[133] 解志勇，修青华. 互联网治理视域中的平台责任研究 [J]. 国家行政学院学报，2017（5）：102-106，147.

[134] 唐旭. 第三方电子支付平台法律监管制度的完善 [J]. 重庆社会科学，2019（8）：64-73.

[135] 吕世荣. 从认识论到形而上学：康德哥白尼式革命的实质及其意义 [J]. 世界哲学，2019（5）：72-80.

[136] 雷磊. 适于法治的法律体系模式 [J]. 法学研究，2015，37（5）：3-27.

[137] 王利明. 论互联网立法的重点问题 [J]. 法律科学（西北政法大学学报），2016，34（5）：110-117.

[138] 范如国. 复杂网络结构范型下的社会治理协同创新 [J]. 中国社会科学，2014（4）：98-120，206.

[139] 赵万一，唐旭. 金融安全视角下企业资产证券化预测信息披露研究 [J]. 内蒙古社会科学，2019，40（5）：85-91，213.

[140] 闫化海. 自愿性信息披露问题研究及其新进展 [J]. 外国经济与管理，2004（10）：42-48.

[141] 杨利华. 第三方支付行业竞争的反垄断法规制 [J]. 法商研究，2019，36（6）：127-138.

[142] 范为. 大数据时代个人信息保护的路径重构 [J]. 环球法律评论，2016，38（5）：92-115.

[143] 杨咏梅. 经济全球化下"互联网+"资本管控风险的分析：基于马克思主义资本运行理论的视角 [J]. 毛泽东邓小平理论研究，2016（9）：34-38，91.

二、外文类参考文献

（一）著作类

[144] ULRIKA MÖRTH. Soft law in governance and regulation：an interdisciplinary analysis [M]. US：Edward Elgar Publishing Ltd，2004：97-98.

（二）论文类

[145] MARK ARMSTRONG. Competition in two-sided markets [J]. Rand Journal of Economics，2006，37（3）：668-691.

[146] KOOPMAN, ADAM, THIERER, et al. How the Internet, the sharing economy , and reputational feedback mechanisms solve the "lemons problem" [J]. University of Miami Law Review, 2016, 70 (3): 830-878.

[147] ROBERT COOTER, EDWARD L RUBIN. A theory of loss allocation for consumer payments [J]. Texas Law Review, 1987, 66 (63): 66-130.

[148] JAMES STEVEN ROGERS. The new old law of electronic money [J]. SMU Law Review, 2015, 58 (4): 1253-1312.

[149] KERRY LYNN MACINTOSH. How to encourage global economic commerce: the case for private currencies on the Internet [J]. Harvad Journal of Law & Technology, 1998, 11 (3): 734-796.

[150] CECELIA KYE. EU e-commerce policy development: e-commerce in the eu: bringing businesses and consumers aboard [J]. Computer Law & Security Report, 2001, 17 (1): 25-27.